예수 그리스도를 아는 지식 ❶

God of Moot Tamoot (God who kills us)

무트 타무트의 하나님

조 나 단 지음

기독교문서선교회

기독교문서선교회(Christian Literature Center: 약칭 **CLC**)는 1941년 영국 콜체스터에서 켄 아담스에 의해 시작되었으며 국제 본부는 미국의 필라델피아에 있습니다.

국제 CLC는 59개 나라에서 180개의 본부를 두고, 약 650여 명의 선교사들이 이동도서차량 40대를 이용하여 문서 보급에 힘쓰고 있으며 이메일 주문을 통해 130여 국으로 책을 공급하고 있습니다.

한국 CLC는 청교도적 복음주의 신학과 신앙서적을 출판하는 문서선교 기관으로서, 한 영혼이라도 구원되길 소망하면서 주님이 오시는 그날까지 최선을 다할 것입니다.

God of Moot Tamoot
(God who kills us)

Written by
Johnathan

Korean Edition
Copyright © 2017 by Christian Literature Center
Seoul, Korea

머리글

"하나님 바로 알기, 말씀 바로 알기"

　몇 년 전, 당대 최고의 신학자로 추앙받는 독일 M 교수의 강연을 들은 적이 있다. 강연의 주제는 '평화와 정의'였다. 그러나 그가 말하는 '평화와 정의'는 성경의 본질과는 거리가 멀었다.

　성경에서 말하는 평화(샬롬)는 하나님과의 평화, 화평을 말한다. 이는 자기부인의 죽음이라고 하는 피조물의 삭제와 창조주와의 합일에 의해서만 가능하다. 정의(미쉬파트)는 '하나님의 심판(재판)과 통치'를 의미한다. 미쉬파트는 전적으로 하나님의 것(신 1:17)이며, 결국 하나님이 우리 안에서 행하실 일이다.

　필자는 세계적으로 영향력이 큰 그가 이 부분을 정확하게 짚어주면 많은 사람이 기독교의 본질을 이해하는 데 도움이 되겠다 싶어, 외람되게도 당부조의 질문을 준비하기 시작했다.

　'진정한 평화와 정의는 하나님과의 올바른 관계에 의해서만 가능합니다. 그러나 교수님이 말씀하시는 평화와 정의는 사회적·정치적 측면을 강조함으로써 기독교의 사회참여를 부추기는 듯한 인상을 줍니다. 교수님의 독자나 후학들의 올바른 기독교 이해를 위해 무엇보다 중요한 것은 하나님과의 화해와 화평이며, 이것이 다른 어떤 일보다 선행되어야 한다는 점을 강조해

주시지 않겠습니까?'

필자는 이런 식으로 질문을 준비해 가다가 마무리를 짓지 못하고 접어야 했다. 그 사이에 M교수의 강연이 점입가경으로 흘러가고 있었기 때문이다. 그는 선한 사마리아인의 이야기, 독일의 '그만 둔 도움의 제공에 관한 형법'의 제정 등을 예로 들며 사회의 시스템이 평화와 정의를 행하도록 만들어가야 한다고 했다. 그는 또, 그것들을 행하는 것은 인간의 자비로운 마음이라고 하면서 이슬람교나 불교 등 타종교의 자비 개념을 끌어오기까지 했다.

아마도 그는 기독교 자체를 근본적으로 오해하고 있는 듯했다. 예수 그리스도 없이도 인간이 이 땅에 유토피아를 만들 가능성이 있는 존재로 보는 것 같았다. 인간의 행복과 복지, 더 나은 삶, 더욱 살기 좋은 세상을 위한 사회적 시스템이 나쁘다는 게 아니라 그게 기독교의 목표인 것처럼 말해서는 안 된다는 것이다. 기독교는 예수 그리스도의 진리를 깨달아 하나님과 화해와 화평을 이루는 것, 곧 근본적인 죄와 생명 문제의 이해와 해결을 위해 존재한다.

이걸 건너뛰고 실천적 행위를 강조하는 건 본말의 전도다. 평화와 정의를 이룰 수 있는 능력은 하나님밖에 없으며 그분만이 참된 사랑을 행할 수 있다는 걸, 그 사랑의 목적 또한 이 땅의 낙원 건설이 아니라 영원 속 하나님 나라 창조라는 걸 잊어버린 것 같았다. 물론 이것은 그만이 아니라 오늘날 대다수 기독교의 망각이거나 착각일 것이다.

예수님은 모든 말씀을 비유로 말씀하셨고, 비유가 아니면 아무것도 말씀하지 않으셨다. 이는 복음서에 나타난 예수님의 비유 몇 편이 아니라 성경 전체에 해당되는 이야기다. 그뿐이랴. 말씀으로 지으신 세상의 만물과 만사가 또한 그러하다.

왜 그럴까?

그 이유는 천국의 비밀을 아는 것이 어떤 자들에게는 허락되었지만 어떤 자들에게는 허락되지 않았기 때문이다. 성경의 진리, 하나님의 참뜻은 감춰져 있다. 그래서 비밀이다. 만대로부터 감춰졌던 이 비밀은 오직 그리스도의 영이신 성령이 우리 안에서 가르쳐 주실 때만 밝히 깨달을 수 있다. 은혜의 가입이 없으면 성경은 그저 율법이며, 인생의 매뉴얼이며, 윤리의 실천강령일 뿐이다. 그런 점에서 오늘날 심하게 왜곡된 기독교가 놀랍지 않다. 하나님의 뜻 안에서 당연한 일이기 때문이다. 우리의 눈과 귀를 막으라고 하신 이가 다름 아닌 하나님이시다.

하나님이 어떤 분인지, 말씀이 무얼 말하는지 바르게 아는 데에『무트 타무트의 하나님』이 조금이라도 도움이 되는 책이길 바랄 뿐이다.

2017년 8월
조나단

/목/차/

머리글 … 5

1. 선악과나무와 생명나무 1 · · · · · · · · · · 9
2. 선악과나무와 생명나무 2 · · · · · · · · · · 21
3. 에덴의 강 · · · · · · · · · · · · · · · · 36
4. 아담과 그의 배필, 하와 · · · · · · · · · · 49
5. 가인과 아벨 · · · · · · · · · · · · · · · 57
6. 노아의 방주 · · · · · · · · · · · · · · · 68
7. 아브라함의 318 용사와 멜기세덱 · · · · · · 73
8. 이삭 · · · · · · · · · · · · · · · · · · 79
9. 야곱 · · · · · · · · · · · · · · · · · · 86
10. 요셉 1 · · · · · · · · · · · · · · · · · 98
11. 요셉 2 · · · · · · · · · · · · · · · · · 106
12. 불타는 떨기나무 · · · · · · · · · · · · · 113
13. 유월절 어린 양 1 · · · · · · · · · · · · · 122
14. 유월절 어린 양 2 · · · · · · · · · · · · · 129
15. 구름기둥과 불기둥 · · · · · · · · · · · · 138
16. 홍해 앞, 바알스본 맞은 편 · · · · · · · · 146
17. 홍해 도하 · · · · · · · · · · · · · · · 153
18. 마라의 쓴 물 · · · · · · · · · · · · · · 159
19. 만나와 메추라기 1: 만나 · · · · · · · · · 166
20. 만나와 메추라기 2: 메추라기 · · · · · · · 171
21. 맞아 죽은 반석 · · · · · · · · · · · · · 177
22. 대대로 싸울 아말렉 전쟁 1: 영적 전쟁의 실체 · · · · 184
23. 대대로 싸울 아말렉 전쟁 2: 승리의 기도 · · · · · 190
24. 십계명1: 하나님 사랑 · · · · · · · · · · 197
25. 십계명2: 이웃 사랑 · · · · · · · · · · · 209

부록: 복음으로 해석하는 원어사전 … 233

1

선악과나무와 생명나무 1

창세기 2:8~9, 15~17

여호와 하나님이 동방의 에덴에 동산을 창설하시고 그 지으신 사람을 거기 두시니라 여호와 하나님이 그 땅에서 보기에 아름답고 먹기에 좋은 나무가 나게 하시니 동산 가운데에는 생명나무와 선악을 알게 하는 나무도 있더라... 여호와 하나님이 그 사람을 이끌어 에덴 동산에 두어 그것을 경작하며 지키게 하시고 여호와 하나님이 그 사람에게 명하여 이르시되 동산 각종 나무의 열매는 네가 임의로 먹되 선악을 알게 하는 나무의 열매는 먹지 말라 네가 먹는 날에는 반드시 죽으리라 하시니라

동산 가운데 심은 나무

하나님이 에덴동산을 창설하시고 거기에 사람을 지어 살게 하셨다. '창설하다'의 히브리어 나타(נטע)는 '심다'는 뜻이다. 하나님 나라를 상징하는 에덴동산에는 특별한 하나님의 뜻이 '심겨' 있었다. 그 뜻은 당연히 구원의 복음이다. 그리고 하나님의 깊은 뜻이 담긴 나무가 동산 가운데 '심겨' 있었으니 곧 선악과나무와 생명나무다. 이것들은 두 그루의 나무처럼 보이지만 사실은 하나다. 여기에 대해서는 뒤(선악과나무와 생명나무 2)에서 자세히 살펴보기로 한다.

하나님은 아담에게 선악과나무의 실과는 먹지 말라고 말씀하셨다. 그걸 먹는 날에는 '정녕 죽으리라'고 엄명하셨다. 이 부분에서 우리는 의문을 가져야 한다. 하나님이 먹지 말라는 그 나무는 동산 가운데 있었다. 아담과 하와가 하루에도 열두 번 지나다니며 보게 될 동산 가운데 떡 하니, 보기에 아름답고 먹기에도 좋은 실과를 나게 하셨다.

그런데 그걸 먹지 말라고 하신 건 심히 과한 처사가 아닐까?

어떤 부모가 방 한가운데 모양도 예쁘고 맛도 좋은 과자를 놓아두고 아이에게 "너 이거 먹으면 죽여버린다"고 했다면, 그 부모는 정신병자거나 뭔가 아이를 시험할 요량일 것이다. 당연히 하나님은 정신병이 없으실 테니 여기에는 심오한 교훈과 시험이 담겨있다고 보아야 한다. 아니나 다를까, 간교한 뱀이 여자를 흔들자 여자가 시험에 걸려들었다.

선악과를 먹기도 전에

> 큰 용이 내어 쫓기니 옛 뱀 곧 마귀라고도 하고 사단이라고도 하는 온 천하를 꾀는 자라 땅으로 내어 쫓기니 그의 사자들도 저와 함께 내어 쫓기니라(계 12:9).

'옛 뱀'은 에덴에서 하와를 꾀던 그 뱀을 말한다. 사도 요한은 그 뱀이 사탄이고 마귀라고 설명해 준다. 그런데 우리는 흔히 사탄 마귀는 하나님과 대적하는 악한 존재이고, 우리가 실족하고 범죄하는 게 모두 그들 탓이라고 생각한다. 그러나 이는 조로아스터교와 헬라 이원론의 영향 때문이며, 사탄 마귀에 대한 바른 이해가 아니다.[1] 욥기에서 보듯 사탄은 하나님 앞에 드나들며 어떤 용도의 쓰임을 받는 존재로 하나님의 말씀 한 마디면 멸망할 피조물일 뿐이다.

사탄 마귀는 원래 천상에서 하나님과 함께 있던 천사들이 자기의 지혜를 믿고 스스로 높아진 끝에 하나님 나라를 떠남으로써 사탄 마귀가 된 것이다. 이처럼 하나님만 절대적으로 믿고 의지해야 하는 존재로 지어진 인간이 자기를 믿고 자기 지혜를 의지한다면 그 역시 사탄 마귀가 되는 것이다. 성도는 '사탄 마귀 탓'이라는 책임전가를 할 것이 아니라 먼저 하나님의 의와 그 나라를 구하고 있는지 돌아볼 일이다. 자기의 뜻과 유익을 챙기는 게 우선이라면 누구나 사탄 마귀일 것이다.

여자는 뱀의 미혹을 받자 곧장 '먹음직도 하고 보암직도 하고 지혜롭게 할 만큼 탐스러운' 선악과를 바라보았다. 사도 요한의 말처럼 '육신의 정욕, 안목의 정욕, 이생의 자랑'이 발동한 것이다. 여기에서 주의 깊게 살펴볼 것은, 여자가 아직 선악과를 먹기도 전에 이미 선악의 판단을 하고 있었다는 점이다. 이는 선악과 자체에 선악을 분별하는 효능이 있었던 건 아니라는 걸 알 수 있다. 즉, 인간은 원래 선악과를 먹은 존재로 지어졌고, 그 내용에 대한 분명한 확인이 '선악과를 먹은 사건'인 것이다. 그러면 의문이 이어진다.

애초에 인간을 그렇게 만든 건 하나님이 아니신가?

사탄을 도구로 쓰신다고 했으니 여자를 미혹한 뱀도 하나님이 보내신 게 아닌가?

---

[1] 그 외 영지주의, 노스틱주의, 마니교 등의 이단들이 이원론을 주장한다. 이 세상을 선과 악, 빛과 어둠, 하나님과 사탄의 대결구도로 보는 것이다. 영화 등 대중문화에서도 많이 채택되는 소재이므로 대중들에게 익숙하며, 한국교회에도 편만한 이단사설이다.

성경을 대하면 이런 식으로 궁금증과 의문이 꼬리를 물며 일어나야 한다. 그걸 묵상하고 상고하면서 파고들어야 할 만큼 성경은, 복음의 강은 깊고 깊다. 성경은 동화책이 아니다. 두 질문에 대한 답은 모두 '그렇다'에 염두를 두고 이 책을 읽어 가시길 바란다. 하나님의 전지전능하심을 안다면, 이 세상에서 우연적으로 발생할 수 있는 일은 아무것도 없다는 것을 이해할 것이다.

하나님을 아는 지식

하나님이 어떤 분인지 제대로 모르면 성경을 단편적으로 보게 되고, 어느 한 장면을 들어 '하나님은 왜 이런 식으로 일하시는가?' 답답해하게 된다. 그런 이들이 인생에서 일어나는 일들의 의미, 거기에 담긴 하나님의 뜻을 깨닫지 못한 채 "하나님, 저한테 왜 이러세요?" 하면서 푸념이나 하는 것이다. 그리고 이런저런 문제들, 장애물들, 고난들을 해결해 달라고 떼도 쓴다. 하나님의 말씀으로 점철된 인생과 역사를 단편적으로 보기 때문이고, 하나님이 어떤 분인지 모르기 때문이다.

하나님은 전지전능하시고 좋으신 아버지다. 따라서 성도에게 일어난 모든 일은 좋은 것이다. 그 일들은 모두 합력하여 성도를 하나님 나라로 지어가는 선을 이룰 것이기 때문이다. 그 중의 어떤 일들이 자기 마음에 들지 않는 것, 즉 악이라고 판단하는 것은 선악과를 먹고 스스로 선악을 판단하기 때문이다. 그래서 성경은 내내 '여호와를 알라, 힘써 여호와를 알라'고 강조하고 있고, '저희가 여호와를 아는 지식이 없어 망한다'고 책망하고 있다.

하나님을 아는 지식이 없는 이들에게 선악과 사건은 우발적인 일이 된다. '그걸 먹지 말아야 했는데 뱀의 미혹에 홀라당 넘어가 먹어버렸다'는 식으로 이해한 이들에게 하나님은 고작 한 치 앞도 내다보지 못하는 무능력한 노인네일 뿐이다.

"어이쿠, 이 녀석들. 먹지 말라고 그렇게 신신당부했는데 기어코 그걸 먹어버렸네."

깜짝 놀라서 모든 계획을 전면 수정하는 하나님이라니, 정말 하나님을 몰라도 너무 모른다. 하나님을 인간보다 조금 낫거나 어떤 면에서는 그보다 못한 존재로 보는 듯하다. 그런 자들이 겁도 없이 "내 소원 들어주세요, 이거 꼭 해결해 주셔야 합니다" 하면서 하나님을 해결사 취급하고, "이번 일만 잘 되면 섭섭지 않게 헌금할게요 그러나 잘 안되면 확 미워하고 안 믿어버릴 겁니다" 하면서 하나님을 어르고 달래고 있는 것이다.

뱀에게 미혹된 여자

여자가 뱀에게 미혹되어 선악과를 먹었다. 여자는 선악과를 '먹음직도 하고(토브 טוֹב: 선한, 좋은) 지혜롭게 할만큼 탐스럽기도(하마드 חָמַד: 탐내다, 기뻐하다)' 하게 바라보았는데, 이는 하나님이 선악과나무를 지으실 때 '보기에 아름답고(하마드) 먹기에 좋은(토브)' 모양으로 지으신 그 뜻대로 행한 것이기도 하다.

모세가 똑같은 단어를 사용해 하나님의 창조와 인간의 탐심을 일치시킨 이유가 무엇이겠는가?

역시 하나님의 깊은 뜻이 담긴 일인 것이다.

이쯤 되면 독자의 마음에는 혼란이 생길 법도 하다.

"도대체 선악과는 먹으라는 거냐, 먹지 말라는 거냐?"

적어도 하나님에게 '미필적 고의에 의한 금치산자의 비행 유발의 혐의'가 없다고는 차마 말할 수 없겠다. 물론 우리는 우주보다 크신 하나님에 대해 모두 알 수 없다. 오직 하나님이 보여 주시는(계시) 부분만을 볼 수 있을 뿐이다. 그러므로 '하나님이 먹게 하셨다'는 의미보다 '인간은 먹을 수밖에 없는 존재다'에 유념하면서 상고하는 것이 좋겠다.

그렇다면 이 대목에서 또 의문이 든다.

'선악과를 먹으면 정녕 죽으리'라고 하셨는데, 하나님은 우리를 정녕 죽일 작정이셨는가?'

이 의문만 풀리면 이 이야기의 궁금증이 대충 해결된다. 결론부터 말하자면, 그렇다. 하나님은 우리를 죽일 작정이셨다. 그래서 이 모든 일이 하나님의 작정 속에서 계획되고, 한 치의 빈틈없이 실행된 것이다. 그렇다면 지금까지의 모든 일이 이해가 된다. 더불어 하나님이 한 치 앞도 못 내다보는 부족한 양반이 아니라 전지전능한 신이라는 사실도 수긍된다.

이제 문제는 '죽음'이다. 죽으면 모든 게 끝장나는 인간 편에서, '정녕 죽으리라'는 살벌한 심판과 형벌에 대한 해결책이 없다면 하나님은 공의의 하나님도 아니고, 좋으신 아버지도 아니다.

"정녕 죽으리라"는 뜻

하나님이 말씀하신 '정녕 죽으리라'는 히브리어로 '무트 타무트'(מוֹת תָּמוּת)[2]이며 '네가 죽고 또 죽으리라'는 의미다. '죽다'는 뜻의 무트(מוֹת)는 멤(מ)과 타우(ת)의 두 자음으로 구성되어 있다. 자음들의 의미를 합치면 '말씀, 진리(멤)의 완성(타우)'이라는 뜻이다.

히브리어에서 모음은 무의미하다. 애초에 자음만의 나열이었던 구약성경에 모음을 단 것은 주후 500년 이후의 마소라 학파였다. 그들은 히브리어의 발음 보존을 위해 모음을 달았다. 따라서 히브리어에는 자음이 중요하며, 자음 각자가 고유한 의미가 있어 각 단어가 통용되는 의미 외에 본질적인 의미

---

[2] 히브리어는 우리와는 반대로 우에서 좌로 읽는다. 그리고 '무트 타무트'(מוֹת תָּמוּת) 중 무트(מוֹת)의 히브리 원어성경 본문 속 발음은 '모트'(מוֹת)이나 이 책에서는 동사변화 이전의 기본형인 '무트'로 읽었다. 이 책에 나오는 원어들은 독자의 이해를 돕기 위해 대부분 이처럼 기본형으로 소개할 것이다.

도 함의되어 있다.

예를 들면, 에벤(אֶבֶן 돌, 반석)은 하나님을 뜻하는 알레프(א)에 아들을 뜻하는 벤(בֵּן)이라는 단어가 합성된 글자로 '하나님의 아들'이라는 의미를 품고 있다. 잘 알려진 대로 '반석'은 예수님을 가리키는 말이다. 히브리인들은 이러한 글자들을 볼 때 즉각적으로 그 속에 담긴 단어의 진의까지 떠올렸을 것이다.

또, '땅'을 뜻하는 히브리어 에레츠(אֶרֶץ)는 파자하면 '하나님이 낚기 시작하신다'는 뜻이 된다. 하나님이 저주의 바다라고 하는 이 세상에 물고기 같은 인생들을 흩뿌려 놓고 창세전에 약속된 자들을 하나하나 건져 올리는 장(場)이 바로 땅인 것이다.[3] 예수님이 제자들에게 "너희를 사람 낚는 어부로 만들겠다"고 말씀하신 것은 어부인 제자들의 직업을 빗댄 것에 더해 이러한 의미까지 중첩되어 있었다.

그러면, 하나님이 말씀하신 '죽음' 속에 담겨 있는 '말씀의 완성'은 어떤 의미일까?

> 이렇게 말씀하심은 자기가 어떠한 죽음으로 죽을 것을 보이심이러라
> (요 12:33).
> 만일 우리가 그의 죽으심을 본받아 연합한 자가 되었으면 또한 그의 부활을 본받아 연합한 자가 되리라(롬 6:5).

위 구절들에서 '죽음'과 '죽으심'에 해당하는 헬라어가 다나토스(θάνατος)다. 다나토스는 십자가의 죽음이며, 부활을 전제한 죽음, 자기부인의 죽음이다. 사도 바울이 말한 '날마다 죽노라'의 죽음이 바로 그러한 성격의 죽음을 말한다. 자기를 부인하고 자기 십자가 지고 가서 죽어야 할 죽음이다. 아담과 하와가 선악과를 먹은 즉시 죽지 않았던 것은 하나님이 말씀하신 죽음이 무

---

3   주께서 어찌하여 사람을 바다의 고기 같게 하시며(합 1:14).

트 타무트와 다나토스의 죽음, 곧 자기부인의 죽음, 진리로 완성됨의 죽음이었기 때문이다.

산 자와 죽은 자

'선악과를 먹고 하나님처럼 살았는데, 알고 보니 내가 하나님이 아니고 하나님이 진짜 하나님이로구나.'

'나는 하나님이 생기를 불어넣어 주지 않으면 그저 마른 뼈고 죽은 흙일 뿐이로구나.'

이런 자각을 할 때 그를 '무트 타무트의 죽음, 다나토스의 죽음을 죽었다'고 한다.

"저는 죄인이라 하늘을 우러러 기도할 자격도 없는 자입니다."

이런 고백을 하는 세리가 자기부인의 죽음을 죽은 것이다. 자기가 어떤 존재인지 깨닫고 하나님의 은혜만을 구하는 자리로 내려가는 것이 자기부인의 죽음이다. 그렇게 죽은 자가 하나님에 의해 '의인'으로 칭해지고 '산 자'가 되는 것이다. 그걸 또, '위로부터 거듭났다'고 하고, '부활'이라고 한다.

세리의 반대편에 있던 바리새인은 스스로 의롭다고 칭하고, 세리와 창기와 비교하여 의로운 자기를 칭찬하며 하나님의 인정을 구했다. 그러나 그들은 그것이 선악과를 먹은 죄성의 발로인 것을 알지 못한 채 다나토스의 죽음을 부정했다. 그들은 스스로 '산 자'이므로 하나님에 대하여 '죽은 자'다. 그런 자들이 심판의 날에 '죽은 자의 부활'을 하고 영원한 심판에 처해지는 것이다. 하나님은 '죽은 자'의 하나님이 아니라 '산 자'의 하나님이시다. 무트 타무트의 죽음을 죽은 '산 자'.[4]

---

4 죽은 자의 부활을 논할진대 하나님이 너희에게 말씀하신 바 나는 아브라함의 하나님이요 이삭의 하나님이요 야곱의 하나님이로라 하신 것을 읽어 보지 못하였느냐 하나님은 죽은 자의 하나님이 아니요 산 자의 하나님이시니라 하시니 (마 22:31~32).

"바리새인, 나쁜 놈들!" 할 것이 아니라 자기 안의 율법주의를 돌아보라. 스스로 하나님처럼 되어, 즉 선악판단의 주체자의 자리에 서서 날마다 타인과 사건들을 판단하고 정죄하며 사는 것이 바리새인으로 대표되는 율법주의다.

위로부터 거듭남

오늘날 기독교인과 가장 가까운 성경인물이 바리새인이라는 연구 결과는 무얼 말하는가?

대부분의 기독교인이 죽어서 다시 사는 부활을 알지 못한 채 니고데모 수준의 행위의 거룩과 타인의 칭송을 기독교의 최선으로 오해하고 있다. 그런 자들에게 예수께서 어떠한 말씀을 주셨는지 상고하여 보라.

> 진실로 진실로 네게 이르노니 사람이 거듭나지 아니하면 하나님의 나라를 볼 수 없느니라(요 3:3).

그들은 절대 천국을 볼 수 없다는 것이 예수님의 뜻이다. 천국을 보지 못한다는 것은 곧 지옥에 떨어진다는 것이다. 예수님의 말씀 중 '거듭나다'에서 '거듭'에 해당하는 헬라어 아노덴(ἄνωθεν)은 '위로부터'의 의미가 있다. 마가복음 15장 38절을 보면, 예수께서 십자가에서 죽으실 때 성소 휘장이 위로부터 아래까지 둘로 찢어지는 장면이 나온다. 여기서 '위로부터'가 '아노덴'이다. 위로부터 찢어진 휘장은 예수님의 십자가형을 하나님이 내리셨다는 걸 가르쳐 준다. 휘장은 예수님의 육체를 가리킨다.[5] '위로부터'는 '하늘로부터'이며, 그 내용은 물과 성령이다.

---

5 그 길은 우리를 위하여 휘장 가운데로 열어 놓으신 새로운 살 길이요 휘장은 곧 그의 육체니라 (히 10:20).

> 진실로 진실로 네게 이르노니 사람이 물과 성령으로 나지 아니하면 하나님 나라에 들어갈 수 없느니라(요 3:5).

성경에서 물은 '말씀, 진리'를 뜻하며, 반석을 깨고 나오는 물, 배에서 흘러나오는 생수의 이미지에서 보듯 성령을 가리킨다. 물과 성령은 같다.

> 증거하는 이는 성령이시니 성령은 진리니라 증거하는 이가 셋이니 성령과 물과 피라 또한 이 셋이 합하여 하나이니라(요일 5:7~8).

'물과 성령으로 난다'는 것은 성령에 의해 말씀과 진리를 새롭게 깨닫는 것이다. 돌비에 새겨져 눈으로 보던 말씀이 심비에 새겨져 하나님의 뜻을 깨닫게 되고, 새 마음으로 바뀌는 것이다. 그가 새로운 피조물이다.

거듭남은 죽음을 전제로 하며, 죽음은 곧 부활이다. 죽음과 부활은 먼 훗날 사후에 겪을 일이 아니라 인생 동안에 이루어야 할 일이다. 천국은 먼 하늘 너머의 어떤 곳이 아니라 지금 내 안에 이루어져야 할 나라다. 천국은 여기 있다 저기 있다 할 것이 아니라 성도 안에 서야 한다. 성도는 인생 속에서 죽음을 경험하고 사울에서 바울로, 야곱에서 이스라엘로 부활하게 되는 것이다.

하나님이 우리에게 선악과를 먹인 것은 이처럼 '먹고 죽으라'는 것이다. 하나님처럼 되어 열심히 선악을 판단하면서 하나님 노릇 실컷 해보다가 '아, 이게 진짜 죄로구나!'를 깨닫고, 자기 부인의 죽음을 죽으라는 것이다. '내가 하나님이 아니고, 하나님만이 참 하나님로구나!'의 깨달음을 뼈저리게, 확실하게 함으로써 참된 천국 백성으로 지어져 오라는 것이 하나님의 뜻이다. 성도는 그 뜻에 의해 무트 타무트의 죽음을 죽고 또 죽어서 '자기 찬양, 자기 숭배, 자기 의(義) 쌓기'를 멈추고 하나님만으로 만족하고 기뻐하는 자, 하나님만을 찬양하는 자로 돌아가게 된다.

아담, 오실 자의 표상

> 여자가 그 실과를 따먹고 자기와 함께한 남편에게도 주매 그도 먹은지라(창 3:6).

여자가 선악과를 먹을 때 아담도 거기 있었다.
그런데 왜 말리지 않았을까?
말리지 않은 정도가 아니라 그도 함께 먹어 버렸다. 애초에 하나님의 경고를 직접 들은 자가 아담이니 그의 책임이 더 클 수도 있다. 그러나 성경은 의외로 아담이 아닌 여자를 질책하고 있다.

> 아담이 꾐을 보지 아니하고 여자가 꾐을 보아 죄에 빠졌음이니라
> (딤전 2:14).

죄는 여자가 진 것이고, 아담은 무관하다는 것이다. 성경의 이러한 서술은 이 장면의 복음을 설명한 것이다. 이 장면에서 아담은 죄를 지고 죽게 된 여자, 즉 우리를 위해 함께 죽어주는 예수 그리스도의 모형이다. 성경에서 성도는 여자와 신부로 불리고, 오직 하나님과 예수 그리스도만이 남자와 신랑으로 그려진다. 그래서 하나님이 우리에게 장가든다고 하시고, 어린 양이 '거룩한 성 예루살렘'인 교회의 신랑이라고 하는 것이다.

아담은 모든 인간, 모든 죄인의 대표이면서 예수 그리스도를 모형하는 존재다. 아담에 대해 '아담 안에서 모든 사람이 죽었다'[6]고도 하고, '오실 자의 표상'[7]이라고도 하는 것이 그 때문이다. 표상은 모형을 말한다.

하나님은 성도에게 뭔가를 가르쳐 주시기 위해 여자가 먼저 선악과를 먹

---

[6] 아담 안에서 모든 사람이 죽은 것 같이 그리스도 안에서 모든 사람이 삶을 얻으리라(고전 15:22).

[7] 그러나 아담으로부터 모세까지 아담의 범죄와 같은 죄를 짓지 아니한 자들 위에도 사망이 왕노릇하였나니 아담은 오실 자의 표상이라(롬 5:14).

게 만드시고, 아담도 여자와 똑같은 저주의 상태로 떨어지도록 허락하셨다. 하나님은 선악과를 먹고 저주를 받아 죽을 수밖에 없는 죄인들에게 당신의 아들을 신랑으로 주시고, 그 아들을 여자와 같은 저주의 상태로 만들어 대신 죽여 버리고, 정작 죽어야 할 여자를 살려내는 십자가 복음을 이렇게 가르쳐 주시는 것이다.

2

선악과나무와 생명나무 2

창세기 3:22, 24

여호와 하나님이 이르시되 보라 이 사람이 선악을 아는 일에 우리 중 하나 같이 되었으니 그가 그의 손을 들어 생명나무 열매도 따먹고 영생할까 하노라 하시고 이같이 하나님이 그 사람을 쫓아 내시고 에덴동산 동편에 그룹들과 두루 도는 화염검을 두어 생명나무의 길을 지키게 하시니라

선악과 먹은 자의 원죄

아담과 하와가 선악과를 먹자 하나님처럼 되어 스스로 선악을 판단하는 자가 됐다. 그들은 곧 눈이 밝아져 자신들이 벌거벗었음을 부끄럽게 여겨 무화과나무 이파리를 엮어 치마를 만들어 입었다. 원래 그들은 벌거벗었으나 부끄러워하지 않았는데, 이제 벌거벗음이 부끄럽다는 판단을 하게 됐다. 즉, '벌거벗은 상태는 악하다'는 선악의 판단을 한 것이다.

이것이 죄의 근본인 원죄다. 선과 악, 좋고 나쁨을 판단하는 것이 원죄다. 선악과를 먹은 인간은 하나님의 말씀에 절대적으로 순종하지 못하고 모든 것을 자기 소견에 옳은 대로 행하기 시작했다. 하나님이 지으신 모든 것이 선하신데, 그걸 감사로 받지 못하고 자기의 두 마음으로 판단하는 것이 원죄다. 그래서 예수님이 '판단하지 말라, 비판하지 말라'고 하시고, 그같이 행한 자는 '심판을 받는다'고 하시는 것이다.

'판단, 비판, 심판'이 모두 크리마(κρίμα)이다. 우리가 판단하고 비판하는 일이 곧 하나님께 심판받는 일이 된다. 선악을 판단하는 일에서 벗어나 모든 것을 하나님의 선하신 뜻 하나로 알고, 그 뜻이 무엇인가를 상고하는 것이 구원이다. 구원은 우리의 죄들을 모두 용서받는다는 개념이 아니라 우리가 아예 죄와 무관한 자가 되는 것이고, 하나님이 심판할 근거조차 없어지는 상태다.

지금 창밖에 눈이 펄펄 내린다. 눈이 내리면 연인에게 사랑을 고백하고 데이트 할 생각에 설레는 이들이 있는가 하면, 출퇴근길 차 막힐 일을 걱정하는 이들도 있다. 똑같은 눈이 내리지만 그걸 받아들이는 이의 마음은 제각각이다. 각자의 선악 체계를 따라 스스로 하나님처럼 되어 판단하는 것이다. 인간들은 대부분 이런 식으로 그 모든 것을 지으시고 경륜하시는 하나님의 뜻은 생각하지 않고 스스로 하나님 노릇한다. 선악과를 먹은 죄인이라는 증거다. 눈은 하나님이 주시는 또 다른 복음이다. 우리의 모든 죄, 더러움을 흰 눈처럼 덮어 주시겠다는 것이다.

여호와께서 말씀하시되 오라 우리가 서로 변론하자 너희 죄가 주홍 같
을지라도 눈과 같이 희어질 것이요 진홍 같이 붉을 지라도 양털 같이
되리라(사 1:18).

더러움이 깨끗해져서 구원받는 것이 아니라 그저 덮어주시는 것이다. 업적과 공로, 행위로 구원받는 것이 아니라 은혜로 구원받는 것이다. 눈의 본질은 물이고, 물은 말씀이며 진리다. 그 말씀, 그 진리로 우리를 깨끗케 하고 구원하겠다는 하나님의 언약이 하얗게 세상을 덮고 있다. 우주만물과 모든 일상사에 말씀, 곧 구원의 복음이 담겨 있다.

밧세바를 범하고 우리아를 죽인 다윗이 "내가 주께만 범죄했습니다"라고 토설하는 것은 그가 원죄가 무엇인지를 알았기 때문이다. 세상에서 나타나는 인간의 다양하고 무수한 죄들은 실상 원죄를 드러내는 증상들이다.

선악과와 바벨탑

아담과 하와는 벌거벗음의 상태, 부끄러운 상태를 스스로 모면해 보겠다고 무화과나무 이파리로 치마를 만들어 입었다.

그들은 누구에게 대하여 부끄러워했을까?

그들이 함께 한 것은 짐승들 외에 하나님 밖에 없었다. 그들이 부끄러워한 감정의 대상은 바로 하나님이었다.

선악과 사건 이전의 아담과 하와는 벌거벗었으나 부끄러워하지 않았다. 그들이 선악과를 먹자 가장 먼저 한 일은 하나님에 대하여 자기의 벌거벗은 상태를 부끄럽게, 즉 좋지 않게(악하게) 생각하는 것과 치마로 부끄러움을 가리는 시도였다. 창세기의 이 일을 두고 누디스트(nudist)들이 태초의 벌거벗음으로 돌아가자는 주장을 하기도 한다. 그러나 성경에서 말하는 '벌거벗음'은 피조물이 창조주이신 하나님 앞에서 자기의 주체성을 주장하지 않는 상

태를 의미한다. 그렇게 벌거벗은 상태에서 하나님이 입혀주시는 의의 흰옷을 입는 것이 구원이다. 에덴의 벌거벗음은 그걸 가르쳐 주시기 위한 알기 쉬운 그림이었다.

　구원은 전적인 하나님의 은혜로만 가능하다. 하나님의 의, 그리스도로 옷 입어야 할 인간이 스스로의 지혜와 능력으로 옷을 지어 입겠다고 하는 것이 하나님께 가증한 일이다. 하나님은 그들에게 무죄한 짐승을 죽여 그 가죽으로 옷을 만들어 입히셨다. 최초의 희생제사다. 죄인을 대신해 무죄한 어떤 이가 죽는 십자가는 이렇듯 인류역사의 시초부터 세워졌다.

　선악과를 먹은 인간은 하나님의 은혜를 믿고 의지하지 못한다. 그래서 그들은 스스로 구원에 이르려는 노력을 경주하게 된다. 그것이 바벨탑이다. 그들은 벽돌로, 자기의 열심과 업적과 공로로 돌, 반석이신 예수 그리스도의 은혜를 대신하자고 한다. 하나님의 은혜에만 의존하는 것은 자존심이 허락하지 않는다고 한다. 그래서 하나님의 은혜에 보답을 하자 하고, 아끼지 말고 뭔가를 내놓자고 한다. 그러나 도무지 갚을 길 없는 귀한 가치의 선물에 대해 어설프게 갚겠다고 나서는 것은 선물을 주신 이에 대한 모독이기 십상이다.

　이러한 어설픈 빚갚음의 행태는 구원과 영생의 의미를 제대로 모르기 때문이다. '전적인 하나님의 은혜'라는 복음에 인간의 생각과 행위를 섞는 것이 바벨(혼합)이고, 예수님이 경계하라고 하신 누룩이다.

　아담과 하와가 스스로 만들어 입은 '치마'(하고르 חֲגוֹר)는 치마가 아니라 '띠, 허리띠'를 가리키는 말이다. 띠는 진리를 뜻한다. 예수 그리스도께서 우리가 원치 않는 곳으로 진리의 띠를 띠우고 끌고 가주시는 것이 구원이다. 그러나 선악과를 먹은 인간들은 하나님의 은혜의 손길을 거부한 채 하나님이 주셔야 받을 수 있는 진리의 띠를 스스로 만들어 차고 자기가 원하는 곳으로 열심히 달음질한다. "이게 진리야" 하면서 무수한 엉터리 진리를 양산해 낸다.

다른 복음

> 그리스도의 은혜로 너희를 부르신 이를 이같이 속히 떠나 다른 복음 좇는 것을 내가 이상히 여기노라(갈 1:6).

예수 그리스도의 십자가, 그 은혜만이 진리인데 인간의 탐심이 개입된 '다른 복음'이 난무한다. 구원은 당연한 거고, 이 땅에서도 하나님의 자녀답게 성공하고 잘 살아야 한다고 한다. 그리하여 세상에 선한 영향력을 끼치자고 한다. 이것이 다른 복음이다. 교회는 세상에 영향력을 끼칠 수 없다. 각자의 자리에서 '무트 타무트'(죽고 또 죽으라) 하라는 것이 하나님의 뜻이다. 자기를 부인하고 각자의 십자가를 짊어지고 예수를 따라가서 그 십자가에 달려 죽으라는 것이 그분의 뜻이다. 그것만이 우리의 구주가 보여주신 본이다.

> 이것을 너희에게 이름은 너희로 내 안에서 평안을 누리게 하려 함이라 세상에서는 너희가 환난을 당하나 담대하라 내가 세상을 이기었노라
> (요 16:33).

예수님은 너희가, 저희가 아닌 너희가 세상의 미움을 받고 환난을 당한다고 하셨다. 참된 성도는 세상과 친해질 수 없다. 세상과 싸우라는 말이 아니라 하늘의 진리를 알게 된 성도는 더 이상 세상에게서 매력을 느끼지 못하고, 더 이상 세상을 사랑하지 않게 된다는 뜻이다. 평안은 돈, 명예, 건강, 좋은 차, 멋진 집에 있지 않고, 오직 주 안에 있다. 세상과 세상의 것들은 참된 평안을 주지 못한다.

또한, 예수님은 '담대하라, 내가 세상을 이겼다'고 하셨다.

주님의 승리는 어떻게 이루어졌는가?

로마군을 무찌르고 세상을 정복했는가?

아니다. 십자가에 달려 죽으심으로 승리했다. 그것이 하나님의 뜻이었고,

예수님은 그에 대한 절대적 순종이 승리라는 본을 십자가에서 보여주셨다. 선악과를 따먹은 인간의 불순종을 하나님이 몸소 자기를 죽여 깨우쳐 주시는 것이다.

> 대저 하나님께로서 난 자마다 세상을 이기느니라 세상을 이긴 이김은 이것이니 우리의 믿음이니라(요일 5:4).

성도는 어떻게 세상을 이기는가?
세상을 정복하고 발 아래 둠으로써 이기는가?
세상에 선한 영향력을 끼치고 존경을 받음으로써 이기는가?
아니다. 그건 인간의 탐심이 가입된 다른 복음이다. 성도의 승리는 오직 믿음이다. 믿음으로 세상을 이기는 것이 아니라 믿음 자체가 세상을 이긴 승리다. 하늘의 것으로 땅을 도모하려는 생각이 절도고 강도다.

저주받은 무화과나무

예수님의 예루살렘 입성 바로 다음날의 일이다. 베다니에서 주무시고 예루살렘으로 다시 들어가던 길에 시장기를 느끼신 예수님이 무화과라도 따 드실 요량으로 무화과나무 가까이 다가가셨다. 그러나 나무는 이파리만 무성할 뿐 무화과는 하나도 없었다. 그러자 예수님이 화가 나신 듯 "이제부터 영원토록 사람이 네게서 열매를 따 먹지 못하리라"고 나무에 대해 저주하셨다. 다음날 아침에 보니 실제로 무화과나무가 뿌리까지 말라 있었다. 그 일에 대해 마가는 다음과 같은 설명을 첨부해 놓았다.

'이는 무화과의 때가 아님이라.'

어찌 보면 예수님이 하신 일의 부당함을 지적하는 듯도 하다. 마치 철부지 초능력자가 원하는 것을 내놓지 않는다고 위험한 초능력을 마구 휘두르며 떼를 쓰는 것 같은 느낌이다.

과연 그럴까?

예수님이 허기가 져서 괜히 심술을 부리신 것일까?

이 대목의 참뜻을 알려면 먼저 마가의 서술기법을 파악해야 한다. 흔히 샌드위치 기법이라고 한다. 샌드위치 빵 같은 구절이 양쪽에 있고, 안쪽에 중요한 내용이 담기는 구조다. 마가복음 11장 12~25절에서 양쪽의 빵에 해당하는 이야기가 '예수님의 무화과나무 저주 사건'이다. 그 사이에 들어있는 건 '예수님의 성전 정화 사건'이다. 언뜻 터무니없어 보이는 무화과나무 사건의 진의는 바로 성전을 깨끗하게 하는 것이었다. 두 사건의 연관성은 창세기를 바르게 이해할 때 찾을 수 있다.

태초에 하나님은 에덴에서 인간을 창조하시고 벌거벗은 상태로 두셨다. 그게 보시기에 좋은 선의 상태였다. 그러나 선악과를 먹은 인간은 그 벌거벗은 상태를 부끄럽게, 즉 악으로 보았다. 그들은 자신의 노력으로 그 부끄러움과 벌거벗음을 가리려는 시도를 했다. 그때 그들이 만들어 입은 옷의 재료가 무화과나무 이파리였다.

인간이 스스로 부끄러움과 벌거벗음을 가리려고 만든 옷, 그것들은 역사와 인생 속에서 문화와 문명의 옷, 사상과 철학의 옷, 종교와 규범의 옷 등 다양한 모습으로 나타나고 있다. 그 옷들의 옷감은 동일하다. 인본주의와 율법주의다. 선악과를 먹고 스스로 하나님처럼 된 인간은 그들 자신의 선악체계로 외부세계를 바라보므로 당연히 인본주의다. 선악의 판단 기준은 오직 각자의 이익과 손해다.

> 그러나 무엇이든지 내게 유익하던 것을 내가 그리스도를 위하여 다 해로 여길뿐더러(빌 3:7).

여기에서 유익(켈도스 κέρδος)과 해(제미아 ζημία)가 각각 이익과 손해다. '그리스도를 위하여'에서 '위하여'의 디아(διά)는 '~을 인하여, ~을 통하여'란 의미의 전치사다. 따라서 '그리스도를 위하여'는 '그리스도를 인하여, 그리스도를 통하여'라고 해석하는 것이 좋다. 우리가 그리스도를 위하여 할 것은 아무것도 없다. 오직 그리스도가 우리를 위하여 모든 것을 해 주실 뿐이다. 위 구절은 '나에게 이익이 된다고 여겼던 모든 것들이 그리스도를 만난 이후로는 다 손해라는 걸 알게 됐다'는 뜻이다. 그리스도에 의해 가치관과 세계관이 뒤집힌 것이다.

선악의 두 마음을 가진 죄인들이 하나님의 말씀을 접하면 곧장 '지키면 복, 지키지 못하면 저주'의 율법으로 이해한다. 그리고 항상 옳고 의로운 자기를 기준으로 그리고 불의한 타인을 판단하고 정죄한다. 이것이 율법주의다. 따라서 하나님의 뜻을 이해하지 못한 인간들은 누구나 인본주의, 율법주의로 가게 되어 있다.

십자가에서 예수님은 우리의 모든 죄와 수치를 한 몸에 안고 죽으셨다. 그래서 예수님은 속옷까지 빼앗긴 벌거벗은 적신으로 십자가에 달리셨다. 무화과나무 이파리로 부끄러움을 가렸던 에덴의 실패를 회복시켜 주신 것이다.

열매 없이 잎만 무성한 무화과나무는 율법주의 이스라엘의 모습이자 우리의 모습이다. 예수님이 무화과나무를 저주해 말려 버리신 일은 성전을 깨끗하게 청소하신 것과 같은 일이다. 하나님의 뜻보다 나의 뜻이 앞서는 인본주의, 두 마음의 탐심으로 판단을 일삼는 율법주의는 예수님의 말씀에 의해 저주받고 말라 죽어야 한다. 이익과 손해의 저울질로 열심히 장사하는 우리의 마음이 말씀의 검에 의해 깨끗하게 정화되어 하나님의 거룩한 성전이 되는 것이 구원이다.

새 영 새 마음

성경은 선악의 두 마음을 탐심(에피뒤미아 ἐπιθυμία)이라고 한다. 인간의 모든 죄는 여기에서 발생한다. 두 마음의 탐심이 하나님께 절대적으로 순종하지 못하고 하나님을 대적하는 죄, 곧 원죄다. 하나님은 외모가 아니라 중심(마음)을 본다고 하시는 것이 바로 이 때문이며, 예수님이 바리새인을 향해 '회칠한 무덤'이라고 야단치시는 것이 바로 이 때문이다. 그토록 착하고 청렴하며 이웃을 위해 아낌없이 자기를 희생한 자들, 역사상 하나님의 거룩에 가장 근접했던 자들을 향해 예수님이 '독사의 자식', 곧 '마귀의 자식'이라고 욕하신 뜻을 상고해 보라.

거룩은 구별로 성취된다. 그러나 거룩은 거룩하신 하나님이 창세전에 약속하신 은혜의 빛을 비춰 흑암의 세상과 구별시켜 주실 때 얻어지는 것이지 스스로 '구별된 자(바리새)'로 칭하며 행위의 거룩을 쌓는다고 획득되지 않는다. 겉으로 드러난 그들의 행위는 그럴 듯했지만 그들의 속마음은 '자기'로 가득 차 있었다. 그들은 하나님의 의보다 자기 의를, 하나님의 영광보다는 자기 영광을 중시했다. 이는 비단 바리새인만의 일이 아니라 하나님의 뜻을 깨닫지 못한 모든 인간에게 해당되는 일이다. 행위로는 어느 누구도 구원에 이를 수 없다. 쌓고 쌓고 쌓아봐야 무너질 바벨탑이다.

하나님의 은혜로 그리스도의 영이 우리를 뚫고 들어와 '죄에 대하여 의에 대하여 심판에 대하여' 바르게 깨닫게 해주지 않으면 인간은 누구나 인본주의, 율법주의의 길로 갈 수밖에 없다. 그들은 필연적으로 하나님의 은혜를 의지하지 못한 채 자기의 행위에 가치를 부여하게 된다. 예수를 죽인 이스라엘이 그러한 죄인들의 실상을 여실히 보여준다.

모든 것을 하나님의 선하신 뜻 하나로 보는 것이 구원이다. 만물보다 거짓되고 심히 부패한 우리의 두 마음을 새 마음으로 바꿔주시는 것이 구원이다.

> 또 새 영을 너희 속에 두고 새 마음을 너희에게 주되 너희 육신에서 굳은 마음을 제하고 부드러운 마음을 줄 것이며(겔 36:26).

새 영(루아흐 רוח: 성령), 그리스도의 영이 직접 내 안에 들어와 하나님의 뜻을 새 마음의 심비(心碑)에 새겨주시는 것이 구원이다. 시내산에서 첫 번째 돌판이 깨지고 두 번째 돌판이 새롭게 이스라엘에게 주어지는 일이 이 일의 모형이다. 예수가 죽고, 예수 그리스도가 우리 안에 들어오시는 것이다.

처음부터 끝까지 다 이루시는 하나님의 선하심과 사랑을 아는 것이 선악과를 주신 뜻이고, 인생을 사는 이유다. 그걸 아는 자가 잘 사는 것이다. 우리가 부지불식간에 재산이 많은 이를 '잘 산다'고 하는 건 그저 죄성의 오랜 합의일 뿐이다. 하나님 편에서 보면, '무트 타무트'의 죽음을 죽고 부활함으로써 하늘의 참 생명을 가진 자가 '산 자'이며, 그것으로 기뻐하고 감사하는 자가 '잘 사는 자'다. 하나님은 그렇게 산 자의 하나님이시다.

> 하나님은 죽은 자의 하나님이 아니요 산 자의 하나님이시라 너희가 크게 오해하였도다(막 12:27).

선악과와 율법

선악과나무는 동산 가운데 심겨져 있었다. 하나님은 천지창조 둘째 날에 물 가운데 궁창을 경계로 윗물과 아랫물을 나누라고 하셨다. '가운데'(타웨크 תוך)는 하늘의 물과 땅의 물 사이, 즉 하늘과 땅 사이의 경계를 말한다. 하늘을 알라고 땅에 주신 하늘의 것들이 가운데에 심겨져 있었다.

그것이 하나님의 말씀, 성전, 예수였다. 그러나 땅의 인간은 피조물의 한계로 인해 하나님의 뜻과 진리를 알라고 주신 하늘의 것들을 오해했다. 그래서 구원의 말씀은 율법으로 오해됐으며, 천국을 알라고 주신 성전은 율법의 성전으로 변질됐다. 하나님의 말씀을 담고 오신 말씀이자 두 번째 성전인 예수님은 배척하고 죽여 버렸다. 선악과나무가 역사 속에서 율법으로, 성전으로, 예수로 계속 이어지며 설명되고 있는 것이다.

그 '타웨크'에 궁창이 있었고, 하나님은 그 궁창을 하늘이라고 칭하셨다. 진짜 하늘을 알라고 눈에 보이는 하늘을 주신 것이다. 그래서 이스라엘 사람들은 하늘과 성전을 동일시했다. 사도 바울이 삼층천에 올랐다는 말은 자신이 세 번째 하늘, 즉 세 번째 성전이 됐다는 말이다. 진리를 알게 됐다는 것이다. 두 번째 성전, 말하는 성전으로 오신 예수님이 "이 성전을 헐라" 하신 것은 인간들이 오해한 성전인 당신을 죽이라는 것이었고, "다시 세우겠다" 하신 것은 교회, 즉 하나님 백성을 세 번째 성전으로 세우겠다는 말씀이었다.[1]

오늘날 기독교의 대다수는 두 번째 성전의 예수를 믿는 수준에 머물고 있다. 병을 고치고 죽은 자를 살리고 먹을 것을 주신 예수, 세상의 왕이 되어 이 땅에서 자기들의 유익을 풍성하게 채워줄 예수를 좇고 있다. 그때 예수께서는 그들을 피해 다른 곳으로 가셨음을 분명히 알라. 보이는 소망은 소망이 아니다. 진짜 기독교는 십자가에서 죽고 부활하신 예수 그리스도, 보이지 않는 영으로 우리 안에 오신 예수 그리스도를 믿는다. 기독(그리스도)을 믿지 못하면 기독교가 아니다.

다시 정리하자면, 동산 가운데 선 선악과나무는 율법, 성전, 예수와 같은 의미였다. 그래서 예수님이 바로 그 자리에서 십자가로, 그 나무로 달린 것이다. 그 나무가 죽자 거기에 생명의 열매가 주렁주렁 열렸다. 그것이 생명나무 실과다.

예수님은 율법을 폐하러 오신 것이 아니라 완성하러 오셨다. 그 완성이 이루어진 곳이 십자가다. '다 이루었다'[2]의 완성은 예수님이 그 나무에 달려 하나님이 말씀하신 '무트 타무트'(정녕 죽으리라)의 죽음을 죽으심으로 완성됐다. 무트는 말씀을 완성하는 죽음이었다. '선악을 알게 하는 나무의 실과

---

1 교회는 구원받은 성도 한 사람 한 사람을 가리킨다. 성도가 교회이고 성전이다(고전 3:16). 예배당 건물을 교회나 성전으로 오해하는 경향이 심하다. 그래서 이 책에서는 '교회'를 가급적 '성도'라는 말로 대체하고 있다.
2 올바른 번역은 "다 이루어졌다"이다. 원문의 테텔레스타이(τετέλεσται)는 헬라어 동사 텔레오(τελέω)의 직설법 완료 수동태, 3인칭 단수형이다. 예수님은 십자가에서 영광의 주가 아니라 고난받는 종의 자리로 내려가셨으며, '아버지께서 다 이루셨다'는 의미로 이같이 말씀하셨다.

를 먹지 말라' 하신 하나님의 뜻, '그걸 먹고 죽어서 거듭나라'는 뜻이 십자가에서 성취됐다.

생명나무를 감추신 뜻

> 여호와 하나님이 가라사대 보라 이 사람이 선악을 아는 일에 우리 중 하나 같이 되었으니 그가 그 손을 들어 생명나무 실과도 따먹고 영생할까 하노라 하시고(창 3:22).

하나님은 사람이 생명나무 실과도 따먹고 영생할 것을 염려하셨다. 영생은 단순히 오래 사는 것이 아니다. 지옥에서도 영원히 산다. 영생은 하나님의 은혜를 입고 신적 생명을 받아 하늘의 존재가 되는 것이다. 그러한 일은 유일한 신이신 하나님이 자발적으로 생명을 나누어 주실 때만 가능하다. 그러므로 선악과를 따먹은 자들, 즉 모든 인간은 원천적으로 생명나무 실과를 먹을 수 없다. 그럼에도 불구하고 하나님이 굳이 그 생명나무 실과를 감추시는 것은 선악과를 따먹은 자, 하나님의 은혜를 떠나 자신들의 힘과 지혜를 의지하는 자는 절대로 영생을 소유할 수 없다는 것을 강조하여 가르쳐 주시기 위함이다.

따라서 그룹들과 화염검으로 감추어진 생명나무 실과를 스스로의 힘으로 따먹기 위해 그 나무에 접근하는 자는 멸망당하게 된다. 그러나 하나님의 은혜를 의지하지 못하는 인간, 죄인들은 반드시 생명나무 실과를 스스로의 힘으로 따먹겠다고 나서게 되어 있다. 선악과를 따먹은 것 자체가 생명나무 실과를 따먹겠다는 시도이기 때문이다. 그러나 그들에게는 그룹들과 화염검이 저주와 심판으로 기다리고 있다.

> 여호와께서 불과 칼로 모든 혈육에게 심판을 베푸신 즉 여호와께 살육

당할 자가 많으리니(사 66:16).

그룹과 화염검은 하나님의 굳은 의지의 표명이다. 따라서 죄인들에게 생명나무는 저주와 심판의 나무다. 그런 이유로 '나무에 달린 자마다 저주 받은 자'라고 하신 것이고, 그럼에도 불구하고 예수님은 우리의 죄와 저주가 되어 그 나무에 달려 죽으셨다. 스스로의 힘으로 생명나무 실과를 따먹으려고 하는 모든 죄인들의 저주를 그 나무에서 해결하시기 위해서였다.

예수님은 바로 그 저주의 나무에 달려 두루 도는 화염검에 타시면서 "내가 목마르다"고 하셨다. 하나님의 모든 저주와 진노가 쏟아지는 자리에서 아버지와 끊어지면서 "엘리 엘리 라마 사박다니"[3]라고 외치고 죽으셨다. 그러나 그 죽으심으로 이제 저주의 나무는 은혜의 나무로, 참된 생명의 열매로 성도에게 주어졌다.

생명나무 실과

내가 너희에게 이른 말이 영이요 생명이라(요 6:63).

예수님은 그리스도의 영으로 우리에게 오셔서 진리를 가르쳐 주신다. 그분이 깨닫게 해주시는 말(레마 ῥῆμα)이 성령이고, 생명이다. 말씀(로고스 λόγος)이 육신이 되어 오신 예수님이 십자가에서 죽고, 그리스도의 영으로, 또 다른 보혜사로 우리에게 오셔서 그분이 하신 그 일이 무엇인지를 가르쳐 주신다. 그리하여 그걸 깨달은 자에게 그 레마가 생명, 곧 생명나무의 실과가 된다. 성령의 도우심으로 로고스가 레마로 깨달아질 때 생명을 가진 자가 되는 것이다. 그 레마의 말씀이 생명이다.

---

3 나의 하나님 나의 하나님 어찌하여 나를 버리셨나이까.

로고스는 우리가 눈으로 볼 수 있게 주신 모든 것, 즉 성경과 온 세상, 그리고 예수까지 포함하며, 레마는 로고스의 모든 것이 진리로, 그리스도로, 구원의 복음으로 깨달아지는 것을 말한다. 로고스와 레마에 우열이 있는 것이 아니다. 성령의 조명을 받았는가의 여부를 말하는 것이다. 성령의 조명이 없으면 누구도 깨달을 수 없다는 것, 하나님의 은혜가 아니면 아무도 생명나무 실과를 먹을 수 없다는 것을 가르쳐 주기 위해서라도 반드시 로고스에 머무는 자들이 있어야 한다. 그래서 하나님을 믿는다고 하는 교회들에서 로고스 수준의 설교가 그토록 난무하는 것이다. 개탄할 일이 아니라 오히려 하나님의 뜻 가운데서 당연한 일이다.[4]

믿음은 바라는 것들의 실상이요 보지 못하는 것들의 증거니(히 11:1).

보이는 모든 것은 표적이며, 그것들을 통해 보이지 않는 그 나라를 깨달으라는 것이 하나님의 뜻이다. 우리 성경에는 로고스와 레마가 모두 '말, 말씀'으로 번역되어 있어 잘 분별이 되지 않지만, 하나님이 주시는 모든 말씀(로고스)이 레마로 깨달아지는 자만이 참된 성도다. 레마는 성령에 의해서만 깨달아지므로 성도가 구하고 찾을 것은 세상의 것들이 아니라 오직 성령이다.[5]

선악과나무의 역할은 '먹고 죽어서 깨달음'으로 완료되며, 이는 곧 생명나무로 거듭나게 된다. 둘은 한 나무다. 생명나무의 열매는 한 알의 밀알로 죽으신 예수의 공로로 성도 안에서 성령의 열매로 맺힌다. '사랑과 희락과 화평과 오래 참음과 자비와 양선과 충성과 온유와 절제'의 성령의 열매는 우리가 맺는 것이 아니라 성령, 예수 그리스도의 영이 우리 안에서 맺으시는 열매다.

---

4 이 백성의 마음을 둔하게 하며 그들의 눈이 감기게 하라 염려하건대 그들이 눈으로 보고 귀로 듣고 마음으로 깨닫고 다시 돌아와 고침을 받을까 하노라 하시기로(사 6:10).
5 내가 또 너희에게 이르노니 구하라 그러면 너희에게 주실 것이요 찾으라 그러면 찾을 것이요 문을 두드리라 그러면 너희에게 열릴 것이니 너희가 악할찌라도 좋은 것을 자식에게 줄줄 알거든 하물며 너희 천부께서 구하는 자에게 성령을 주시지 않겠느냐 하시니라(눅 11:9,13).

그래서 예수 그리스도가 첫 열매고, 그의 공로로 우리도 그 열매를 먹고 생명을 얻은 자가 되고, 우리 안에도 그 열매가 맺히는 것이다. 그 열매의 총칭은 한마디로 사랑(아가페)이다. 하나님의 모든 말씀이 그 사랑으로 깨달아진다면 그에게도 생명의 열매가 맺힌 것이다.

//
3

에덴의 강

창세기 2:10~14

강이 에덴에서 흘러 나와 동산을 적시고 거기서부터 갈라져 네 근원이 되었으니
첫째의 이름은 비손이라 금이 있는 하윌라 온 땅을 둘렀으며
그 땅의 금은 순금이요 그 곳에는 베델리엄과 호마노도 있으며
둘째 강의 이름은 기혼이라 구스 온 땅을 둘렀고
셋째 강의 이름은 힛데겔이라 앗수르 동쪽으로 흘렀으며 넷째 강은 유브라데더라

에덴, 천국의 모형

하나님이 동방의 에덴에 동산을 창설하셨다. 동산을 뜻하는 히브리어 간(גַּן)은 '울타리로 둘러싼 땅, 정원' 등을 뜻한다. 십자가에서 예수님이 우측 강도에게 "오늘 네가 나와 함께 낙원에 있으리라"고 구원을 약속하실 때 말씀하신 낙원(파라데이소스 παράδεισος)이 바로 에덴동산을 가리킨다. 낙원, 이상향을 뜻하는 파라다이스(Paradise)는 헬라어 파라데이소스에서 비롯됐다.

'창설하셨다'의 히브리어가 '심다, 세우다, (천막을) 치다'는 뜻의 나타(נָטַע)로 쓰인 것은 에덴이 하나님의 특별한 뜻이 심겨진 장소라는 걸 가르쳐 준다. 에덴은 천지를 창조하신 하나님이 특별히 울타리를 두르고 그 바깥의 세계와 구별을 두신 곳, 즉 천막(성막)을 친 곳, 하나님 나라의 모형이었다. 그리고 무엇보다 그곳에는 참된 생명의 씨가 심겨져 있었다.

> 죽은 자의 부활도 이와 같으니
> 썩을 것으로 심고 썩지 아니할 것으로 다시 살며
> 욕된 것으로 심고 영광스러운 것으로 다시 살며
> 약한 것으로 심고 강한 것으로 다시 살며
> 육의 몸으로 심고 신령한 몸으로 다시 사나니
> 육의 몸이 있은즉 또 신령한 몸이 있느니라(고전 15:42~44).

'심다'의 헬라어 스페이로(σπείρω)는 마태복음 13장의 '씨 뿌리는 자 비유'에 내내 반복해서 나오는 단어인데, 원뜻은 '씨 뿌리다'이다. 씨는 그리스도이며,[1] 그 한 알의 씨는 땅에 떨어져 죽어 많은 열매를 맺는다. 이 일은 예수

---

[1] 이 약속들은 아브라함과 그 자손에게 말씀하신 것인데 여럿을 가리켜 그 자손들이라 하지 아니하시고 오직 하나를 가리켜 네 자손이라 하셨으니 곧 그리스도라(갈 3:16); 이 구절에서 '자손'은 스페르마(σπέρμα)로 '씨'로 번역하는 것이 타당하다. NASB, NIV 등 여러 영어성경에서 'seed'(씨)로 바르게 번역하고 있다.

그리스도께서 우리 안에서 하시는 일이다. 이것이 창세기에서 하나님이 축복하신 '생육과 번성'의 의미다.

> 하나님이 그들에게 복을 주시며 그들에게 이르시되 생육하고 번성하여 땅에 충만하라(창 1:28).

하나님이 아담과 하와에게 하신 말씀이다. 표면적으로 보면 자손을 많이 낳고 잘 살라는 말씀으로 들린다. 그러나 성경은 항상 그 속에 담긴 레마의 말씀을 살펴 예수 그리스도라는 진리를 발견해야 한다.

'생육하다'의 히브리어 파라(פָּרָה)는 '다산하다, 열매 맺다, 결실이 풍부하다'는 뜻이며, '번성하다'의 라바(רָבָה)는 '많아지다, 크다'는 뜻이다. 따라서 '생육하고 번성하라'는 '많은 열매를 맺으라'는 의미다. 이는 한 알의 씨로 죽어 많은 열매를 맺는 예수 그리스도와 그와 연합하여 하나 될 교회에게 주신 말씀이다.

'땅에 충만하라'는 직역하면 '땅을 채우라, 완전하게 하라'는 뜻이다. '충만하다'의 히브리어 말레(מָלֵא)는 신약에서 헬라어 플레도(πλήθω), 또는 플레로오(πλήροω)로 나타난다.

> 이에 베드로가 성령이 충만하여(플레도) 가로되(행 4:8).

오순절에 약속하신 성령, 그리스도의 영이 강림하심으로써 신랑인 그리스도와 신부인 교회가 하나 됐다. '땅에 충만하라'는 명령은 약속의 땅인 성도에게 그리스도의 영이 가입하여 온전한 천국을 이루라는 말씀인 것이다. 역시 예수 그리스도에게 주신 말씀이며, 예수 그리스도가 성도 안에서 이루실 내용이다. 성도는 그리스도의 영으로 완전케 된다.

'성령 충만'은 '성령의 충만을 받음'이 올바른 번역이다. 성령이 주체시다. 우리가 성령을 불러 에너지를 보충하듯 충만을 받고 새 힘과 능력을 받아 뭔가 큰일을 하는 것이 아니라 성령께서 불가항력적인 은혜로 우리 안에 오셔서 하나님이 원하시는 온전을 이루고 완전케 하시는 것이다.

성령의 충만과 혼인

성령의 충만을 받은 자는 어떻게 되는가?

방언을 하고 입신을 하는가?

아니다. 하나님의 말씀을 바르게 깨달아 하나님의 뜻을 간직하고 전할 수 있게 된다. 예수께서 '내 말이 영이고 생명'이라고 하신 뜻이 여기에 있다. 그래서 성령에 의해 완전케 된 베드로가 '가로되', 즉 말을 전하는 것이다. 하나님은 항상 당신의 자녀가 뭔가를 행하고 내놓기보다 당신의 뜻을 바르게 알기를 원하신다.

> 내가 네게 장가 들어 영원히 살되 공의와 정의와 은총과 긍휼히 여김으로 네게 장가 들며 진실함으로 네게 장가들리니 네가 여호와를 알리라
> (호 2:19~20).

하나님이 우리에게 장가들겠다고 하신다. 교회와 하나 될 거라는 것이다. 그 하나 됨은 진실함(에무나 אֱמוּנָה), 즉 진리에 의해서다. 진리는 우리 안에 거하여 영원히 함께 하실 이, 성령의 이름이다.[2] 진리의 성령으로 교회와 하나 되는 것이 혼인이다. 그때 교회는 여호와를 알게 될 것이다. '알다'는 야다(יָדַע)로 '동침하다'는 뜻도 있다. 남녀가 동침하여 한 몸이 되는 것은 '하나님과 하나 됨'이라는 복음을 담은 일이다. 진리의 성령에 의해 하나님과 하나 되어야 하나님을 알 수 있다.

---

2   우리 안에 거하여 영원히 우리와 함께 할 진리로 말미암음이로다(요이 1:2).

하나님은 '장가든다'는 히브리어 아라스(אָרַשׂ)를 피엘강조형으로 반복해서 말씀하심으로써 언약의 굳건함을 확증하고 계시다. 히브리어의 피엘강조형은 '반드시'를 넣어서 해석하면 된다. '장가든다'는 말 앞에 '반드시'를 넣어서 다시 한 번 읽어보라.

> 내가 네게 '반드시' 장가 들어 영원히 살되 공의와 정의와 은총과 긍휼히 여김으로 네게 '반드시' 장가 들며 진실함으로 네게 '반드시' 장가 들리니 네가 여호와를 알리라.

하나님의 다짐이 더욱 절절하게 느껴지지 않는가. 그 언약이 반드시 필요한 우리는 정작 수시로 잊어버리고 관계없는 자처럼 살고 있는데, 홀로 완전하여 다른 무엇이 더 필요없으신 하나님만 처절하게 그 언약을 붙잡고 계신 듯하다. 그래서 은혜다. 우리는 허물과 죄로 죽어 있었는데, 구원의 자격이 아무것도 없었는데, 긍휼이 풍성하신 하나님이 친히 신랑이 되어 구원해 주시는 것이다. 그래서 구원은 하나님의 전적인 은혜다. 이 은혜를 모르는 자들이 업적과 공로를 말하고, 상급을 운운한다.

성도의 인생목표는 다음의 두 가지가 되어야 한다.

첫째, 하나님이 어떤 분인지 아는 것.

둘째, 자신이 어떤 존재인지 아는 것.

이걸 바르게 아는 자에게 은혜가 제대로 깨달아지고, 회개와 믿음과 순종의 요구가 자연스럽게 이루어진다.

많은 사람들이 에덴에서 선악과를 따먹고 범죄하는 바람에 실낙원 한 것을 애석해 한다. 그러나 이후의 성경 이야기를 보면 에덴은 결코 최후의 종착역이 아니었다는 것을 알 수 있다. 훗날 이스라엘 백성들이 출애굽 후 약속의 땅, 가나안에 들어가지만 그곳 역시 천국의 모형이었다. 에덴이나 가나안 땅은 단지 천국의 모형일 뿐이다.

인생과 역사 속에서 진정한 천국, 약속의 땅은 바로 이 땅을 사는 성도의 몸이다. 예수님은 천국이 볼 수 있게 임하는 것이 아니며, 또 여기 있다 저기 있다 할 것이 아니라 우리 안에 있다고 말씀하셨다. 성도의 몸이 천국이고, 성령이 거하시는 성전이다. 하나님이 무조건적인 선택(Unconditional Election)과 불가항력적인 은혜(Irresistible Grace)로 창세전에 택하신 당신의 백성들을 뚫고 들어오실 때 그가 천국이 되는 것이다. 비록 육을 입고 이 땅을 살지만 '썩지 않을 신령한 몸, 천국이 이루어졌는가?'에 관심을 집중하는 자가 참된 성도다.

에덴에서 발원한 네 강

강이 에덴에서 발원하여 동산을 적셨다. 천국의 모형인 에덴 가운데, 곧 천국의 가운데, 하나님 보좌에서부터 강물이 발원되어 네 갈래로 뻗어나갔다. 네 갈래의 방향은 온 세상을 의미한다. 하나님 보좌에서 솟아난 하늘의 생명수가 네 갈래로 온 세상을 적시며 생명을 소성케 했다.

이 내용은 에스겔서에 잘 나타나 있다. 에스겔은 환상 중에 성전에서 흘러나오는 생명수를 보았다. 발목을 적시고 무릎과 허리까지 오르다가 마침내 크게 창일해진 물은 강이 되어 바다에 이르고, 그 물에 의해 바다의 물이 소성함을 얻는다. 성경에서 바다는 저주의 상징이다. 바다는 요한계시록에서 음녀가 앉은 곳이고, 사단을 상징하는 용이 하늘에서 쫓겨난 후 들어갔다가 다시 나오는 곳이기도 하다. 그래서 새롭게 열리는 새 하늘과 새 땅에는 바다가 다시 있지 않게 된다.

온 세상에 생명을 주고 저주의 바다까지 소성케 하는 강이 에덴에서는 이름이 없다가 사방으로 뻗어 나가면서 비손, 기혼, 힛데겔, 유브라데라는 이름을 갖는다. 이는 하나님 나라에서 굳이 이름이 필요 없던 성자 하나님이 세상에 오시면서 예수라는 이름으로 불리는 것과 같은 일이다. 에덴의 강은 예수 그리스도의 모형이다.

내가 생명의 물이다

예수님은 자신이 생명의 근원인 생명수임을 직접 밝히셨다.

> 내가 주는 물을 먹는 자는 영원히 목마르지 아니하리니 나의 주는 물은 그 속에서 영생하도록 솟아나는 샘물이 되리라(요 4:14).

예수님이 사마리아 여인에게 하신 말씀이다. 그녀는 이스라엘 사람들이 무시하는 이방인의 땅 사마리아, 그 곳에서도 손가락질 받는 허물 많은 여자였다. 그 사마리아 여인은 죄인 중의 괴수인 우리를 가리킨다. 예수님은 의인이 아니라 죄인을 찾으러 왔다고 하셨다. 자기부인을 하고 자기의 실존을 깨달은 자, 자신이 죽은 흙이라는 것을 깨달은 자에게 하나님의 전적인 은혜가 부어진다.

죄와 허물로 죽은 흙, 마른 뼈 상태인 신부에게 생명의 물을 주어 되살아나게 하시려고 우리의 남편이신 예수께서 부지런히 한낮의 무더위를 무릅쓰고, 불같은 시련과 수난에도 아랑곳하지 않고 우리에게 달려오신 것이다. 모세와 야곱 등의 신랑이 우물가에서 신부를 만나는 이야기들이 이 일의 모형이다.

때는 제 육시, 여섯째(헥토스 ἕκτος)의 때였다. 태초에 아담이 하와를 만난 때, 신랑이 신부를 만난 그 여섯째 날을 뜻하는 시간이었다.

> 사마리아 여자 하나가 물을 길러 왔으매 예수께서 물을 좀 달라 하시니 (요 4:7).

물은 말씀, 진리, 성령을 뜻한다. 하나님은 태초의 두 번째 날에 궁창을 경계로 아래의 물과 위의 물로 나누셨다. 아래에 모인 물은 바다(ㅁ)라 칭해졌다. 아래의 세상은 하늘의 물, 즉 참된 말씀과 진리를 알지 못하므로 바다는 저주의 상징이 됐다. 그러나 바다는 단순히 저주의 대상으로 머물지 않는다. 아래에 '모인 물'(미크웨 하마임 מקוה המים)은 '소망의 물'이기 때문이다. 미크웨(מקוה)는 '모음, 소망'이란 뜻이다.

광풍이 이는 바다, 두려워 떠는 제자들, 요동치 않고 주무시거나 바다를 밟고 걸으시는 예수님 등 갈릴리 바다에서 벌어지는 사건들을 이런 관점에서 살펴보면 좀 더 이해하기 쉬울 것이다. 담수호인 갈릴리 호수를 굳이 바다라 불리게 한 것도 그 의미를 집약적으로 가르쳐 주기 위한 것이리라.

위의 물이 있는 하늘은 히브리어로 샤마임(שמים)이라 하며, 파자하면 '거기(샴 שם)에 물(마임 מים)이 있다'는 의미다. 하늘의 물이 아래로 내려오면 심판이다. 말씀이 육신 되신 예수님이 내려오시자 아래 세상의 인간들은 모두 거짓된 물, 엉터리 물로 판명됐다. 이에 대한 분명한 그림이 홍수 심판이다 (6. 노아의 방주 참고).

예수님이 여자에게 물을 달라고 하셨다. 그런데 '달라'는 말이 의미심장하다. '달라'의 헬라어 디도미(δίδωμι)는 '선물하다'는 의미도 있다. 예수님은 단순히 목이 말라 물 한 잔 달라고 하신 것이 아니라 선물인 그 물, 진리의 성령인 그 물을 오히려 선물로 주시기 위해 여자, 교회에게 "그 물 있느냐? 있으면 줘 보라"고 말씀하신 것이다. 당연히 여자는 그 물을 줄 수 없다. 그때 예수께서 '하나님의 선물'을 언급하시는 게 그런 맥락에서 나온 말씀이다.

> 예수께서 대답하여 이르시되 네가 만일 하나님의 선물과 또 네게 물 좀 달라 하는 이가 누구인 줄 알았더라면 네가 그에게 구하였을 것이요 그가 생수를 네게 주었으리라(요 4:10).

선물은 도레아(δωρεά)로 디도미에서 파생한 단어다. '디도미'의 의미를 제

대로 알지 못하면 '하나님의 선물'은 다소 느닷없는 말씀으로 들리게 된다.[3]

"내가 주는 물을 마시는 자는 영원히 목마르지 않을 것이다. 내가 선물로 주는 물은 그 사람 속에서 영생에 이르게 하는 샘물이 될 것이다."

예수께서 신부를 살릴 생명의 물을 선물로 주겠다고 하시자 은혜로 눈과 귀가 열린 신부가 알아듣는다.

"주여, 그 물을 내게 주시어 다시 목마르지 않게 하옵소서."

저주의 물이 구주를 만나자 소망의 물(미크웨 하마임)이 됐다.

소경을 눈 뜨게

날 때부터 소경된 자를 예수님이 진흙에 침을 이겨 눈 뜨게 해주셨다. 이는 죽은 흙인 인간에게 그리스도의 생명수가 더해져 생명이 탄생하는 창조의 모습을 은유한다. 예수님은 본다고 하는 자를 소경이라 하셨다.

> 내가 심판하러 이 세상에 왔으니 보지 못하는 자들은 보게 하고 보는 자들은 소경되게 하려 함이라(요 9:39).

자신이 죽은 흙, 마른 뼈, 소경, 죄인 중의 괴수임을 깨닫고 자기의 불가능을 진정으로 토설하는 자가 하나님의 긍휼을 얻는 자다. 하나님의 구원은 전적인 은혜다. 전적인 은혜의 전제조건은 수혜자의 불가능과 무능력, 곧 자기 부인의 죽음이다. 그 죽음을 죽지 않은 자는 필연적으로 하나님의 새 창조사역에 자기의 수고와 열심을, 구원의 은혜에 자기의 행위를 보태겠다고 나서게 된다. 자기의 구원을 스스로 이루어 보겠다고 하는 것이다.

---

[3] 구약에서 히브리어 '민하'(מִנְחָה)는 '제물, 선물'의 의미를 함께 가진 단어다. 우리의 대속제물로 죽으시고, 다시 선물로 주어지는 예수 그리스도를 잘 설명하는 단어다.

오직 복음전도를 위해 일생을 바친 사도 바울이 말년에 "내가 죄인 중의 괴수다"라고 자복한 뜻을 잘 새겨보아야 한다. 구원은 행위가 아니라 자기부인의 죽음에 의한 믿음으로 말미암는다. 믿음이란 '피조물이 창조주에게 전적으로 의지하는 마음의 상태'를 말한다.

의인은 그의 믿음으로 말미암아 살리라(합 2:4).

믿음은 에무나(אמונה)로 70인역에서 알레데이아(ἀλήθεια 진리)와 피스티스(πίστις 믿음)로 번역됐다. 결국 의인은 진리와 믿음으로 사는 것이다. 이 말씀이 나온 배경은 이러하다.

하박국 선지자의 때, 주전 610년경의 남유다는 사회가 혼탁하고 나라 전체에 불의가 가득했다. 촛불이 필요한 시대였다. 이에 하박국은 하나님께 정의로운 사회를 만들어 달라고 호소했다. 그때 하나님은 놀라자빠질 응답을 주셨다. 용맹하고 사나운 갈대아 족속을 불러 이스라엘을 죽이고 사로잡게 하겠다는 것이었다. 그러자 하박국은 왜 악인을 들어 의인을 치느냐며 하나님께 하소연했다. 하나님은 바로 그때 '의인은 그의 믿음으로 말미암아 살리라'는 말씀을 주신 것이다.

하박국의 희망은 법질서 회복과 정의사회 구현이었다. 한마디로 '살기 좋은 세상 만들기'였다. 오늘날 대다수 기독교인의 목표도 하박국과 다르지 않는 것 같다. 그러나 하나님의 뜻은 이 세상이 아닌 하나님 나라에 있다. 천국은 하나님이 죽여서 다시 살린 의인들의 나라다. 의인은 믿음으로 살고, 믿음은 죽음에서 비롯된다. 자기부인의 죽음, '무트 타무트'의 죽음. 그걸 깨달은 하박국이 이렇게 말했다.

"여호와여, 주는 주의 일을 이 수년 내에 부흥케 하옵소서."

'부흥케 하옵소서'의 히브리어 하이예후(חייהו)는 하야(היה)의 피엘명령형이다. '하야'는 '존재하다'는 뜻이다. 따라서 "부흥케 하옵소서"를 직역하면 '반드시 존재하게 해 주세요'가 된다.

그러면, 하박국이 수년 내에 반드시 존재하게 해 달라고 소망하는 '주의 일'은 무엇인가?

그것은 갈대아 족속을 불러 이스라엘을 박살내는 일이다. 하박국은 지금 "하나님, 수년 내에 사나운 갈대아 족속을 불러 반드시 우리를 죽여주세요 반드시 죽여서 믿음으로 사는 의인으로 거듭나게 해주세요"라고 기도하고 있는 것이다. 이 기도는 실제로 '수년 내'에 이루어졌다. 불과 5년 후인 주전 605년, 사나운 갈대아인인 바벨론이 남유다를 멸망시키고 많은 사람들을 포로로 사로잡아 간 것이다. 선지자의 처절한 믿음의 기도를 예배당 확장하고 교인의 머릿수 늘리는 데 쓸 일이 아니다.

하나님은 항상 우리를 죽여서 살리길 원하신다. 그것이 거듭남이다. 성경은 처음부터 내내 반복해서 그걸 가르쳐 주고 있다. 야곱이 얍복강에서 환도뼈가 깨지고 이스라엘로 거듭나는 일, 출애굽 1세대가 광야에서 죽고 동일한 수의 2세대가 가나안에 들어가는 일 등이 그것이다. 천지창조 때 반복해서 나오는 '밤이 되고 아침이 되니'도 같은 맥락의 일이다. 어둠에서 시작해 빛을 받아 밝음이 되는 것이다. 예수에서 시작해 십자가를 통과하고 그리스도 예수가 되는 것이다. 율법의 사람에서 시작해 은혜의 사람이 되는 것이다.

하박국서를 통독하면서 거듭남 이전과 이후의 기도가 어떻게 다른가를 비교해 보라. 믿음으로 사는 의인은 나무에 열매가 없고 밭에 먹을 것이 없고 축사에 우양이 없어도, 사업이 망해 빈털터리가 되고 병들어 고통 받는다 해도 하나님만으로 즐거워하고 기뻐하는 것이다.

기도는 나의 희망사항을 이루어달라고 떼쓰고 부르짖는 것이 아니라 하나님의 뜻을 깨닫고 그 뜻이 꼭 성취되길 소망하는 것이다. 먼저 그의 나라와 의를 구하며 보이지 않는 그 나라를 실제의 나라로 바라보는 것이다. 그가 생명의 물을 받아 눈을 뜬 자. 그 물, 진리의 성령이 부어진 자에게서 발현되는 믿음만이 그 나라를 볼 수 있다.

죽은 흙이 보석으로

모든 인간은 십자가에 박혀 죽어가는 예수님 좌우편의 강도다. 그 자리에서 자기의 불가능을 깨닫고 "예수여, 당신의 나라에 임하실 때에 저를 기억해 주소서" 하며 구주의 은혜와 긍휼에 기대는 자가 택한 백성이다. 업적과 공로로, 주일성수와 십일조로 구원받는 것이 아니며, 차등상급은 더더욱 바랄 바가 아니다.

그렇게 잠잠히 죽은 흙의 자리로 돌아가 오직 은혜만 구하는 자가 그리스도의 생명수를 받은 자며, 그가 죽은 흙에서 생명을 얻고 빛나는 보석이 된다.

> 첫째의 이름은 비손이라 금이 있는 하윌라 온 땅에 둘렸으며 그 땅의 금은 정금이요 그곳에는 베델리엄과 호마노도 있으며(창 2:11-12).

생명수가 닿는 곳의 흙은 정금이 되고, 베델리엄, 호마노 보석이 된다. 하나님의 은혜를 받고 하나님의 뜻을 깨달은 자는 죽은 흙에서 하나님의 아들로 변모한다. 제사장의 흉패에 하나님의 아들을 상징하는 '홍보석, 황옥, 녹주옥, 석류석, 남보석, 홍마노…' 등 12 보석이 달리는 것이 그런 의미다.

> 이 보석들은 이스라엘 아들들의 이름대로 열 둘이라(출 28:21).

보석(에벤 אבן)은 하나님(א)의 아들(벤 בן)이다. 뱀처럼 이 땅의 가치를 온몸으로 껴안고 사는 삶에서 떠나 하늘을 소망하며 하늘의 가치로 사는 자가 하나님의 아들이며, 하늘에서 영원히 빛나는 하늘의 보석, 별이 된다.

> 지혜 있는 자는 궁창의 빛과 같이 빛날 것이요 많은 사람을 옳은 데로 돌아오게 한 자는 별과 같이 영원토록 비취리라(단 12:3).

지혜는 인간 사이의 비교우위적인 지적 능력이 아니라 하나님을 아는 지식을 말한다. 성경에서 지혜는 항상 예수 그리스도를 가리킨다. 하나님과 예수 그리스도를 아는 지식이 지혜다. 예수 그리스도라는 보화를 질그릇에 담은 자가 빛이신 그 분으로 인해 하늘이 되어 그리스도를 드러내게 되며, 이를 '빛난다'고 한다. 영광의 근원은 하나님이며 우리는 스스로 빛을 낼 수 없는 존재다.[4]

하늘의 진리를 깨닫고 땅에서 돌아서면 그를 하늘이라고 한다. 땅이 하나님의 언약을 알아 약속의 땅이 되면 그는 땅에서 발을 떼고 하늘을 향하게 되며, 그 즉시 그는 하늘로 편입된 자, 하늘이 되는 것이다. 그래서 주기도문의 첫머리가 '하늘에 계신 우리 아버지'다. 원문을 직역하면 '그 하늘들 안에 계신 우리 아버지'다.

많은 사람을 '옳은 데로 돌아오게'(차다크 צָדַק) 한다는 것은 많은 사람을 '의롭게'(차다크) 하는 것이며, 하나님의 의(체다카 צְדָקָה)를 깨달아 전해주는 것이다. 성경에서 의(체다카)는 상호관계 속에서 상대가 원하는 바를 끝까지 잘 수행하는 것을 말한다. 하나님의 의는 하나님이 당신이 약속하신 언약을 신실하게 지켜 가시는 것이다. 의인은 하나님의 의를 알고 붙잡는 자다.[5] 그가 하나님의 언약과 사랑을 잘 전하는 것이 의로운 일을 한 것이고, 그는 빛이신 하나님과 영원 속에서 함께 할 것이므로 "영원토록 비취리라"고 하는 것이다.

> **별의 수효를 계수하시고 저희를 다 이름대로 부르시는도다**
> (시 147:4).

---

[4] 그래서 "영광을 돌린다"는 말은 어불성설이다. '영광'의 히브리어 카보드(כָּבוֹד)는 '영광, 부, 풍부'의 뜻이다. 심령(πνεῦμα 성령)이 가난한 자가 하늘에서 부유한 자이며, 그가 하나님의 영광에 참여한 자다.

[5] 아브람이 여호와를 믿으니 여호와께서 이를 그의 의로 여기시고(창 15:6).

# 4

아담과 그의 배필, 하와

창세기 2:18, 21~24

여호와 하나님이 이르시되 사람이 혼자 사는 것이 좋지 아니하니 내가 그를 위하여 돕는 배필을 지으리라 하시니라
여호와 하나님이 아담을 깊이 잠들게 하시니 잠들매 그가 그 갈빗대 하나를 취하고 살로 대신 채우시고
여호와 하나님이 아담에게서 취하신 그 갈빗대로 여자를 만드시고 그를 아담에게로 이끌어 오시니
아담이 이르되 이는 내 뼈 중의 뼈요 살 중의 살이라 이것을 남자에게서 취하였은즉 여자라 부르리라 하니라
이러므로 남자가 부모를 떠나 그의 아내와 합하여 둘이 한 몸을 이룰지로다

독처하는 것이 좋지 못하니

하나님은 태초에 벌거벗은 인간을 지으시고 그가 어떻게 의의 흰옷을 입은 하나님의 백성으로 지어지는지를 창세기부터 요한계시록까지 보여주신다. 아담의 창조기사는 원대한 구속사의 출발점임과 동시에 전체 구속사를 요약하고 있다.

천지창조 때, 다섯 째 날까지 계속 '보시기에 좋다'(토브 טוֹב: 좋은, 선한, 선)고 하시던 하나님이 여섯째 날에 이르러 처음으로 '좋지 못하다'(로 토브 לֹא טוֹב)고 하셨다. 하나님이 당신의 형상으로 사람을 만드신 직후의 일이다.

> 사람의 독처하는 것이 좋지 못하니 내가 그를 위하여 돕는 배필을 지으리라(창 2:18).

'좋지 못하다'는 말은 '선이 아니다, 악이다'란 의미다.

그런데, 전지전능하신 하나님이 굳이 이런 말씀을 하실 필요가 있었을까? "이런! 하나만 만들었더니 왠지 외로워 보이는군. 어서 짝을 만들어 줘야겠어."

마치 계획성 없는 엔지니어처럼 시행착오를 바로잡기 위해 서둘러 배필을 만들어 주시는 것 같지 않은가?

처음부터 남자와 여자를 만들어 놓고, "보기에 좋다!" 하셔도 될 텐데 말이다.

그러나 이 '독처하는 것이 좋지 못하니'라는 말씀 속에는 커다란 구원의 은혜가 담겨 있다. 이 말씀은 하나님이 구원하기로 작정한 하나님 백성들을 반드시 구원하여 영원히 함께 하겠다는 약속이다. 즉, 비록 영원 속에서 홀로 완전하신 하나님이지만 신랑이신 그분이 신부인 그의 백성들을 구원하여 하나가 되지 않으면 '악한 상태'가 되기로 작정하셨다는 의미이다.

이는 지극히 높으신 하나님이 자신의 거룩성과 존엄성을 극도로 낮추신 일이며, 예수님이 성육신 하시고 십자가에 달리신 것과 같은 의미이다. 그런 연유로 하나님은 아담을 깊이 잠들게 하고 그의 갈빗대를 취해 여자를 만드셨다. 성경에서 잠을 잔다는 건 죽음을 은유한다. 하나님은 아담을 '죽이고' 여자를 탄생시킨 것이다.

2000년 전, 자신의 신부를 탄생시키기 위해 옆구리가 뚫려 죽은 신랑이 있었다. 그는 십자가에 달린 채 창에 찔려 옆구리에서 물과 피를 쏟고 자기의 신부인 교회를 탄생시켰다. 잠든 아담에게서 꺼낸 갈빗대로 그의 신부인 하와가 탄생하는 장면은 정확하게 예수님이 죽으시며 교회를 탄생시키는 장면을 예표하고 있다.

하나님이 아담만이 아니라 하와까지 만들고 안식하신 일은 교회, 곧 하나님 백성이 구원의 작정 속에 이미 들어 있다는 것을 확증해 준다. 아담은 하나님 보좌 우편에서 여자에게로 가서 여자와 함께 죽고 여자와 함께 부활하는 예수 그리스도를 모형한다.

그런데 사람이 독처하는 악한 상태(창 2:18)와 그걸 해결하는 여자의 창조 사건(창 2:21~25) 사이에 아담이 짐승의 이름을 짓는 사건(창 2:18,19)이 삽입되어 있다.

왜 그 사건을 그 시점에 집어넣은 것일까?

짐승들의 이름을 짓는 일은 표면적으로는 하나님을 대신하여 만물을 다스리는 인간의 위상을 보여준다. 그러나 더 깊이 들여다보면 역시 복음, 구원의 복된 소식이 담겨있다. 즉, 수많은 짐승들이 아담 앞으로 왔지만 그들은 아담의 배필로 적합하지 않다는 것이다.

아담이 모든 가축과 공중의 새와 들의 모든 짐승에게 이름을 주니라 아담이 돕는 배필이 없으므로(창 2:20).

성경은 택함 받지 못한 인간을 '잡혀 죽기 위하여 난 이성 없는 짐승'[1]이라고 부른다. 짐승들, 하나님의 영이 없는 자들은 배필이 아니므로 결코 그들과는 혼인하지 않겠다고 하시는 것이다. 하나님의 심판과 구원의 약속이 담겨있는 구절이다.

그리고 히브리 문학 특유의 샌드위치 기법으로 본다면, 아담의 배필을 만드는 일이 양쪽의 빵에 해당하고, 아담이 짐승들에게 이름을 지어주는 일이 배필을 만드는 일의 내용물이 된다. 이름을 지어준다는 것은 지어준 자가 지음을 받은 자를 소유한다는 의미다. 예수 그리스도의 이름을 받은 자는 그의 소유인 그리스도인이다.

또한, 이름의 히브리어 셈(שׁם)을 파자하면 '연마된 말씀, 분석된 말씀'이란 뜻이다. 요한계시록에서는 예수 그리스도의 이름을 하나님의 말씀이라고 부른다.[2] 성경에서 이름은 말씀과 동의어로 볼 수 있으며, 치환해서 읽을 수 있다. 그래서 '이름을 주니라'에서 '주니라'의 히브리어가 '선포하다'는 뜻의 카라(קָרָא)다. '그 이름을 믿는 자'는 '그 말씀을 믿는 자'이며, 그가 하나님의 자녀인 것이다.[3]

아담이 짐승들에게 이름을 지어준 것은 예수 그리스도께서 짐승의 상태인 우리에게 말씀을 선포하신 일의 모형이다. 또한, 아기 예수가 짐승의 구유로 오시는 것이 이 일의 분명한 표적이다. 짐승인 우리에게 당신을 먹으라고 하시는 것이다. 결국 그리스도가 그의 신부를 만들기 위한 일의 내용이 말씀을 주시는 것이며, 그리스도의 말씀을 받은 자가 그의 신부가 되는 것이다.

---

1 그러나 이 사람들은 본래 잡혀 죽기 위하여 난 이성 없는 짐승 같아서 그 알지 못하는 것을 비방하고 그들의 멸망 가운데서 멸망을 당하며(벧후 2:12).
2 또 그가 피 뿌린 옷을 입었는데 그 이름은 하나님의 말씀이라 칭하더라(계 19:13).
3 영접하는 자 곧 그 이름을 믿는 자들에게는 하나님의 자녀가 되는 권세를 주셨으니(요 1:12).

부모를 떠나 한 몸을 이루라

하나님이 아담과 하와를 결혼시키면서 "남자가 부모를 떠나 여자와 한 몸을 이루라"고 말씀하셨다. 이는 흔히 결혼하는 남녀가 부모의 간섭에서 떠나 독립성, 주체성을 가지고 행복하게 잘 살라는 말씀으로 오해된다. 그러나 이 말씀은 하나님 아버지를 떠나 이 땅에 오셔서 신부인 교회와 혼인하여 하나가 되실 예수 그리스도에게 주시는 명령이다.

하나님은 아담의 옆구리를 째고 갈빗대를 떼어내 여자를 만드셨다. 갈빗대의 히브리어 첼라(צֵלָע)는 '일부분'을 뜻한다. 여자는 남자의 갈빗대 정도가 아니라 한 부분이다. 이제 남자는 일부분인 여자가 빠져나갔으므로 스스로 온전한 존재일 수 없게 됐다. 여자는 말할 것도 없다. 따라서 남자와 여자는 한 몸이 돼야만 '온전한 사람', 곧 '산 자'가 된다. 따라서 여자인 인간은 남자인 그리스도와 하나(Union Christ)가 되지 않으면 존재도 아닌 것이다.

이처럼 인간의 주체성과 독립성은 창조의 원리에서부터 부정되고 있다. 인간이 그걸 깨닫지 못하고 있을 뿐이다. 그러므로 '자기부인'은 인간 편에서 자기를 쳐서 죽이는 노력이나 결단의 일이 아니라 다만 그러한 불가능의 현실을 깨닫고 인정하는 일일 뿐이다.

마침내 하나님이 여자까지 만드신 여섯째 날에 "보시기에 심히 좋다!"고 말씀하셨다. 이제까지 '좋다'고만 하시던 하나님이 처음으로 "심히 좋다"(토브 메오드 טוֹב מְאֹד) 하시며 매우 기뻐하셨다. 메오드는 '엄청나게, 굉장히'라는 뜻이다. 이러한 하나님의 감탄 속에는 "나는 반드시 그러한 좋은 상태, 즉 선을 이룰 것이고, 그러기 위해 반드시 너희들을 구원하겠다" 하시는 하나님의 다짐이 들어있다. 하나님의 그 확고한 다짐이 '심히'라는 말 속에서 느껴진다.

그리고 앞선 다섯 날과는 달리 이 여섯째 날에만 하(ה)라는 정관사가 붙고 있다. 뭔가 특별한 의미가 있는 '그 여섯째 날'이다. '그 여섯째 날'은 예수 그리스도의 대속의 은혜를 깨닫고 하나님만 찬양하게 될 교회가 탄생한 날이다. 따라서 정관사 하(ה)는 구주의 십자가로 말미암아 탄생하게 될 하나님의 교회가 매우 존귀하고 특별하다는 것을 강조하는 단어인 것이다.[4]

이 심히 좋은 일이 바로 하나님의 새 창조사역의 내용이다. 그리스도와 성도가 한 몸을 이루는 것이 하나님 나라의 창조다. 하나님이 역사 속에서, 성도의 인생 속에서 행하시는 모든 것들이 합력하여 이루는 선이 바로 이것이다.

아담과 하와의 창조기사나 성경의 여러 구절들을 표면적·문자적으로 보면 남성 우월주의로 보이기도 한다. 민수기 30장에선 하나님이 여자의 서원을 무시하기도 하신다. 그러나 이것은 남녀 차별에 관한 이야기가 아니다. 하나님은 예수 그리스도만 남자로 인정하시겠다는 것이다. 성도는 모두 신랑인 어린 양과 혼인해야 하는 신부, 여자다.

"나는 여자(사람)의 말은 안 듣겠다. 네 남편 예수 허락 받고 와!"

이것이 하나님이 여자의 서원을 무시하는 일의 진의다. 그래서 예수 그리스도만 하나님께로 이르는 길이며, 우리의 모든 기도 또한 '예수 그리스도의 이름'으로 하는 것이다.

성경은 구원과 영생만 말한다

성경은 하나님의 구원, 영원의 생명에 대한 말씀만 하고 있다. 성경은 단순히 여러 가지 이야기를 엮어놓은 66권의 책이 아니다. 한 가지 주제에 입각해 하나로 연결되어 있는 하나의 책이다. 여기서는 이 이야기, 저기서는 저 이야기 하는 게 아니다. 그걸 모르는 자들이 성경 구절을 뚝뚝 떼어 가르치고 배우면서 세상살이의 유익을 위해 써먹고 있다.

---

[4] 무엇보다 '그 여섯째 날'은 우리의 구세주께서 십자가에 달려 죽는 바로 '그' 위대한 사건의 날을 가리킨다.

> 네 시작은 미약하였으나 네 나중은 심히 창대하리라(욥 8:7).

많은 사람들이 좋아하는 성구다. 그러나 이는 하나님의 말씀이 아니라 욥의 친구 중 하나인 수아 사람 빌닷의 말이다. 하나님의 뜻과 관계없는 인간적인 기원일 뿐이다. 게다가 욥기의 후반부에 보면 하나님이 친구들과 그들의 말에 대해 노하시는 모습을 볼 수 있다. 하나님의 야단을 맞은 자의 말을 주문(呪文)으로 붙잡고 있는 것이다.

> 복에 복을 더 하시고 나의 지경을 넓히시고 주의 손으로 나를 도우사 환난을 벗어나 근심이 없게 하옵소서(대상 4:10).

유명한 야베스의 기도다. 성경 전체의 맥락을 고려하지 않고 일부분씩 떼어 성경을 볼 때 나타나는 폐단을 확인할 수 있는 대표적인 성구다. 성도가 이런 기도를 하면 하나님이 다 도와주신다는 식으로 오해들 하고 있다.

과연 그럴까?

야베스 이야기는 유다 자손들의 족보를 소개하는 도중에 특별히, 상대적으로 길게 삽입되어 있다. 야베스는 이스라엘의 가나안 정복전쟁 때의 인물이다. 당시 여호수아는 가나안 땅을 이스라엘의 지파들에게 제비뽑기로 나누어 주었다. 각 지파는 제비뽑기로 당첨된 지역을 책임지고 정복해야 했다. 그때 유다 지파의 갈렙이 여호수아에게 요구했다.

"그 날에 여호와께서 말씀하신 이 산지를 내게 주소서."

갈렙은 헤브론 땅을 제비뽑기 없이 그냥 달라고 했다. 이건 특혜를 달라는 게 아니었다. 그곳은 거인 족속인 아낙 자손이 사는 땅이었으므로 오히려 모두가 꺼리는 땅이었다. 아낙 자손은 40여 년 전 정탐꾼들이 "그들에 비하면 우리들은 메뚜기 같다"며 잔뜩 겁을 먹게 만든 대상이었다. 갈렙은 하나님의 약속을 믿고 고난을 자청한 셈이었다.

야베스는 당시 갈렙이 속한 유다 지파의 일원이었다. 야베스의 기도는 바로 그때, 헤브론 정복전쟁 중에 나왔다. 하나님의 약속을 믿고 싸우는 전쟁에서 약속의 땅의 지경을 넓혀 달라는 기도였다. 하나님이 주신다는 그 약속, 그 뜻이 하늘에서 이루어진 것처럼 땅에서도 반드시 이루어질 것을 믿으면서 하나님의 뜻을 좇는 기도를 한 것이다.

야베스의 기도는 하나님의 기도이기도 했다. 그래서 그 기도는 당연히 하나님께 열납되고 허락됐다. 야베스는 그 형제들보다 존귀한 자이며, 수고로이 낳은 자였다. 하나님이 수고로이 낳아 존귀하게 만든 자, 곧 성도를 가리킨다. 야베스와 마찬가지로 성도는 하나님의 약속과 보이지 않는 그 나라를 믿음으로 보고 소망한다.

5

가인과 아벨

창세기 4:1~8

아담이 그 아내 하와와 동침하매 하와가 잉태하여 가인을 낳고 이르되 내가 여호와로 말미암아 득남하였다 하니라

그가 또 가인의 아우 아벨을 낳았는데 아벨은 양 치는 자이었고 가인은 농사하는 자이었더라

세월이 지난 후에 가인은 땅의 소산으로 제물을 삼아 여호와께 드렸고

아벨은 자기도 양의 첫 새끼와 그 기름으로 드렸더니 여호와께서 아벨과 그 제물은 열납하셨으나

가인과 그 제물은 열납하지 아니하신지라 가인이 심히 분하여 안색이 변하니

여호와께서 가인에게 이르시되 네가 분하여 함은 어찜이며 안색이 변함은 어찜이뇨

네가 선을 행하면 어찌 낯을 들지 못하겠느냐 선을 행치 아니하면 죄가 문에 엎드리느니라 죄의 소원은 네게 있으나 너는 죄를 다스릴찌니라

가인이 그 아우 아벨에게 고하니라 그 후 그들이 들에 있을 때에 가인이 그 아우 아벨을 쳐 죽이니라

여자의 후손

아담이 하와와 동침해 가인을 낳았다. '동침하다'의 히브리어 야다(ידע)는 주로 '알다, 이해하다'는 뜻으로 쓰이는 단어다. 성경에서 '안다'는 것은 '완전히 하나가 되어 서로를 속속들이 알게 됨'을 의미한다. 마귀들도 예수님을 알아보고 "지극히 높으신 하나님의 아들 예수여!"라고 외쳤다. 그러나 그들은 예수님과 상관이 없다는 걸 그들 스스로 인정했다.[1] 이는 예수님을 제대로, 그리고 속속들이 아는 관계가 아닌 것이다.

그래서 하나님과 그의 보내신 자 예수 그리스도를 '아는' 것이 영생이라고 하며, 호세아서에서 '내 백성이 지식이 없으므로 망한다'고 하나님이 탄식하시는 것이다. '지식'의 히브리어 다아트(דעת)는 야다의 명사형으로 단순한 지적 능력이 아니라 '하나님을 아는 지식, 지혜'를 말한다.

어떤 자들이 주의 이름으로 선지자 노릇하며 주의 이름으로 귀신을 쫓아내며 주의 이름으로 많은 권능을 행했다고 큰소리쳐도 그들이 예수 그리스도와 하나 되어 서로가 서로를 속속들이 아는 관계가 아니라면 예수께서는 "너희를 도무지 알지 못하니 불법을 행한 자들아 내게서 떠나라"고 말씀하실 것이다.

지금 많은 교회가 예수 믿으면 복 받고, 병이 낫고, 일상이 잘 된다고 가르치고 있다. 훗날 그렇게 알고 있는 자들에게 하나님이 뭐라고 하시겠는가? "나는 그런 약속한 적 없다. 불법을 행한 자들아 내게서 떠나라"고 하시지 않겠는가?

내 나라는 여기가 아니라고 하시는데, 어떻게 해서든 이 땅에서 잘 돼야 하겠다고 하는 자가 어떻게 하나님 백성이겠는가?

공중권세 잡은 자들, 대적(사탄)에게 넘겨준 나라에서 행복을 찾겠다는 자들은 하나님의 백성은커녕 하나님의 대적이라고 해야 할 것이다.

---

[1] 큰 소리로 부르짖어 가로되 지극히 높으신 하나님의 아들 예수여 나와 당신과 무슨 상관이 있나이까 원컨대 하나님 앞에 맹세하고 나를 괴롭게 마옵소서 하니(막 5:7).

> 아담이 그 아내 하와와 동침하매 하와가 잉태하여 가인을 낳고 이르되
> 내가 여호와로 말미암아 득남하였다 하니라(창 4:1).

하와는 '여호와로 말미암아 득남하였다'고 말했다. '말미암아'의 히브리어는 에트(אֵת)로 '~와 함께'라는 뜻의 전치사다. '득남하였다'에서 '득하였다(얻었다)'의 히브리어는 카나(קָנָה)다. 가인(카인 קַיִן)은 '소유'란 뜻으로 카나에서 유래한 이름이다. 이는 아담과 하와가 아들을 낳았을 때, 가인이 창세기 3장 15절에서 하나님이 말씀하신 그 여자의 후손인 줄 알았다는 의미다.

> 내가 너로 여자와 원수가 되게하고 너의 후손도 여자의 후손과 원수가
> 되게 하리니 여자의 후손은 네 머리를 상하게 할 것이요 너는 그의 발
> 꿈치를 상하게 할 것이니라 하시고(창 3:15).

우리는 하나님과 함께, 즉 하나님이 주겠다고 약속하시고 마침내 주신 그 약속의 아들을 얻었다. 여자의 후손, 그 아들이 실낙원의 슬픔과 고통을 안겨준 간교한 뱀의 머리를 짓이겨줄 것이다. 이제 우리는 구원받았다!

가인이란 이름 속에는 아담과 하와의 기쁨과 감격이 담겨있다. 그러나 가인은 여자의 후손이 아니었다. 그들이 낳은 아들은 낙원을 회복시켜주지 못했다.[2] 아담과 하와의 절망과 상실감은 둘째 아들 아벨의 이름에서 고스란히 드러난다. 아벨의 히브리어 헤벨(הֶבֶל)은 '허무'라는 뜻이다. 헤벨은 전도서 1장에서 전도자가 '헛되고 헛되며 헛되고 헛되니 모든 것이 헛되다'고 반복해서 탄식한 헤벨(הֶבֶל)과 같은 의미의 단어다. 아담과 하와의 마음은 전도자의 탄식처럼 허탈했을 것이다.

---

[2] '후손'으로 번역된 히브리어 제라(זֶרַע)는 '씨'라는 뜻이며, 이는 '오직 한 사람을 가리켜 네 자손이라 하셨으니 곧 그리스도라(갈 3:16)'는 사도 바울의 해석처럼 예수 그리스도를 가리키는 말이다. '자손'으로 번역된 헬라어 스페르마(σπέρμα) 역시 '씨'라는 뜻이다.

가인과 아벨

가인은 농사하는 자였으며 아벨은 양 치는 자였다. 가인은 땅의 소산으로, 아벨은 양의 첫 새끼와 그 기름으로 각각 예배를 드렸다. 가인과 아벨이 모두 하나님께 예배를 드렸지만 하나님은 아벨의 예배는 받으신 반면, 가인의 예배는 받지 않으셨다. 성경에는 그 이유가 나와 있지 않다. 그러나 이후에 가인이 한 행동을 보면 그 이유를 유추할 수 있다.

가인은 자신의 예배가 하나님께 열납되지 않자 몹시 분하여 안색이 변했으며, 아벨을 살해하기까지 했다. 하나님이 가인의 예배를 받지 않으신 이유를 가인 스스로 증명한 셈이다. 즉, 가인은 하나님을 믿고 예배한 것이 아니라 자기 자신을 믿었고, 자기를 위한 자기중심의 예배를 드렸던 것이다.

자기를 믿느냐, 하나님을 믿느냐.

모든 인간은 이 둘로 갈라진다. 그리고 모든 인간은 자기가 믿는 것을 예배한다. 교회에서 예배드린다고 하면서 하나님이 아니라 자기를 예배하는 이들이 많다. 자기 문제가 해결돼야 하고, 자기와 가족의 일이 잘 돼야 기쁘고 감사하다고 한다. 이것이 자기를 위한 예배, 곧 자기 숭배다.

많은 사람들이 이런 식으로 신앙생활을 하는데, 그 중심에는 '자기'가 있다. 선악과를 먹고 스스로 하나님처럼 됐기 때문이다. 그들은 모든 것을 자기를 중심으로 선과 악을 나누어 놓고 선이라고 판단하는 걸 열심히 붙잡으려고 한다. 선하신 하나님이 지으신 것은 모두 선하므로 좋고 나쁜 건 원래 없다. 그러나 인간들은 하나님보다 자기의 중심으로 판단하기 때문에 하늘과는 반대 방향인 땅, 세상적 가치를 향해 달려가는 것이다. 흙으로 지어진 인간의 본성상 땅에 이끌리기 때문이다. 그래서 땅을 기는 것은 부정하고, 하늘을 향해 뛰는 메뚜기 베짱이 등은 정하다고 하신 것이다.

죄는 바로 선과 악을 구분하는 것이다. 사람의 눈은 둘이지만 맺히는 상은 하나다. 둘로 보여도 하나로 보는 것이 구원이라는 걸 가르쳐 주는 일이다. 그래서 눈이 따로 움직이는 칠면석척(카멜레온)은 부정하다고 하셨다.

자기를 중심에 놓고 자기를 위한 삶을 사는 자는 자기를 믿는 자며, 여전히 자기를 하나님 자리에 둔 자다. 그들은 늘 자기중심의 판단을 하고, 그 판단을 토대로 만사를 비평하고 타인을 비판하면서 자신을 우주의 중심으로 삼고 살아간다. 그들은 스스로 높아지길 힘쓰는 한편, 외부조건들은 가급적 끌어내리려 한다. 스스로 하늘에 이를 수 없다면 상대적 우위라도 차지하여 자신의 높음, 즉 하나님 됨을 지키겠다는 것이다.

불완전한 피조물인 인간의 스스로 하나님 됨의 노심초사가 '수고하고 무거운 짐'이다. 인간에게 가장 무거운 것은 '자기'다. 다른 사람의 눈에 비치는 자기, 자기 자신이 기대하는 자기. 그러나 모든 가치와 인식의 중심을 자기에게 둔 자에게는 두려움과 부끄러움이 뒤따른다. 아담과 하와의 무화과나무 치마도 거기에서 나온 것이다. 선악과를 먹은 일 자체보다 부끄럽다는 판단이 죄였다. 자기중심의 선악 판단이 율법주의이며, 이스라엘이 예수님께 야단맞은 이유였다.

복음은 하나님처럼 높아진 인간의 실체를 깨우치게 하여 자기라는 수고하고 무거운 짐에서 벗어나게 한다. 그걸 위해 말씀은 검이 되어 성도의 혼과 영과 관절과 골수를 찔러 쪼개 죽여주는 것이다. 그 죽임이 진리로 자유케 하는 은혜다.

> 그러므로 여호와께서 그 사랑하시는 자에게는 잠을 주시는도다
> (시 127:2).

성경에서 잠은 죽음을 은유한다. 날마다 잔다는 것은 '날마다 죽노라'의 의미를 알라는 것이다. 날마다 자고 깨면서 날마다 죽음과 부활을 경험하라는 것이다. 어둠의 저녁(에레브)에서 빛의 아침(보케르)으로 나아가려면 밤(라일)의 가르침, 죽음을 알라는 것이다.

'나는 몰라요, 하나님이 알아서 하세요'.

이렇게 하나님께 다 맡기는 자가 편안한 잠, 자기부인의 죽음을 죽는 자

며, 그가 하나님의 사랑을 받는 자다. 그러므로 하나님의 사랑은 죽여주시는 은혜다. 하나님은 사랑하는 자에게 자기부인의 죽음을 주시고, 진리로 자유케 해주신다. '자기'라는 무거운 짐을 벗고 하나님만으로 기뻐하는 것이 구원이며, 그 내용은 자유다. 오직 진리의 검, 말씀이 그걸 가능케 한다.

양치는 자와 농사하는 자

아벨은 양 치는 자였다. '치다'의 히브리어 라아(רָעָה)는 '풀을 뜯기다, 먹이다'는 뜻과 함께 '사귀다, 친구가 되다'는 뜻이 있다. 아벨은 양과 사귀고, 양과 친구가 됐다. 양은 세상 죄를 짊어진 어린 양, 예수를 가리킨다. 아벨은 친구를 위해 죽어주신 예수와 교제하는 친구가 됐다.[3] 또한, 아벨 자신이 양 떼를 인도하는 선한 목자, 예수의 모형이기도 하다.

그리고 아벨은 양의 첫 새끼와 기름으로 예배를 드렸다. '첫 새끼'의 히브리어 베코라(בְּכוֹרָה)는 '장자의 명분, 장자권'이라는 의미도 있다. 에서가 야곱에게 판 '장자의 명분'이 베코라다. 또 하나의 예물인 기름은 성령을 상징하는 재료다. 아벨은 하나님이 가르쳐 주신 제사의 의미를 알아 하늘의 장자이자 교회의 머리인 예수 그리스도로 예배드린 것이다. 이는 에덴에서 하나님이 무죄한 짐승을 죽여 아담과 하와의 옷을 해 입힌 일의 의미를 아벨이 알았다는 뜻이다.

반면, 가인은 농사하는 자였다. '농사하는 자'란 '땅(아다마 אֲדָמָה)을 섬기는 (아바드 עָבַד) 자'라는 의미다. 가인은 눈에 보이는 이 땅, 이 세상의 가치를 붙잡는 자였다. 땅의 가치를 붙잡는 자는 필연적으로 자기의 선악체계를 발동하여 이 세상을 사는 데 좋은 것, 유리한 것을 쫓아가게 되어 있다. 땅을 기는 자가 된 것이다. 그리고 그렇게 획득한 땅의 소산으로 예배하게 된다. 이

---

3 사람이 친구를 위하여 자기 목숨을 버리면 이에서 더 큰 사랑이 없나니(요 15:13).

미 하나님께 저주를 받아 가시덤불과 엉겅퀴를 내도록 된 땅의 소산이 하나님을 기쁘게 할 수 없다. 이는 양과 곡식이라는 예물의 소재 차이를 말하는 것이 아니다. '하나님을 향하느냐, 세상을 향하느냐'는 마음의 지향을 말한다. 하나님을 향한 마음이 믿음이다.

> 믿음으로 아벨은 가인보다 더 나은 제사를 하나님께 드림으로 의로운 자라 하시는 증거를 얻었으니 하나님이 그 예물에 대하여 증거하심이라 저가 죽었으나 그 믿음으로써 오히려 말하느니라(히 11:4).

믿음은 바라는 것들의 실상이며 보이지 않는 것들의 증거다. 하나님과 하나님 나라를 보는 자는 눈에 보이는 이 땅의 가치가 아닌, 보이지 않는 하늘의 실상을 볼 수 있게 된다. 모든 현상과 사건 속에서 하나님의 뜻을 깨닫게 된다. 그는 보이는 모든 것이 허상이라는 걸 안다. 그래서 믿음의 의인은 보이는 것들의 가치를 불신하고, 보이지 않는 영원의 나라를 소망하게 된다.

아벨이 하나님께 드린 더 나은 제사의 예물은 결국 믿음이었다. 서기관과 바리새인보다 더 나은 성도의 의도 믿음이었고,[4] 아브라함의 의 또한 믿음이었다.[5] 모든 예배는 예수의 죽음과 십자가의 공로를 아는 것이며, 더불어 예수 속에 나를 넣어서 함께 죽이는 것이다. 믿음은 신앙의 대상에 대한 전적인 의존이기 때문이다. 즉, 하나님이 기쁘게 받는 예배는 나의 죽음이 들어있는 예수를 드리는 것이다. 하나님은 예수 그리스도 한 분만을 기뻐하시고, 그만을 구원하신다. 그때, 그리스도와 하나가 된 성도들이 함께 구원을 받는다.

의인은 오직 믿음으로 산다. 그러나 그 믿음도 하나님이 주셔야 가질 수 있다. 하나님이 주시는 그 믿음으로 인해 모든 인간은 뱀의 후손과 여인의 후손으로 나뉘며, 모든 예배는 가인의 예배와 아벨의 예배로 갈린다.

---

[4] 내가 너희에게 이르노니 너희 의가 서기관과 바리새인보다 더 낫지 못하면 결단코 천국에 들어가지 못하리라(마 5:20).

[5] 아브람이 여호와를 믿으니 여호와께서 이를 그의 의로 여기시고(창 15:6).

죽으러 온 형제

가인이 들에서 그 형제 아벨을 죽였다. 아벨은 역사 속에서 별다른 일을 한 것 없이 그의 이름처럼 헛되이 죽었다. 아벨과 같은 이가 또 있다. 바로 예수님이다. 예수님은 이 땅에 오셔서 아무도 구원하지 못하고 허무하게 죽으셨다. 이 세상의 가인들은 말씀이 육신 되어 하늘로부터 오신 우리의 형제를 '라가'[6]라 부르며 죽여 버렸다.

> 베드로가 예수를 붙들고 간하여 가로되 주여 그리 마옵소서 이 일이 결코 주에게 미치지 아니하리이다(마 16:22).

'간하여'의 헬라어 에피티마오($\epsilon\pi\iota\tau\iota\mu\alpha\omega$)는 '꾸짖다, 비난하다'는 뜻이다. 예수님이 십자가에 달려 죽고 제 삼일에 부활할 것을 말씀하시자 베드로가 주님을 한쪽으로 데리고 가서 꾸짖으며 야단을 친 것이다. 지금 때가 어느 땐데 그 따위 나약한 말, 헛되이 십자가에서 죽겠다는 말이나 하느냐는 것이다. 당신이 가진 능력으로 로마의 압제에서 우리를 해방시키고, 이 땅에서 우리의 행복을 찾아줘야 할 것이 아니냐는 것이다.

교회의 대표격인 베드로의 이 같은 언행을 통해 예수님의 모든 제자는 물론, 모든 인간이 예수님을 하늘의 메시아가 아닌 이 땅의 메시아로 바라보고 기대했음이 드러났다. 이것이 형제를 구원하기 위해 죽으러 오신 주님을 라가, 바보 멍청이라고 조롱한 일이다. 그때 예수님은 베드로에게 뭐라고 말씀하셨는가.

"사탄아 내 뒤로 물러나라!"

모든 인간이 지옥불에 떨어져 멸망할 존재로 입증되는 순간이다. 베드로

---

[6] 나는 너희에게 이르노니 형제에게 노하는 자마다 심판을 받게 되고 형제를 대하여 라가라 하는 자는 공회에 잡히게 되고 미련한 놈이라 하는 자는 지옥 불에 들어가게 되리라(마 5:22). '라가'는 헬라어 라카($\rho\alpha\kappa\alpha$)로 '바보, 멍텅구리'라는 뜻.

만이 아니라 우리가 모두 가인이며, 사탄이며, 하나님의 대적자인 것이다.

아벨은 원래 죽기로 작정되어 이 땅에 오신 우리의 형제, 예수님의 모형이다. 죽기로 작정된 형제를 죽인 건 가인의 죄이기 이전에 하나님의 창세 전 언약이었다. 당신의 아들을 죽여 그 피의 공로로 죄인이며 대적자인 우리를 살려내는 것이 언약의 핵심이다. 하나님은 가인과 아벨의 사건을 통해 교회에게 뭔가를 가르쳐 주고 계신 것이다.

> 여호와께서 가인에게 이르시되 네 아우 아벨이 어디 있느냐 그가 가로되 내가 알지 못하나이다 내가 내 아우를 지키는 자니이까(창 4:9).

"네 아우 아벨이 어디 있느냐?"

하나님의 질문 속에 그 가르침이 있다. '아우'의 헬라어 아흐(אח)는 '형제'라는 뜻이다. 지금 하나님은 가인에게 왜 형제를 죽였느냐고 야단치는 것이 아니며, 가인이 죄를 자복하는지를 알아보기 위해 짐짓 떠보는 것도 아니다. 하나님은 아담과 하와가 선악과를 먹고 나무 뒤에 숨었을 때도 이런 식의 질문을 하신 바 있다.

"아담아 네가 어디에 있느냐?"

전지전능하신 하나님이 아담이 어디에 숨었는지 몰라서 하신 질문이 아니다. 심판의 날[7]에 강림하신 하나님이 우리 모든 아담들에게 존재론적 질문, '네가 숨은 선악과나무 뒤, 거기가 죄의 근본인 율법주의의 자리라는 것을 아느냐?'를 물으신 것이다.

'네 아우 아벨이 어디 있느냐?'는 질문도 마찬가지다. 아벨은 예수님처럼 죽기 위해 왔다. 우리는 원래 예수 죽일 수밖에 없는 자들이다. 예수님은 세상 죄를 대속하기 위한 어린 양으로 죽으셨다. 그러므로 예수님과 관계있는

---

[7] 하나님이 동산에 오신 때인 '날이 서늘할 때(루아흐 하욤 רוח היום)'는 직역하면 '그 날의 성령'이란 뜻으로 '하나님의 날, 여호와의 날, 주의 날'처럼 심판의 날을 뜻한다.

자는 죄 없다고 하는 의인이 아니라 오히려 죄인임을 깨닫는 자다. 예수님은 나 때문에 죽으신 것이며, 그러므로 나는 예수 죽인 자, 형제 죽인 자인 것이다. 따라서 가인은 바로 나다. 내가 아벨을 죽였고, 예수를 죽인 자다.

그래서 하나님은 가인에게 '왜 아벨을 죽였느냐?'가 아니라 '아벨이 어디 있느냐?' 즉 '아벨이 네 마음속에 있느냐?'라고 물으신 것이다. 가인의 살인 자체가 아니라 '아벨의 의미를 알고 마음에 간직하고 있는가?'가 질문의 요점이다.

가인이 대답했다.

"내가 알지 못하나이다(로 야다 לא יָדַעְתִּי)."

결국 그는 아벨의 의미를 알지 못했다. 가인의 대답이 이어진다.

"내가 아우를 지키는 자니이까?"

이 대답이 하나님의 질문의 의도를 더욱 부각시켜준다. '지키다'의 히브리어 샤마르(שָׁמַר)는 '간직하다'는 뜻이다. 가인은 하나님께 '내가 그 형제의 의미를 깨닫고 간직해야 합니까?'라고 반문한 것이다.

여러분에게 예수 그리스도는 어디에 있는가?

저 멀리 하늘나라에 있는가?

그래서 기도 때마다 목이 터져라 '주여, 주여!'를 외치는가?

예수 그리스도는 여기 있다 저기 있다 할 것이 아니라 내 안에 있어야 한다. 그가 천국이다.

하나님이 또 질문하셨다.

"네가 무엇을 하였느냐?(마 아싸 מָה עָשִׂיתָ)"

아싸는 '행하다, 만들다'는 뜻이다. 아싸는 천지창조 때 하나님이 피조물을 만드실 때 사용된 창조의 언어다. 그러므로 '마 아싸'는 '무엇을 하였느냐?'는 뜻과 함께 '무엇을 만들었느냐?'는 뜻도 있다. 즉, 하나님은 가인에게 '무죄하게 죽은 그 형제 아벨의 의미를 알아 네 안에 하나님 나라, 천국을 만들었느냐?'를 물으신 것이다.

> 율법이 들어온 것은 범죄를 더하게 하려 함이라 그러나 죄가 더한 곳에 은혜가 더욱 넘쳤나니 이는 죄가 사망 안에서 왕 노릇 한 것 같이 은혜도 또한 의로 말미암아 왕 노릇 하여 우리 주 예수 그리스도로 말미암아 영생에 이르게 하려 함이라(롬 5:20-21).

천국은 지옥에 떨어져 죽을 수밖에 없던 죄인들이 어떤 자리에서 구원을 받았는지 알아 그 은혜에 감사하고, 기뻐하고, 찬양하며 사는 나라다. 사도 바울이 '죄가 더한 곳에 은혜가 더욱 넘쳤다'고 하는 이유가 바로 그것이다.

십자가 속에는 이미 우리의 살인죄가 함의되어 있다. 하나님은 우리에게 예수 죽인 죄를 따지지 않고, '그 예수를 아느냐, 모르느냐?'를 물으실 뿐이다.

그 의미를 알아?

그 의미를 알고 네 마음에 간직하고 있어?

그러면 그게 구원이고 영생이야.[8]

하나님은 이렇게 말씀하시는 것이다. 우리의 인생과 역사는 우리가 왜 예수를 죽였는지, 그럼에도 불구하고 어떻게 그분이 우리를 용서하고 구원했는지 알기 위해 존재한다.

---

8   영생은 곧 유일하신 참 하나님과 그의 보내신 자 예수 그리스도를 아는 것이니이다(요 17:3).

6

노아의 방주

창세기 7:11~12, 22~24

노아 육백세 되던 해 이월 곧 그 달 십칠일이라 그 날에 큰 깊음의
샘들이 터지며 하늘의 창들이 열려
사십 주야를 비가 땅에 쏟아졌더라
육지에 있어 코로 생물의 기식을 호흡하는 것은 다 죽었더라
지면의 모든 생물을 쓸어버리시니 곧 사람과 짐승과 기는 것과 공
중의 새까지라 이들은 땅에서 쓸어버림을 당하였으되 홀로 노아와
그와 함께 방주에 있던 자만 남았더라
물이 일백오십 일을 땅에 창일하였더라

홍수 심판의 원인

전 지구적인 대홍수 이야기는 세계 거의 모든 지역, 많은 민족들의 역사나 전설에서 나타나고 있다. 많은 선교사들이 오지의 종족들조차 성경의 홍수 이야기와 놀라울 정도로 비슷한 전설을 갖고 있는 것을 발견했다.

벨라미(Hans S. Bellamy)의 『달과 신화 그리고 사람』은 전 세계적으로 500여 개의 홍수 전설들이 있다고 적고 있다. 중국, 이라크, 웨일스, 러시아, 인도, 미주, 북유럽, 인도네시아, 남미, 남태평양 등지의 고대 문명들은 모두 대홍수에 관한 그들의 이야기를 가지고 있다.

이러한 홍수 이야기들에는 다가올 홍수에 대한 경고, 사전에 배를 만드는 것, 동물들을 싣는 일, 일가족을 태우는 것, 물이 감퇴된 정도를 알아보기 위해 새를 보내는 것 등과 같이 성경의 내용과 일치하는 요소들이 많다. 이처럼 세계 곳곳에서 대홍수에 관해 일관되게 유사한 이야기들이 나온다는 것은 그 사건이 실재했던 동일 사건임을 증명하는 것이다.

노아의 때에 하나님은 세상에 죄악이 가득하고 그 생각과 계획들이 항상 악하므로 그들을 지면에서 쓸어버리기 위해 홍수 심판을 내리셨다. 당시 세상에는 네피림, 용사, 유명한 자들로 가득했다. 네피림은 네필(נְפִיל)의 복수형으로 '습격, 공격하는 자'란 의미다. 70인역에서 기간테스(γίγαντες 거인)로 번역했는데, 원뜻은 '공격하는 자들'이다. 실제로 거인족속이어서 약자들을 공격했을 수도 있겠지만, 성경은 스스로 높아져 타인을 비판하고 공격하는 우리의 죄성을 싸잡아 가리킬 것이다.

하나님만 절대적으로 믿고 의존해야 할 존재인 인간이 선악과를 먹고 하나님처럼 선악 판단의 주체가 되어 "하나님 없이도 잘 할 수 있다. 내 구원을 내가 이룰 수 있다"고 자고하는 자들, 하나님의 이름과 하나님의 영광이 아니라 자기 이름과 자기 영광 높이는 것을 목표로 삼고 추구하는 자들, 그들이 곧, 네피림, 용사, 유명한 자들이다.

반면에 성도는 자기 이름을 버리고 하나님의 이름, 예수 그리스도의 이름을 구하는 자들이다. 그들의 이름은 '그리스도인'이다.

> 또 내가 보니 보라 어린 양이 시온산에 섰고 그와 함께 십 사만 사천이 섰는데 그 이마에 어린 양의 이름과 그 아버지의 이름을 쓴 것이 있도다(계 14:1).

방주로 들어오라

노아가 600세 되던 해, 큰 깊음의 샘들이 터지고 하늘의 창들이 열리며 40주야를 비가 땅에 쏟아졌다. 궁창 위의 물은 '참된 진리의 말씀, 생명'을 상징한다. 그래서 하늘을 뜻하는 히브리어 샤마임(שָׁמַיִם)을 파자하면 '거기(샴 שָׁם)에 물(마임 מַיִם)이 있다'는 뜻이 된다.

궁창 아래의 물, 특히 그 물들이 모인 바다는 하나님의 뜻이 아직 제대로 깨달아지지 않았으므로 저주받은 상태이며, 저주를 상징한다. 그런 연유로 바다는 모든 육체를 그 아래로 삼켜 사망으로 끌고 가는 저주와 심판의 현실로 존재한다. 오직 모든 시험과 심판이 끝난 새 하늘과 새 땅에서 다시 바다가 있지 않게 된다.

하나님이 노아에게 "너와 네 온 집은 방주로 들어가라"고 명하셨다. '들어가라'에 해당하는 히브리어 보(בוֹא)는 '(들어)가다'는 의미뿐 아니라 정반대인 '(들어)오다'는 의미도 있다.

> 여호와께 복을 받은 자여 들어오소서(창 24:31).
> 꿈꾸는 자가 오는도다(창 37:19).
> 실로가 오시기까지(창 49:10).

그 외에도 많은 성경구절에서 보를 '들어오다, 오다'의 의미로 쓰고 있다.

따라서 "방주로 들어가라"는 "방주로 들어오라"는 말씀으로 볼 수도 있다.

예수 그리스도, 구원의 방주

하나님께서 "방주로 들어오라"고 명령을 하신 것은 그곳에 하나님이 함께 하신다는 약속이 담겨 있다. 하나님이 직접 방주가 되셔서 노아와 노아의 식구들을 품으시고 심판의 비를 대신 맞아 주시겠다는 의미인 것이다.

방주는 하나님의 백성들을 품어 안고 자기가 대신 하나님의 진노와 심판을 온몸으로 맞았으며, 그리하여 자기는 죽고 그 안에 있는 자들을 살려냈다. 이는 당신의 백성을 구하기 위해 십자가에서 대속의 제물로 죽으시는 예수 그리스도의 희생 공로와 정확하게 일치한다. 진노와 심판의 비를 방주가 대신 맞고 그 안에 있는 하나님의 택하신 피조물들이 살아나는 것, 그것이 방주가 담고 있는 예수 그리스도의 복음이다.

하나님의 은혜로 말미암아 방주에 타게 된 자들에게는 전적인 믿음과 순종이 요구된다. 방주에는 키도 없고, 돛도 없다. 내 뜻대로 목표를 세우고 행선지를 정하지 못한다. 이제부터는 하나님 마음대로다. 이를 성경에서는 '세상에 대해 죽었다'고 하며, '십자가에 못 박혔다'고 하며, '자기를 부인하고 자기 십자가 지고 예수 그리스도를 따른다'고 한다. 성도는 바로 이 모습으로 세상을 살게 된다.

이를 온전히 깨닫지 못하고 방주 속에서 이 세상을 그리워하는 상태가 '고난'이다. 성경은 인생을 살면서 겪는 힘들고 어려운 일을 고난이라고 하지 않는다. 그런 일은 하나님을 모르는 자들도 다 겪는 일이다. 성경에서 말하는 고난은 택한 백성이 성령을 받고도 여전히 하나님처럼 살면서 하나님의 뜻과 부딪히는 상태를 말한다. 그 상태에서 옛 사람이 말씀의 검에 의해 난도질당하면서 하나님께 굴복해가는 과정이 고난이다.

이는 영적전쟁의 실상이기도 하다. 영적전쟁은 내 안에서 하나님이 당신의 대적자, 사탄인 나와 싸우시는 일이다. 사탄(שטן)은 '대적자'란 뜻이다. 어줍지 않게 내 밖의 사탄 마귀 탓을 하지 말라. 내가 죄인 중의 괴수, 사탄이다. 영적전쟁은 하나님의 의가 내 안의 죄성을 쳐부수고, 죽여가시고, 마침내 승리하시는 전쟁이다(22. 대대로 싸울 아말렉 전쟁 참고).

우리가 세운 꿈, 비전을 모두 내려놓고, 예수 그리스도라는 방주가 이끄는 대로 끌려가면 그것이 복 받은 삶이다. 아무것도 하지 말라는 말이 아니다. 내 뜻보다 먼저 하나님의 뜻을 구하라는 것이다.[1] 구원의 방주이신 예수 그리스도가 오늘도 자기 백성들을 부르고 계시다.

> 수고하고 무거운 짐 진 자들아 다 내게로 오라 내가 너희를 쉬게 하리라(마 11:28).
>
> 성령과 신부가 말씀하시기를 오라 하시는도다 듣는 자도 오라 할 것이요 목마른 자도 올 것이요(계 22:17).

---

[1] 그런즉 너희는 먼저 그의 나라와 그의 의를 구하라 그리하면 이 모든 것을 너희에게 더하시리라 (마 6:33).

7

아브라함의 318 용사와 멜기세덱

창세기 14:14~18

아브람이 그의 조카가 사로잡혔음을 듣고 집에서 길리고 훈련된 자 삼백십팔 명을 거느리고 단까지 쫓아가서 그와 그의 가신들이 나뉘어 밤에 그들을 쳐부수고 다메섹 왼편 호바까지 쫓아가 모든 빼앗겼던 재물과 자기의 조카 롯과 그의 재물과 또 부녀와 친척을 다 찾아왔더라

아브람이 그돌라오멜과 그와 함께 한 왕들을 쳐부수고 돌아올 때에 소돔 왕이 사웨 골짜기 곧 왕의 골짜기로 나와 그를 영접하였고 살렘 왕 멜기세덱이 떡과 포도주를 가지고 나왔으니 그는 지극히 높으신 하나님의 제사장이었더라

세계대전이 발발한 가나안

　소돔에 살던 조카 롯이 포로로 끌려갔다는 소식을 듣자 아브라함이 가신들을 거느리고 롯을 구출하기 위해 출동했다. 당시 팔레스타인에서는 시날, 엘라살, 엘람, 고임 등의 동방연합군이 쳐들어와 소돔, 고모라, 아드마, 스보임, 벨라 등의 가나안 도시국가 연합군과 세계대전을 벌이고 있었다.

　소돔과 고모라 등은 원래 전쟁이 발발하기 14년 전에 엘람에 복속되어 조공을 바치고 있던 속국들이었다. 그런데 그들이 2년 전부터 독립을 결심하고 조공을 거부했으므로 엘람 왕 그돌라오멜이 주변국을 규합하여 응징하러 온 것이었다. 동방연합군은 싯딤 골짜기에서 가나안 연합군을 대파하고 소돔과 고모라의 모든 재물과 양식을 약탈해 갔다.

　이 세계대전의 틈바구니에서 소돔에 살고 있던 롯이 직격탄을 맞았다. 롯은 얼마 전, 아브라함과 함께 애굽에서 돌아올 때까지만 해도 소유가 너무 많아 고민이었다. 그러다 아브라함과의 동거생활을 청산하고 소돔으로 독립해 나오자마자 이런 사달이 난 것이다. 롯은 졸지에 모든 재산을 빼앗기고 생사조차 불확실한 전쟁포로가 되어 버렸다.

　그런데 재미있는 건 동방연합군 중 시날과 엘라살이 바로 아브라함과 롯의 본향인 메소포타미아에 있는 나라들이라는 것이다. 바벨탑을 쌓던 시날 평원이 곧 메소포타미아고 바벨론이다. 아이러니하게도 롯은 먼 객지에서 본향 사람들에게 붙잡혀 도로 그곳으로 끌려가는 형국이었다.

　아브라함에게 있어 롯은 함께 메소포타미아의 갈대아 우르에서 살다가 본토 친척 아비 집을 떠나 머나먼 가나안까지 동고동락해 온 동지였다. 게다가 롯은 아브라함의 동생 하란의 아들이니 아내 사라를 빼면 가장 가까운 피붙이였다. 아브라함은 즉시 집에서 기르고 훈련한 가병(家兵) 318명을 거느리고 동방연합군을 뒤쫓았다.

아브라함과 318인의 특공대

그러나 상대는 가나안 연합군을 가볍게 격파한 막강한 동방연합군이었다. 비록 개인으로서는 매우 많은 318명의 병력이지만 그래봐야 무기도 변변치 않은 오합지졸일 뿐이었다. 병력과 무기, 어느 모로 보아도 비교가 안 되는 싸움이었다.

그런데 염해(지금의 사해) 인근에서 출발한 아브라함과 318인의 특공대는 단숨에 단까지 추격해 동방연합군을 쳐부수고 다메섹 부근 호바까지 몰아붙였다. 그리하여 롯을 비롯한 포로들을 모두 구출하고, 동방연합군이 약탈했던 재물들도 모두 회수하는 놀라운 승리를 거뒀다.

도대체 어떻게 이 일이 가능했을까?

성경 기자는 이 전투에 대해 구체적으로 기록하지 않고 있다. 다만 '그와 그의 가신들이 나뉘어 밤에 그들을 쳐부수고'(창 14:15)라고 간략하게 적고 있다. 가신을 두 그룹 이상으로 나눴다는 것과 야음을 이용했다는 두 가지 전략만이 암시되어 있을 뿐이다.

그러나 아브라함이 어떻게 대군을 물리치고 승리했는지 유추하는 것이 완전히 불가능한 것은 아니다. 바로 그 유명한 '기드온과 300 용사'의 이야기에 그 해답이 있다.

기드온과 300 겁쟁이

기드온이 이스라엘을 이끌고 미디안과 전쟁할 때 하나님은 3만 2천의 군사 중에서 300명만 남기고 다 돌려보내게 하셨다. 그것은 이스라엘이 자기 힘으로 승리했다고 자랑하지 못하게 하시려는 하나님의 뜻이었다. 즉, 구원은 인간이 뭔가 잘 해서, 하나님께 점수 따는 어떤 행위로 획득하는 것이 아니라 전적인 하나님의 은혜라는 걸 알라는 것이었다.

마지막 남은 300명은 사주경계를 철저히 한 용사가 아니라 두려운 마음에 쪼그려 앉아 물을 마신 겁쟁이들이었다. 300 용사가 아니라 300 겁쟁이였다. '기드온과 300 용사'라는 호칭은 인간의 행위에 가치를 부여하길 갈망하는 인본주의자들의 작품이다.

이 전쟁에서 하나님은 횃불과 항아리라는, 인간의 상식으로는 이해할 수 없는 하나님의 방식으로 싸우고 승리하셨다. 횃불은 창세기 15장에서 아브라함을 잠들게 하시고 하나님 홀로 약속하시던 언약의 횃불, 곧 그리스도이며, 횃불이 담기는 항아리는 그리스도라는 보배가 담기는 질그릇인 우리를 뜻한다. 그래서 전투가 시작될 때 횃불을 담은 항아리를 박살내는 장면이 나오는 것이다. 횃불 홀로, 하나님의 언약이 홀로 승리하신다.

아브라함의 전투 또한 이런 방식으로 하나님이 주관하셨을 것이다. 동방 연합군 앞의 318 오합지졸, 13만 5천명 앞의 300 겁쟁이. 그들이 대적을 이긴 것은 전적인 하나님의 능력이었다.

하나님의 전쟁은 늘 이런 식이다. 하나님이 다 하시는 것이다. 우리의 구원을 위해 하나님이 홀로 싸우시고, 승리하시고, 우리에게 거저 승리의 면류관을 씌워주시고 "네가 이겼다!"고 해주시는 것이다. 하나님의 전쟁에, 우리의 구원에 우리가 보탤 일은 아무것도 없다. 뭔가 보탤 게 있다고 주장하는 자들이 공로를 말하고, 상급을 운운한다. 다른 상급을 구하는 것은 하나님이 필요 없다고 하는 것과 같다.

요한계시록에서 24 장로들이 면류관을 하나님께 돌려드리는 이유가 무엇이겠는가?

그들은 보좌에 앉으신 하나님께 경배하며 자기의 면류관을 보좌 앞에 던진다. 받을 자격이 있어서 면류관을 받은 줄 알았는데 천국에 와서 보니 하나님이 다 하셨다는 걸 알고 돌려드리는 것이다.[1]

---

1 이십사 장로들이 보좌에 앉으신 이 앞에 엎드려 세세토록 사시는 이에게 경배하고 자기의 면류관을 던지며 가로되 우리 주 하나님이여 영광과 존귀와 능력을 받으시는 것이 합당하오니 주께서 만물을 지으신지라 만물이 주의 뜻대로 있었고 또 지으심을 받았나이다 하더라(계 4:10-11).

멜기세덱의 떡과 포도주

> 살렘 왕 멜기세덱이 떡과 포도주를 가지고 나왔으니 그는 지극히 높으신 하나님의 제사장이었더라(창 14:18).

대승을 거두고 돌아오는 아브라함 앞에 멜기세덱이라는 대제사장이 나타났다. 멜기세덱은 살렘 왕, 곧 평강의 왕이며 하나님의 제사장이었다. 멜기세덱의 히브리어는 '말키 체데크'(מַלְכִּי־צֶדֶק)로 '의의 왕'이라는 뜻이다. 평강의 왕과 의의 왕, 모두 예수님을 가리키는 호칭이다. 멜기세덱은 예수 그리스도의 현현이거나 모형하는 인물이다. 그를 예수 그리스도로 보아도 크게 무리는 없을 것이다. 아브라함은 믿음의 조상이므로 당시 그에게 하나님의 뜻, 진리를 가르쳐 줄 수 있는 이는 하나님 외에 아무도 없었기 때문이다.

> 아비도 없고 어미도 없고 족보도 없고 시작한 날도 없고 생명의 끝도 없어 하나님 아들과 방불하여 항상 제사장으로 있느니라(히 7:2-3).

'방불하여'의 헬라어 아포모이오오(ἀφομοιόω)는 '같게 하다, 복사하다'는 뜻이다. 히브리서 기자는 멜기세덱을 하나님 아들, 예수 그리스도의 현현이거나 최소한 모형적 인물이라는 뉘앙스로 묘사하고 있다. 물론, 멜기세덱이 정확히 어떤 인물인지 알아내는 것은 중요하지 않다. 어느 쪽이든 우리는 예수 그리스도를 발견할 수 있고, 하나님의 뜻을 깨달을 수 있다.

멜기세덱은 아브라함에게 떡과 포도주를 주었다. 떡과 포도주는 하나님의 구원을 설명하는 소품이다. 구원은 네 힘과 능력이 아니라 오직 떡과 포도주로만 가능하다는 것을 가르쳐 주는 것이다.

예수님도 최후의 만찬에서 제자들에게 떡과 포도주를 주셨다. 떡은 말씀이 육신 되어 오신 예수님의 몸, 곧 말씀이며, 포도주는 죄 사함을 얻게 하려고 많은 사람을 위하여 흘리는 바 주님의 피, 곧 언약의 피다. 멜기세덱이 아브라함에게 준 떡과 포도주는 예수의 살과 피였으며, 성도가 승리하는 근거 역시 바로 이것이다. 떡과 포도주, 예수의 살과 피, 그 속에 영원한 생명의 약속이 있다.

멜기세덱은 "너희 대적을 네 손에 붙이신 지극히 높으신 하나님을 찬송하라"고 말함으로써 아브라함의 공로와 업적을 완전히 무시해 버렸다. 가솔 318명을 이끌고 열심히 달려가서 동방연합군을 격파하고 롯을 구해 왔더니, 그 대적을 아브라함의 손에 붙이신 이가 하나님이니 하나님을 찬송하라고 하는 것이다. 아브라함이 그러한 멜기세덱의 말을 인정하고 십일조를 내놓는다. 그 일 후에 하나님이 직접 아브라함에게 상을 주셨다.

> 아브람아 두려워 말라 나는 너의 방패요 너의 지극히 큰 상급이니라
> (창 15:1).

우리의 상은 하나밖에 없다. 하나님이 상이다. 그보다 큰 상이 없고, 그 외의 다른 상이 필요없다.

8

이삭

창세기 17:17~19, 21

아브라함이 엎드리어 웃으며 심중에 이르되 백세 된 사람이 어찌 자식을 낳을까 사라는 구십세니 어찌 생산하리요 하고
아브라함이 이에 하나님께 고하되 이스마엘이나 하나님 앞에 살기를 원하나이다
하나님이 가라사대 아니라 네 아내 사라가 정녕 네게 아들을 낳으리니 너는 그 이름을 이삭이라 하라 내가 그와 내 언약을 세우리니 그의 후손에게 영원한 언약이 되리라
내 언약은 내가 명년 이 기한에 사라가 네게 낳을 이삭과 세우리라

하나님을 비웃음

이삭은 아브라함이 101세에 얻은 아들이다. 이삭의 의미는 '웃음'으로 하나님이 직접 지어주셨다. 아브라함이 100세 때 하나님이 아들을 주겠다는 약속을 하시자 아브라함도 웃고, 사라도 웃었다.

'100세 된 사람이 어찌 자식을 낳을까, 사라는 90세니 어찌 생산하리요?'
아브라함은 하나님을 마주한 면전에서 심중(心中)으로 비웃고, 사라는 장막 뒤에 숨어서 비웃었다. 아브라함은 이때에 "이스마엘이나 하나님 앞에서 살기를 원합니다"라고 말했다. 이는 아브라함이 자기의 인간적 노력의 산물인 이스마엘을 자랑스러워하며 그를 후계자로, 자기 생명으로 여기며 살고 있었다는 말이다.

> 보이는 땅을 내가 너와 네 자손에게 주리니 영원히 이르리라(창 13:15).

하나님은 아브라함에게 '너와 네 자손에게 그 땅을 영원히 주겠다'고 약속하셨다. 그러나 이 약속은 지켜지지 않았다. 아브라함의 자손인 이스라엘이 가나안 땅에 나라를 세웠지만 앗수르와 바벨론에게 멸망했기 때문이다.
하나님은 지키지 못할 약속을 하셨던 것일까?
그렇지 않다. 먼저, '자손'으로 번역된 히브리어 제라(זֶרַע)는 자손이 아니라 '씨'라는 뜻이다. 히브리어에서 자손은 주로 벤(בֵּן)을 쓴다. 이 '씨'에 대해서는 사도 바울이 정확하게 해설한 바 있다.

> 이 약속들은 아브라함과 그 자손에게 말씀하신 것인데 여럿을 가리켜 그 자손들이라 하지 아니하시고 오직 하나를 가리켜 네 자손이라 하셨으니 곧 그리스도라(갈 3:16).

이 구절에서도 '자손'은 잘못 번역되고 있다. '자손'의 헬라어 스페르마

(σπέρμα) 역시 '씨'다. 스페르마는 주님이 마태복음 13장의 '씨 뿌리는 자 비유'에서 여러 번 쓰신 단어다. 바울의 해설처럼 '씨'는 오직 한 분, 그리스도를 가리키는 말이다.

그리고 하나님이 주시겠다는 땅은 가나안 땅이 아니라 약속의 땅이 되는 교회, 성도를 말한다. 그리스도가 임하는 약속의 땅은 당연히 '영원'(올람 עוֹלָם)으로 주어질 것이다. 하나님의 언약은 실패되지 않고, 신실하게 지켜지고 있다. 오늘날의 번역자들처럼 하나님의 말씀을 오해한 아브라함이 자신이 직접 하나님의 새창조 사역에 도움을 드려보겠다며 낳은 '자손'이 이스마엘이었다.

이처럼 이삭은 부모의 불신앙 속에서 탄생한 아들이었고, 하나님이 비웃음의 수모를 참으시며 지어주신 이름이었다. 너희가 나를 비웃었으니 이삭이고, 그 비웃음을 기억하라고 이삭이며, 그 비웃음을 진짜 기쁨, 희락의 웃음으로 바꿔주겠다는 약속이 이삭인 것이다.

또한, 이삭은 예수님처럼 불가능한 상태에서 성령에 의해 잉태되고, 예수님이 '때가 차매'(갈4:4) 태어나셨듯, '기한에 미쳐'(창 21:2) 탄생했다. 그리고 이삭과 예수님은 각각 이스마엘이라는 율법 아래, 유대주의 율법 아래 태어났다. 이삭은 예수님의 모형이면서 성령에 의해 탄생하는 모든 성도들, 모든 약속의 자녀들을 예표하는 인물이다. 이삭의 탄생은 단순히 아기가 없던 노부부에게 하나님의 능력으로 아기가 생겨난 정도의 사건이 아니라 구속사 속 예수 그리스도의 강림과 그 속에서 함께 연합하여 출생하게 되는 교회의 탄생에 관한 예표라고 할 수 있다.

언약을 따라 태어난 이삭이 젖을 뗄 무렵, 이스마엘이 이삭을 희롱하다가 쫓겨났다. 이스마엘이 이삭을 희롱한 것은 율법이 은혜를 조롱하는 일이며, 유대의 율법주의자들이 예수님을 십자가에 달아 욕보인 것과 같은 의미이다. 또한, 이스마엘은 하나님의 뜻과 은혜가 아닌 인간적인 행위의 산물이었으며, 이스마엘의 추방은 하나님의 은혜 앞에서 인간적인 행위와 노력의 산물은 반드시 부정된다는 의미이다.

이처럼 성경은 처음부터 끝까지 인간의 행위를 부정하고 하나님의 은혜만 강조하고 있다. 그 은혜를 바르게 깨닫고 붙잡는 자가 구원받는 천국 백성이다. 아니, 창세전에 약속된 자만이 그 은혜를 붙잡게 된다.

> 곧 창세 전에 그리스도 안에서 우리를 택하사 우리로 사랑 안에서 그 앞에 거룩하고 흠이 없게 하시려고 그 기쁘신 뜻대로 우리를 예정하사 예수 그리스도로 말미암아 자기의 아들들이 되게 하셨으니(엡 1:4~5).

모리아산의 제물

하나님이 아브라함을 '시험하시려고' 그에게 사랑하는 독자, 이삭을 모리아산에서 번제로 바치라고 명하셨다. 아브라함이 자기를 부인하고, 하나님만 믿고 의지하는 자로 성숙되었는지를 시험하신 것이다. 성도의 삶 또한 이러한 하나님의 시험으로 점철된다(18. 마라의 쓴 물 참고).

성도는 아브라함처럼 이 역사와 인생 속에서 반드시 이삭과 같은 나의 가장 소중한 것, 내 생명과 다름없는 것을 바치는 모리아 산의 시험대 위에 서게 된다. 이때 자기 생명을 사랑하는 자는 잃어버리며(아폴뤼미 ἀπόλλυμι: 멸망시키다), 오직 이 세상에서 자기 생명을 미워하는 자만이 영생하도록 보존할 것이다.

인간들은 저마다 자기를 기쁘게 하고 힘나게 하는 것들을 생명으로 붙잡고 산다. '그게 있으면 좋겠다 그게 많으면 잘 살겠다' 하는 것들이 그들의 생명이다. 돈이 생명이 되고, 성공하고 명예를 높이는 일이 생명이 되기도 한다. 건강이나 자녀가 생명이 되기도 한다. 그러나 그런 가짜 생명들은 영원하지 못하므로 그들은 그것들의 상실과 함께 멸망하는(아폴뤼미) 자가 된다. 이처럼 하나님 이외의 것들로 생명 삼았다가 멸망하는 자들을 성경은 부자라고 한다.

영원의 참 생명은 하나님께만 있다. 하나님만이 영원하시므로 그를 생명으로 붙잡은 자, 그와 하나 된 자만이 하나님과 더불어 영생하는 것이다.

> 네 하나님 여호와께서 이 사십년 동안에 너로 광야의 길을 걷게 하신 것을 기억하라 이는 너를 낮추시며 너를 시험하사 네 마음이 어떠한지 그 명령을 지키는지 아니 지키는지 알려하심이라(신 8:2).

출애굽 한 이스라엘은 낮추시고 시험하시는 하나님의 뜻에 의해 광야 40년을 살았다. 하나님의 낮추심은 선악과를 먹고 스스로 하나님처럼 높아진 자들에게 성령을 부어 '죄에 대하여, 의에 대하여, 심판에 대하여' 밝히 깨닫게 해 새로운 피조물로 만들고, 그리하여 피조물의 원래 자리로 되돌려 놓는 것이다. 하나님의 시험은 '내 백성이 맞는가'를 확인하는 시금(試金)과 제련의 의미이며, 더불어 성도 스스로도 확인해 보라는 테스트다. 하나님의 낮추심과 시험은 오직 성도에게만 해당되는 말이다. 그래서 징계가 없으면 아들이 아니며, 고난이 유익이라고 하는 것이다.

또한, 하나님의 낮추심과 시험은 역사와 인생이 운행되는 이유와 목적이기도 하다. 이 세상은 그걸 위한 교육장이며, 훈련소일 뿐이다. 이미 하나님 나라가 영원 속에 완성되어 있다는 걸 믿는 자는 이 말의 의미를 알 것이다. 훈련소란 곳은 배울 것 배워 졸업하고 나갈 곳이지 "여기가 좋사오니" 하면서 터 잡고 오래오래 머물고자 애쓸 곳이 아니다. 이제나저제나 졸업 소식 기다리는 아버지가 답답해 하실 일이다.

이삭은 자신이 매달려 죽을 십자가를 지고 골고다를 오르신 주님처럼 자신을 불태워 죽일 번제 나무를 짊어지고 모리아 산으로 올라갔다. 모리아 산 사건은 죄인들 대신 죽으시는 예수 그리스도의 십자가 사건의 예표였다. 훗날 솔로몬이 지은 예루살렘 성전이 바로 이삭이 죽기 위해 올랐던 모리아 산에 세워졌다.

아브라함이 이삭을 제물로 잡으려고 할 때 아브라함은 120세 가까운 노인이었고, 이삭은 약관 20세의 팔팔한 젊은이였다. 그러나 아브라함이 그를 결박하는 동안에도, 그를 단 위에 올려놓고 칼로 죽이려 할 때도 이삭은 아무런 반항을 하지 않았다. 이는 예수님이 십자가 수난을 당하실 때 아무런 말없이 갖은 수모와 고초를 겪으신 모습을 방불케 한다.

> 그가 곤욕을 당하여 괴로울 때에도 그 입을 열지 아니하였음이여 마치 도수장으로 끌려가는 어린 양과 털 깎는 자 앞에 잠잠한 양 같이 그 입을 열지 아니하였도다(사 53:7).

'여호와 이레' 하나님은 이삭 대신 친히 준비하신 수양을 잡게 하셨다. 하나님이 구원하기로 약속된 하나님의 자녀들은 하나님이 준비하신 어린 양에 의해 죄와 사망에서 건짐을 받게 된다. 이것이 여호와 이레의 참뜻이다. 우리는 그 모리아 산에서 칼에 쪼개지고 불에 태워져서 죽어야 할 자들이었지만 하나님이 미리 준비하신 대속의 양, 예수 그리스도에 의해 살게 된 것이다. 이것이 구원이며 십자가 은혜다.

신부를 기다리는 신랑

이삭이 장성한 후에 아브라함은 그의 종을 멀리 밧단아람까지 보내 아들 이삭의 신부를 찾게 했다. 아브라함이 140세, 이삭이 40세 때 일이다. 아브라함은 가나안 족속의 딸 중에서가 아니라 '그의 고향, 그의 족속', 곧 하나님이 택하신 백성 중에서 이삭의 신부를 찾게 했다. 오직 언약 백성만이 예수 그리스도의 신부가 되는 것이다.

종의 이름은 성경에 나와 있지 않다. 종은 하나님이 예수 그리스도의 이름으로 보내시는 성령처럼 신랑인 이삭의 이름으로 보내지고 있다. 그는 성령께서 택한 백성에게 예수 그리스도를 소개하듯 신부에게 가서 신랑을 소개했다.

아브라함은 종에게 자신의 좋은 것들을 약대 열 필에 가득 실려 신부에게로 보냈다. 이 모습은 그리스도의 신부인 교회를 부르기 위해 하나님이 보혜사 성령님을 하나님의 좋은 선물과 함께 이 땅으로 보내신 일의 모형이다. 예수 그리스도의 뜻대로 진리의 성령께서 우리에게 오셨다. 그리고 마치 아브라함이 보낸 종이 리브가에게 금은 패물과 의복을 선물해 주었던 것처럼 우리에게 하나님의 것들을 부어주셨다.

리브가는 하나님의 섭리 가운데서 신랑의 사자를 만났고, 이삭의 신부가 될 것을 결심했다. 그가 각양 선물들로 신랑의 풍요와 부요를 미루어 알게 됐던 것처럼, 우리 성도 또한 이 땅에서 보증으로 주어진 성령의 역할로 하늘의 풍요를 미루어 짐작할 수 있다. 하늘의 풍요는 평강과 모든 진리다. 그렇게 우리에게 하늘의 선물을 부어주신 성령은 우리 안에 임재하고 동행하시며 우리의 신랑, 예수 그리스도가 기다리고 계신 그 나라로 인도해 주신다.

그 혼인잔치에의 초대에 모든 것 다 버리고, 부모 형제까지 다 버리고 즉시 따라나서는 리브가가 참 성도의 전형을 보여준다. 자신의 부모를 주님보다 더 사랑하는 자는 주님께 합당치 않고, 예수 그리스도의 이름을 위하여 집이나 형제나 자매나 부모나 자식이나 전토를 버린 자가 영생을 상속하는 것이다. 리브가는 이제 '자기 의'라는 더러운 옷을 버리고, 신랑의 아버지가 준비한 '빛나고 깨끗한 세마포'를 입는 신부가 되는 것이다.

이삭이 들에서 묵상하고 배회하며 신부 리브가가 도착하기를 기다리듯 예수 그리스도가 그의 신부인 교회가 당도할 그날을, 천국에서 열릴 혼인잔치의 그날을 학수고대하고 계시다.

9

야곱

창세기 32:22~28

밤에 일어나 두 아내와 두 여종과 열 한 아들을 인도하여 얍복 나루를 건널쌔

그들을 인도하여 시내를 건네며 그 소유도 건네고

야곱은 홀로 남았더니 어떤 사람이 날이 새도록 야곱과 씨름하다가

그 사람이 자기가 야곱을 이기지 못함을 보고 야곱의 환도뼈를 치매 야곱의 환도뼈가 그 사람과 씨름할 때에 위골되었더라

그 사람이 가로되 날이 새려하니 나로 가게 하라 야곱이 가로되 당신이 내게 축복하지 아니하면 가게 하지 아니하겠나이다

그 사람이 그에게 이르되 네 이름이 무엇이냐 그가 가로되 야곱이니이다

그 사람이 가로되 네 이름을 다시는 야곱이라 부를 것이 아니요 이스라엘이라 부를 것이니 이는 네가 하나님과 사람으로 더불어 겨루어 이기었음이니라

선택과 유기

리브가가 혼인 후 20년이 지나도록 태기가 없었다. 이에 그의 남편 이삭이 하나님께 간구했고, 하나님이 그 간구를 들으셨으므로 리브가는 잉태하게 됐다.

우리는 모두 잉태할 수 없는 자, 생명이 없으므로 생명을 낳을 수 없는 자이지만 신랑이신 예수 그리스도의 도우심로 잉태하는 자가 된다. 주님의 어머니 마리아는 '사내를 알지 못하는 자', 곧 자기의 신랑이 누군지 알지 못하므로 결코 잉태할 수 없고, 그리하여 멸망할 수밖에 없는 우리의 실존을 대변한다. 그에게 하나님이 생명의 씨(제라), 곧 성령을 주어 아들을 낳는 자로 만들어 주시는 것이 구원이다.

리브가의 임신 중에 뱃속에서 두 아들이 다투었다. 하나님은 그것이 두 민족의 다툼이며, 큰 자가 어린 자를 섬기게 될 것이라고 말씀하셨다. 그런데 둘은 태어나기도 전에, 선이나 악의 어떤 일을 행하기도 전에 하나님의 사랑과 미움을 달리 받는 자가 되어버렸다.

> 그 자식들이 아직 나지도 아니하고 무슨 선이나 악을 행하지 아니한 때에 택하심을 따라 되는 하나님의 뜻이 행위로 말미암지 않고 오직 부르시는 이에게로 말미암아 서게 하려 하사
> 리브가에게 이르시되 큰 자가 어린 자를 섬기리라 하셨나니
> 기록된바 내가 야곱은 사랑하고 에서는 미워하였다 하심과 같으니라
> (롬 9:11-13).

사도 바울은 하나님의 사랑과 미움, 선택과 유기가 인간의 행위가 아니라 택하심을 따라 되는 하나님의 뜻에 의해서라고 했다. 뜻(프로데시스 πρόθεσις)은 결심을 말한다. 하나님이 그렇게 하기로 마음먹으셨다는 것이다. 그것이 어떤 이에게는 당연한 것으로, 어떤 이에게는 불합리한 것으로 이해될 수

있다. 그러나 절대적으로 완전하고 선하신 창조주의 뜻을 피조물이 어떻게 폄론할 수 있겠는가.

> 이 사람아 네가 뉘기에 감히 하나님을 힐문하느뇨 지음을 받은 물건이 지은 자에게 어찌 나를 이같이 만들었느냐 말하겠느뇨 토기장이가 진흙 한 덩이로 하나는 귀히 쓸 그릇을, 하나는 천히 쓸 그릇을 만드는 권이 없느냐(롬 9:20-21).

이것이 하나님의 대답이다.

하나님께서 진노를 보이시고 권능을 알게 하고자 하시면서도 멸망이 예비된 진노의 그릇들에 대하여 오래 참으시고, 영광이 예비된 긍휼의 그릇들에 대하여는 당신의 풍성한 영광을 알리고자 하셨더라도 우리가 무슨 말을 하겠는가?

긍휼의 그릇, 성도의 출발점은 하나님의 미리 정하심, 곧 예정이다. 모든 일을 그 마음의 원대로 역사하시는 하나님의 뜻을 따라 우리가 예정을 입어 그 안에서 기업이 되는 것이다. 하나님은 그렇게 미리 정하신 자를 부르시고, 부르신 자들을 의롭다 하시고, 의롭다 하신 자들을 영화롭게 하신다.

야곱은 미리 정하심의 은혜로 창조된 자의 대표이며, 그의 인생 속에 우리가 들어있다. 성도의 존재 이유는 하나님의 영광이다. 하나님의 영광을 드러내기 위한 도구로 선택된 자들이 영화롭게 되는 것이다. 스스로 빛날 수 없는 달이 태양빛을 받아 반사함으로써 발광체의 영광을 드러내는 것과 같다.

> 나 여호와가 말하노라 에서는 야곱의 형이 아니냐 그러나 내가 야곱을 사랑하였고 에서는 미워하였으며 그의 산들을 황무케 하였고 그의 산업을 광야의 시랑에게 붙였느니라 에돔은 말하기를 우리가 무너뜨림을 당하였으나 황폐된 곳을 다시 쌓으리라 하거니와 나 만군의 여호와는 이르노라 그들은 쌓을지라도 나는 헐리라 사람들이 그들을 일컬어

악한 지경이라 할 것이요 여호와의 영영한 진노를 받은 백성이라 할 것
이며(말 1:2b-4).

    야곱과 에서의 이야기는 이스라엘과 에돔의 이야기로 확장된다. 하나님의 선택을 받은 자들인 이스라엘에겐 무한한 애정이 부어지고, 천국 밖으로 유기된 자들인 에돔에겐 하나님의 미움과 영영한 진노가 부어진다. 둘 사이에 특별한 차이가 없다. 오직 조건 없는 선택이 있을 뿐이다. 전능자의 결심 앞에서 유기된 자의 원망도 무의미하며, 선택된 자의 자랑도 설 곳이 없다. 성경은 시종일관 우리의 무가치를 폭로하고 하나님의 은혜를 드러낸다. 그걸 아는 자로 지어져가는 것이 역사와 인생의 존재 이유다.

하늘의 복과 팥죽 한 그릇

    형 에서는 익숙한 사냥군과 들사람으로, 동생 야곱은 장막에 거하는 자로 자라났다. 어느 날 들에서 사냥을 하다가 허기져 돌아온 에서가 야곱이 만든 붉은 것(아돔 אדם), 곧 팥죽을 원했다. 그로부터 에서의 별명은 에돔이 됐다. 에돔은 훗날 에서의 후예들이 아라바 광야 동쪽, 사해에서 아카바만까지 이르는 험준한 산악지역인 세일에 세운 나라의 이름이기도 했다.
    에돔은 이삭의 예언처럼 황폐한 곳에서 칼을 의지해 사는 거친 족속이 됐으며, 에서와 야곱의 관계와 마찬가지로 이스라엘에 적대적이었다. 출애굽 때 이스라엘이 에돔을 통과하고자 했지만 그들은 단박에 거절했다. 에돔은 역사 내내 이스라엘과 대립했고, 이스라엘이 바벨론에게 멸망하고 포로로 끌려갈 때는 기뻐하며 박수쳤다. 예수님이 성육신하여 오셨을 당시 이스라엘을 통치한 것도 헤롯을 비롯한 에돔 족속의 분봉왕들이었다.
    그런데도 모든 것을 미리 아셨을 하나님은 출애굽 때 이스라엘에게 에돔과 싸우지 말 것을 엄명하시며 그들을 보호하셨다. 말라기서에서 하나님은

에돔을 그토록 미워하고 저주하시면서 신명기에선 그들을 굳게 품고 지켜주셨다.

기왕 대군이 발기해 나선 김에 싹수없는 자들의 싹을 짓이겨 버렸으면 좋지 않았을까?

택한 자의 대적이자 당신의 저주의 대상인 에돔을 왜 아끼셨을까?

여기에 역사를 운행하시는 하나님의 경륜에 대한 힌트가 있다.

하나님이 이스라엘의 대적을 지키고 기르시는 이유는 회초리로 쓰시기 위함이다. 그 회초리는 이스라엘을 가르치고 깨닫게 하는 용도다. 아삽의 시(시 73편)에서 보듯 악인은 세상에서 평안하며 형통하며 부유하며 건강하며 죽을 때 고통도 없다. 성경에서 악인은 드라마나 영화 속의 무자비하고 간교한 악당이 아니라 하나님의 뜻에 무관심하고, 그리하여 하나님과 관계가 없는 자를 말한다.

보이지 않는 나라를 볼 수 없는 자들은 그들에게 전부인 이 땅의 것만을 소원한다. 그런 탓에 그들은 세상에서 성도에 비해 상대적으로 소유가 많아지고 지위가 높아지기 쉽다. 아삽은 그걸 시기하여 하나님께 한탄하며 원망했다. 그러나 그는 성소에 들어갈 때 비로소 깨달았다. 악인들의 처지는 부러운 곳이 아니라 미끄러지기 쉬운 곳이며, 그들의 결국은 멸망이라는 것을.

성도는 인생 속에서 하나님이 지키고 강성하게 한 수많은 에돔을 만나게 된다. 그러나 그들의 공격은 놀라고 아파하고 슬퍼할 일이 아니라 하나님이 성도를 당신의 나라로 만들기 위해 특별히 준비하신 은혜의 선물로 알고 기뻐할 일이다. 인생의 고난은 하나님이 성도를 버리지 않으셨다는 증거다. 참된 성도는 수시로 닥쳐오는 에돔들을 원망과 저주가 아니라 감사의 대상으로 보아야 하는 것이다. 그들은 성도를 깨우치기 위해 악행하고 대신 지옥에 떨어지는 가련한 존재다. 그들을 보지 말고 배후에서 일하시는 하나님의 열심을 발견하라. 그들을 미워하지 말고 하나님의 은혜를 찬송하라.

야곱은 팥죽을 주는 대신 장자권을 요구했다. 에서는 '흥, 그 까짓 것' 하듯 장자권을 팥죽 한 그릇으로 바꿔 먹었다. 원래 장자는 하나님의 독생자이신 예수 그리스도를 가리키며, 하나님이 이스라엘을 '내 아들, 내 장자(출4:22)'라고 부르셨듯 그리스도와 연합하여 하나 되는 교회를 가리킨다. 그래서 천국은 장자들의 총회다. 이 의미를 알지 못한 에서는 "이 장자의 명분이 내게 무슨 유익이 있겠는가?" 하며 장자권을 멸시하고 업신여겼다. 히브리서 기자는 에서의 행위를 망령되다고 비판했다.

> 음행하는 자와 혹 한 그릇 식물을 위하여 장자의 명분을 판 에서와 같이 망령된 자가 있을까 두려워하라(히 12:6).

'망령된'의 헬라어 베벨로스(βέβηλος)에 해당하는 히브리어는 홀(חֹל)이며 '거룩하지 못함, 신성모독'의 의미가 있다. 에서는 하나님의 언약의 가치를 팥죽 한 그릇만도 못한 것으로 보았는데, 이는 결국 하나님을 모독한 일이었다.

이 세상에서 하나님 나라는 보이지 않으며, 보이지 않으므로 이 세상에서 무의미하고 무가치한 것으로 취급된다. 그래서 천국은 마치 밭에 감추인 보화와 같다. 감추어졌다(크륍토 κρύπτω)는 건 '비밀로 되어 있다'는 의미다. 이 땅에서 하나님 나라는 비밀이므로 감추어져 있는 것처럼 보인다. 그래서 이를 발견할 수 있는 사람은 많지 않다. 천국을 발견한 자는 그걸 숨겨 두고 기뻐하며 돌아가서 자기의 소유를 다 팔아 그 밭을 산다.

보화를 발견한 사람이 그걸 숨기는 건 자기만 소유하겠다는 이기심을 발동한 것이 아니라 그 보화는 비밀이므로 천국을 보지 못하는 자에게는 어차피 숨겨져 있는 것과 같다는 의미다.

설마 천국이 그토록 이기적인 자들의 나라이겠는가?

> 제자들이 예수께 나아와 이르되 어찌하여 그들에게 비유로 말씀하시나이까 대답하여 가라사대 천국의 비밀을 아는 것이 너희에게는 허락되었으나 저희에게는 아니되었나니(마 13:10-11).

천국의 비밀을 아는 것이 유기된 자들에게는 허락되지 않았으므로 이 세상에서의 천국은 그들에게 팥죽 한 그릇의 가치도 없다. 육의 만족에 기여하지 못하는 것들은 그들에게 있어 전혀 고려의 대상이 아니다. 세상의 염려와 재리의 유혹과 각양 욕심 앞에서 하나님의 언약은 언제든지 버릴 수 있는 것이다. 비유로 제시된 천국의 비밀을 아는 것은 선택된 자들에게만 허락되어 있다.

오늘날 많은 인본주의, 기복주의 교회에서 팥죽을 위해 천국을 팔고 있다. 보이지 않는 천국보다 한 끼의 배라도 채워주는 팥죽이 더 분명하고 가치 있어 보이기 때문이다. 그러나 보이는 소망은 소망이 아니다.

에서는 야곱에 비해 강건하고 능숙한 사냥꾼이었다. 그는 자주 들에서 사냥감을 잡아 아버지가 좋아하는 별미를 만들어 바쳤다. 누가 보아도 에서가 장자감이었다. 이삭도 에서에게 장자권을 주는 걸 당연하게 여겼다. 그때 야곱은 에서의 옷을 입고, 염소 새끼의 가죽으로 털 많은 에서처럼 위장하여 아버지를 속였다.

이삭이 야곱의 목소리를 알아챘지만 장자의 축복은 부어졌다. 야곱이 장자의 옷을 입고 왔기 때문이다. 장자이신 예수 그리스도의 피로 씻긴 의의 흰옷을 입는 것이 구원이다. 하나님은 의의 흰옷을 입은 자를 당신의 아들인 예수 그리스도로 여겨주시는 것이다. 죄인 대신 죽은 무죄한 짐승의 가죽옷이 무상으로 거저 입혀질 때 그가 아들, 장자가 된다.

> **믿음으로 이삭은 장차 오는 일에 대하여 야곱과 에서에게 축복하였으며**(히 11:20).

이삭은 원래 에서에게 축복을 하려 했으나 리브가와 야곱의 꼼수에 넘어가서 엉겁결에 야곱에게 장자의 축복을 했다. 그러나 히브리서 기자는 이삭이 믿음으로 야곱과 에서에게 축복했다고 기술했다. 아브라함에 대해서도 그가 믿음으로 본토를 떠났다고 적고 있다. 그러나 창세기의 독자들은 그들이 하나님의 뜻을 깨달아 믿음을 가지고 그러한 행동을 한 것이 아니라는 것을 잘 안다.

히브리서 기자는 어떤 의미로 이렇게 기술했을까?

히브리서 11장의 의미상 주어는 '믿음'이다. 그 '믿음'은 우리의 믿음이 아니라 하나님의 믿음을 가리킨다. 믿음의 주체는 언제나 하나님이다. 하나님의 믿음이 택하신 자 안에서 당신의 소원을 이루기 위해 그들을 인도해 가시는 것이다. 그 믿음이 이삭으로 하여금 야곱과 에서를 축복하게 한 것이다. 비록 인간의 얄팍한 모사가 성공하여 그들이 스스로 하늘의 복을 얻어낸 것 같지만 그건 이미 창세전에 주기로 약속된 것이므로 허락됐을 뿐이다. 이삭, 리브가, 에서, 야곱 등 이 장면의 모든 등장인물이 하나님의 뜻은 아랑곳하지 않고 각자의 탐심을 따라 열심을 내고 있다. 그러나 오직 하나님의 믿음이 모든 것을 합력하여 선으로 이끌어 가신 것이다.

> 너희로 내 백성을 삼고 나는 너희 하나님이 되리니(출 6:7a).

이처럼 믿음은 언약의 다른 표현이다. 전능하신 하나님의 믿음은 그대로 언약이 되고, 그 언약은 당신의 전능성으로 인해 반드시 성취될 것이다. 그 언약, 그 믿음이 성도에게 전해질 때 그것이 성도의 믿음이 된다.

야곱의 사다리

야곱은 장자의 축복을 받자마자 집에서 쫓겨나는 신세가 됐다. 하늘의 축복을 받은 자에게 나타나는 삶의 형태는 전도양양, 승승장구가 아니라 고난과 환난의 첩첩산중이다. 하늘은 땅을 부정하고, 영원은 시간을 부정한다. 그 부정의 형태가 성도의 교육내용이다. 하늘과 영원은 피조물이 인식할 수 있는 성질이 아니므로 하나님은 '땅이 아닌 것이 하늘'이라는 부정의 방식으로 진리를 가르쳐 주시는 것이다.

특히 창조주에 대한 이해는 피조물에 대한 부정으로 가능해진다. 그래서 하나님을 알기 위해서는 자기부인이 필수적이다. 하나님의 은혜에서 기인한 부정과 상실을 겪으면서 하늘의 진리를 배우는 과정이 성도의 세상살이다.

> 꿈에 본즉 사닥다리가 땅 위에 서 있는데 그 꼭대기가 하늘에 닿았고 또 본즉 하나님의 사자들이 그 위에서 오르락내리락 하고(창 28:12).

'발꿈치를 잡는 자, 강도' 야곱은 탐심을 발동해 형의 축복을 강탈했다. 그러나 축복은 고사하고 맨몸으로 고향에서 쫓겨나게 됐다. 이는 야곱에게 약속된 기름진 땅과 풍성한 소산의 축복이 이 땅의 것이 아님을 가르쳐 준다. 야곱은 광야에서 돌베개를 베고 자다가 꿈에 사닥다리가 땅 위에 서고 천사들이 오르내리는 것을 보았다.

> 또 가라사대 내가 진실로 진실로 너희에게 이르노니 하늘이 열리고 하늘의 사자들이 인자 위에 오르락내리락 하는 걸 보리라 하시니라(요 1:51).

예수님은 나다나엘을 만났을 때 야곱의 이야기를 인용하여 제자들에게 이같이 말씀하셨다. 이에 앞서 예수님은 나다나엘을 가리켜 "참 이스라엘 사람이며 그 속에 간사한 것이 없다"라고 말씀하셨다. '간사한 것'은 헬라어 '돌로스 δόλος'로 '미끼, 올가미, 기만, 계략. 거짓말'이란 뜻으로 쓰였는데, 대체로 그 의미는 '거짓말로 올가미에 걸리게 함'이라고 할 수 있다.

성경에서 '간사한 자, 거짓말하고 발목을 붙잡아 넘어지게 하는 자'의 대명사가 바로 야곱이다. 야곱은 얍복강 사건 이후 이스라엘로 이름이 바뀌는데, 예수께서는 간사한 자와 이스라엘, 곧 야곱과 이스라엘을 대비하시며 뭔가를 가르쳐 주시고 있다. 그 맥락에서 '하늘이 열리고 하나님의 사자들이 인자 위에 오르락내리락 하는 것을 보리라'는 야곱의 고사가 뒤를 이어 언급되고 있는 것이다.

　야곱은 하나님의 사자들이 오르락내리락한 그곳을 벧엘(하나님의 집), 곧 하나님의 성전이라 칭했다. 예수께서는 바로 당신이 하늘의 복을 가지고 내려온 하나님의 사자이며, 진정한 벧엘, 참 성전인 그리스도라고 말씀하신 것이다. 하늘에서 시작되어 땅으로 뻗어내린 사닥다리, 그 은혜의 통로로 구세주가 오셨고, 스스로 하늘과 땅을 잇는 생명길이 되셨다.[1]

얍복강에서 죽고 부활하다

　야곱의 진면목은 얍복강을 앞에 두고 더욱 여실히 드러난다. 야곱은 형 에서가 400인을 거느리고 세일에서 오고 있다는 사자의 전언을 듣자 두려움에 떨며 가족과 가축들을 여러 떼로 나누어 차례로 앞서 보냈다. 에서가 앞의 떼를 치면 뒤에 있던 야곱은 그대로 돌아서서 도망칠 요량이었다. 가족들은 죽거나 말거나 자기만 살면 된다는 심산이었다.

　야곱은 밧단아람의 외삼촌 겸 장인인 라반의 집에서 20년간 봉사하면서 큰 재산과 대가족을 이루었다. 야곱은 라반의 일을 돕는 대가로 양과 염소의 아롱진 것과 점 있는 것들을 품삯으로 받기로 했다. 그러나 라반은 아롱진 것과 점 있는 것들은 모두 자기 아들들에게 주어 야곱과 사흘 길을 떨어뜨림으로써 점 있고 아롱진 것의 생산을 원천봉쇄했다. 그럼에도 야곱은 단풍나무와 신풍나무를 이용해 가축들이 아롱진 것과 점 있는 것들을 낳게 했다.

　많은 이들이 이 이야기에서 '하늘은 스스로 돕는 자를 돕는다'는 식의 허탄한 교훈을 얻곤 한다. 그러나 이 이야기는 하나님의 뜻과 관계없이 자기가 원하는 복을 얻어내고자 열심을 내는 죄인들의 모습을 상징적으로 보여주는

---

[1] 요 1:51에서 예수님이 야곱의 고사를 인용하시면서 '사닥다리'는 언급하지 않으셨다. 이는 당신 자신이 하늘과 땅을 잇는 그 사닥다리임을 가르쳐 주는 것이다.

것이며, 그럼에도 불구하고 하나님은 택한 자에게 약속하신 당신의 축복을 신실하게 부어주신다는 것을 가르쳐 준다. 우리는 인간적인 열심을 통해 아롱지고 점 있는 것들만 잔뜩 생산하지만 이는 결코 하나님이 기뻐하시는 바가 아니다. 하나님은 오직 점 없고 흠 없는 양, 예수 그리스도만 열납하신다.

야곱이 부자가 된 것은 예수님이 부활 승천하신 후 그리스도의 영, 성령으로 오시기 전까지 하늘의 풍요는 땅의 부요로 설명됐기 때문이다. 믿음의 선진들이 증거를 받았으나 약속은 받지 못했다고 하는 이유가 바로 이것이다.[2] 그런데 지금도 여전히 하늘의 복뿐 아니라 땅의 복도 받아야겠다고 하는 자들이 차고 넘친다. 성령의 조명을 제대로 받지 못한 탓이다.

하늘의 복(베라카), 곧 하나님께 순종하고 그 은혜와 영광을 기뻐하며 찬양하는 복, 하나님의 신적 생명과 권세에 참여하여 영원의 참생명을 누리는 복은 이미 창세전에 주시기로 작정된 것이다. 그런데 우리 야곱들은 하나님의 언약을 믿지 못한 채 조바심을 내면서 스스로 복을 생산하겠다며 달음질치고 있다. 우리의 모든 불신의 조바심과 달음질은 반드시 박살나야 한다. 그곳이 얍복강이다. 얍복강을 지나야, 거기에서 죽어야 약속의 땅 가나안에 들어가고 벧엘, 곧 하나님의 성전에 입성할 수 있다.

얍복강가에서 야곱은 하나님과 씨름을 했다. 야곱은 자기가 원하는 복을 달라고 조르고, 하나님은 그건 안 된다는 싸움, 네가 원하는 세상의 복이 아니라 하늘의 복을 받으라는 싸움, 곧 영적전쟁이다. 영적전쟁은 성도와 하나님의 전쟁이다. 하나님이 죄인 중의 괴수이며 사탄 마귀인 우리, 특히 우리의 인본주의 율법주의를 박살내는 전쟁이다. 복에 환장한 야곱은 복이 아니면 죽음을 달라는 식으로 결사항쟁 했다. 하나님이 야곱을 이기지 못했다는 것은 세상을 향한 죄인들의 집착이 이토록 집요함을 가르쳐 준다. 그때 하나님은 야곱의 환도뼈를 쳐 위골시켜 버리셨다.

환도뼈(야레크 יָרֵךְ)는 '넓적다리, 허리, 기초'라는 뜻으로 인간의 기초와 생

---

2 이 사람들이 다 믿음으로 말미암아 증거를 받았으나 약속을 받지 못하였으니(히 11:39).

명의 원천을 의미한다. '기드온이 아내가 많으므로 몸(야레크)에서 낳은 아들이 칠십인이었고(삿 8:30)'라는 구절처럼 아들이 태어나는 곳, 생명의 씨가 담긴 곳이 야레크다. 환도뼈가 위골됐다는 것은 야곱이 죽었다는 의미다. 그러나 야곱은 죽지 않았다. 생명의 씨(제라)인 예수 그리스도가 대신 맞아 죽고 야곱이 살았다. 이것이 이스라엘, 승리다.

이제 죽은 야곱, 되살아난 이스라엘은 약속의 땅, 가나안에 입성할 수 있게 됐다. 하나님이란 지팡이에 의지해 절뚝거리며 산 그의 시간은 험악한 세월이었다.[3] '험악한(라아 רע: 악, 악한) 세월'이란 '내 평생에 내놓은 것이 선한 것은 하나도 없고, 오직 악 밖에 없습니다'라는 자기부인의 고백이다. 사도 바울의 '내가 죄인 중의 괴수다'라는 고백과 일맥상통한다. 빛이신 하나님께 다가갈수록 나의 죄와 허물은 더욱 뚜렷해지며, 그럴수록 예수 그리스도의 필연성은 더욱 분명해진다. 성도는 업적과 공로가 아니라 그리스도의 필연성을 붙잡는 믿음으로 구원받는다.

이스라엘은 '하나님과 다툰 자'[4]라는 무지와 오만의 이름이며, 그럼에도 불구하고 '하나님과 하나 되어 이긴 자'라는 영광의 이름이다. 성도는 모두 하나님의 참뜻을 몰라 자기의 열심으로 천국을 강탈하려던 야곱, 멸망할 수밖에 없는 예수님 우편의 강도였다가, 성도 안으로 뚫고 들어오시는 말씀의 검에 의해 도륙되어 죽고 부활함으로써 승리의 이스라엘이 된다.

---

3 야곱이 바로에게 아뢰되 내 나그네 길의 세월이 백삼십 년이니이다 내 나이가 얼마 못 되니 우리 조상의 나그네 길의 연조에 미치지 못하나 험악한 세월을 보내었나이다 하고(창 47:9).
4 이스라엘은 사라(שרה 다투다)와 엘(אל 하나님)이 결합된 단어로, 문자적으로는 '하나님과 다툼'이란 의미다.

10

요셉 1

창세기 37:5~9

요셉이 꿈을 꾸고 자기 형들에게 고하매 그들이 그를 더욱 미워하였더라
요셉이 그들에게 이르되 청컨대 나의 꾼 꿈을 들으시오
우리가 밭에서 곡식을 묶더니 내 단은 일어서고 당신들의 단은 내 단을 둘러서서 절하더이다
그 형들이 그에게 이르되 네가 참으로 우리의 왕이 되겠느냐 참으로 우리를 다스리게 되겠느냐 하고 그 꿈과 그 말을 인하여 그를 더욱 미워하더니
요셉이 다시 꿈을 꾸고 그 형들에게 고하여 가로되 내가 또 꿈을 꾼즉 해와 달과 열 한 별이 내게 절하더이다 하니라

증인의 삶

요셉은 야곱이 사랑하는 아내 라헬이 낳은 아들이다. 야곱은 다른 아들들보다 요셉을 더욱 사랑하여 장자의 징표인 채색옷을 입혔다. 그런 요셉이 형제들의 과실을 아비에게 고자질까지 하자 형제들의 시기와 미움이 한층 커졌다.

> 야곱의 약전이 이러하니라 요셉이 십 칠세의 소년으로서 그 형제와 함께 양을 칠 때에 그 아비의 첩 빌하와 실바의 아들들로 더불어 함께하였더니 그가 그들의 과실을 아비에게 고하더라(창 37:2).

형제들을 고자질하는 철부지 요셉의 행사는 얄밉기 짝이 없다. 실제 그러한 일이 있었겠지만 성경은 그 일을 통해 복음을 설명하고 있다.

예수님은 어둠뿐인 이 세상에 빛으로 오셨다. 그러나 아무도 그 빛을 알아보지 못했다.[1] 이스라엘은 하나님의 말씀을 깨닫지 못했다. 구원을 설명하는 은혜의 복음인 하나님의 말씀을 눈에 보이는 대로 보았으므로 그들은 그저 '하라, 하지 말라'의 율법으로 알아 열심히 행했을 뿐이다. 본다고 하지만 모두가 소경이었다. 하나님의 뜻을 깨닫지 못한 상태가 어두움이며 소경이다. 그들은 자기의 열심을 자랑하며 타인을 정죄했다. 예수께서는 그들의 행위를 '수고하고 무거운 짐'이라고 하셨고, 그걸 행하고 자랑하는 자들을 '독사의 자식들'이라 야단치셨다.

빛이신 예수께서 어두움의 세상에 오신 자체가 하나님 아버지께 인간들의 어두움을 드러내는 일이며, 죄를 고발하는 일이다. 성경은 이 일을 하는 자를 증인이라고 한다. 요셉은 예수님처럼 이러한 증인의 역할을 한 것이다. 이 증인의 역할은 오늘의 성도에게도 동일하게 요구되는 일이다.

---

[1] 빛이 어두움에 비취되 어두움이 깨닫지 못하더라(요 1:5).

> 오직 성령이 너희에게 임하시면 너희가 권능을 받고 예루살렘과 온 유대와 사마리아와 땅끝까지 이르러 내 증인이 되리라 하시니라(행 1:8).

예수님은 성령이 임한 자가 증인이 될 것이라고 하셨다. 흔히 이 말씀을 전도와 선교에 열심을 내라는 '예수님의 지상명령'이라고 부른다. 그러나 예수님의 말씀은 '너희가 증인이 될 것이다'라고 하신 것이지 '너희가 증인이 되라'고 요구하신 것이 아니다. 성령이 임한 자, 택함을 받은 자는 그리스도의 영이신 성령께서 우리가 싫든 좋든 하나님의 뜻을 드러내는 자로 만들 것이고, 이끌겠다고 하시는 것이다. 증인은 주체가 아니라 만물과 만사의 주관자이신 하나님의 종속적 존재다.

성령이 임해 권능을 받고 예루살렘과 온 유대와 사마리아와 땅 끝까지 이르는 증인은 무슨 일을 하는가?

요한계시록 11장에 두 증인의 이야기가 나온다. 둘은 모세의 율법에서 증언의 신빙성을 인정받는 최소한의 인원이다.[2] 예수께서 제자들을 전도여행 보낼 때 둘씩 짝을 지어 보낸 것이 그런 의미였다. 궁극적으로 두 증인은 성령, 곧 그리스도의 영과 짝 된 성도를 뜻한다.

주님은 성령이 임한 증인이 권능을 받는다고 말씀하신다.

그들의 권능은 무엇인가?

병을 고치고 죽은 자를 살리는 것인가?

교회를 부흥시키고, 선교사역을 크게 펼치는 것인가?

> 내가 나의 두 증인에게 권세를 주리니 그들이 굵은 베옷을 입고 천이백육십 일을 예언하리라(계 11:3).

---

2 죽일 자를 두 사람이나 세 사람의 증거로 죽일 것이요 한 사람의 증거로는 죽이지 말것이며 (신 17:6).

성도의 권세는 굵은 베옷을 입고 1260일을 예언하는 일이다. 굵은 베옷을 입는다는 건 회개의 삶을 산다는 것이다.[3] 회개는 죄나 잘못을 고하고 사죄하는 정도가 아니라 완전히 돌이키는 것을 말한다. 이 세상에서 하늘로, 자기에게서 하나님께로 완전히 돌아서는 것이 회개다. 이는 하나님이 성령을 주셔서 새 마음으로 바꿔주실 때 가능한 일이다.[4]

1260일은 42달, 3년 반, 한 때 두 때 반 때 등 여러 가지 다른 표현으로 쓰인다. 이들은 모두 같은 말로, 성도의 인생과 인류 전체의 역사를 가리키는 말이다.[5] 그들이 하는 예언은 미래에 이루어질 어떤 일이긴 하지만 점쟁이나 노스트라다무스류의 예언이 아니다. 성경에서 말하는 예언(프로페테이아 προφητεία)은 선지자(프로페테스 προφήτης)가 하나님의 말씀, 언약을 선포하는 것을 말한다. 하나님의 언약은 반드시 이루어질 것이므로 두 증인의 예언은 참된 예언이다. 이처럼 성령이 임하신 때로부터 회개의 삶을 살며 하나님의 말씀을 선포하는 것이 증인의 역할이다.

그 증인은 어떻게 되는가?

> 저희(두 증인의) 시체가 큰 성길에 있으리니 그 성은 영적으로 하면 소돔이라고도 하고 애굽이라고도 하니 곧 저희 주께서 십자가에 못 박히신 곳이니라(계 11:8).

성경에서 증인은 예수님처럼, 요셉처럼 세상의 어두움과 죄성을 드러내

---

[3] 화가 있을찐저 고라신아 화가 있을찐저 벳새다야 너희에게서 행한 모든 권능을 두로와 시돈에서 행하였더면 저희가 벌써 베옷을 입고 재에 앉아 회개하였으리라(마 11:21).
[4] 또 새 영을 너희 속에 두고 새 마음을 너희에게 주되 너희 육신에서 굳은 마음을 제하고 부드러운 마음을 줄 것이며(겔 36:26).
[5] 70이레에 대한 정확한 이해는 다니엘서로 거슬러 올라가야 한다. "네 백성과 네 거룩한 성을 위하여 일흔 이레를 기한으로 정하였나니"(단 9:24)에서 '일흔 이레'가 기한으로 나온다. 70이레에서 69이레, 즉 '69x7=483년' 되는 해에 예수께서 요한의 세례를 받고, 3년 반(반 이레)의 공생애를 사셨다. 이제 마지막 남은 반 이레, 곧 1260일, 42달, 3년 반, 한 때 두 때 반 때가 우리의 기한이며, 인류의 역사다.

고 죽을 뿐이다. 어두움은 빛을 괴로워하므로 이 세상에서 증인의 죽음은 필연이다. 그래서 요셉은 형제들로부터 배척받아 구덩이(보르 בּוֹר)에 빠져 죽는 것이다. 보르는 '무덤'의 뜻도 있으므로 요셉이 구덩이에 빠졌다는 건 그가 죽었다는 의미다.

요셉의 꿈, 하나님의 꿈

요셉이 형제들의 곡식단이 자기 단에 절하는 꿈, 해와 달과 열한 별이 자기에게 절하는 꿈을 이야기하자 형제들의 미움은 극에 달한다. 요셉의 꿈은 '사람이 비전을 품고 열심히 기도하며, 그 꿈의 성취를 위해 부단히 노력하면 하나님이 도와주셔서 반드시 그 꿈이 이루어진다'는 식의 인간의 희망과 성공을 말하는 것이 아니다.

요셉의 꿈은 하나님의 꿈이었다. 하나님이 당신의 꿈인 언약을 이루시기 위해 택한 자를 고난 속으로 몰아넣고 연단하시면서 마침내 당신의 꿈을 이루어 가시는 것이 '꿈꾸는 자' 요셉의 생애였다.

> 만민이 너를 섬기고 열국이 네게 굴복하리니 네가 형제들의 주가 되고 네 어미의 아들들이 네게 굴복하며 너를 저주하는 자는 저주를 받고 너를 축복하는 자는 복을 받기를 원하노라(창 27:29).

이것은 이삭이 야곱에게 행한 장자의 축복이었다. 이삭은 야곱에게 '형제들'의 주가 되고, '네 어미의 아들들'이 굴복할 것을 축원했다. 그러나 야곱의 형제는 에서 하나뿐이었다. 따라서 이삭의 이 같은 축원은 야곱에게서 성취될 일이 아니라는 것을 짐작할 수 있다.

훗날 요셉이 애굽 총리가 되고 형들이 그의 앞에 머리를 조아리게 됨으로써 마침내 이삭의 축원과 요셉의 꿈이 성취된 것처럼 보였다. 그러나 이 일

또한 완전한 성취는 아니었다. 왜냐하면 그 꿈이 다시 다른 이에게로 전달되기 때문이다.

하나님의 꿈을 꾸는 삶

> 유다야 너는 네 형제의 찬송이 될지라 네 손이 네 원수의 목을 잡을 것이요 네 아버지의 아들들이 네 앞에 절하리로다(창 49:8).

야곱이 이삭에게서 받은 축복이 요셉의 꿈으로 이어졌다가 다시 유다에게로 전해지고 있다.
이 '꿈의 전승'은 언제까지, 어디까지 이어질까?
유다에 대한 야곱의 축도를 좀 더 들어보면 그 끝이 보인다.

> 홀이 유다를 떠나지 아니하며 치리자의 지팡이가 그 발 사이에서 떠나지 아니하시기를 실로가 오시기까지 미치리니 그에게 모든 백성이 복종하리로다(창 49:10).

축복의 기도, 꿈의 전승은 더 이상 유다에게서 떠나지 않을 것이되 '실로가 오시기까지' 지켜질 것이며, '실로'가 오시면 모든 백성이 그에게 복종할 것이라고 한다.
그렇다면 실로는 누구인가?
실로(שִׁילֹה)는 '안식을 주는 자, 평화를 만드는 자'라는 뜻으로 메시아를 가리킨다. 메시아는 곧 그리스도다.
야곱과 요셉과 유다가 받은 축복과 꿈은 모두 유다 지파로 오시는 메시아, 예수 그리스도에 관한 예언이었고, 이는 곧 하나님의 꿈이었다. 요셉은 자신의 꿈이 아니라 하나님의 꿈을 꾼 것이고, 그 꿈 때문에 그리스도가 당하는 십자가의 삶을 그대로 경험하는 것이다.

요셉처럼 꿈과 비전을 가지고 노력하면 하나님이 도와주셔서 이 세상에서 성공하는 것이 기독교가 아니다. 꿈과 비전은 언제나 하나님의 것이다. 하나님이 당신의 택한 자들을 통해 당신의 꿈을 이루어 가는 것이 기독교다. 하나님의 꿈은 새 창조, 곧 예수 그리스도를 머리로 한 하나님 나라의 완성이다.

하나님의 꿈, 하나님의 언약을 받은 성도는 인생 속에서 요셉처럼 예수 그리스도에 대한 꿈을 꾸며, 요셉과 같은 십자가의 삶을 살게 된다. 그것이 자기를 부인하고 자기 십자가를 지고 그리스도를 따르는 삶이며, 십자가에 못박혀 더 이상 자기를 주장하지 못하고 예수 그리스도께 순종하는 삶이다.

> 내가 그리스도와 함께 십자가에 못 박혔나니 그런즉 이제는 내가 사는 것이 아니요 오직 내 안에 그리스도께서 사시는 것이라 이제 내가 육체 가운데 사는 것은 나를 사랑하사 나를 위하여 자기 자신을 버리신 하나님의 아들을 믿는 믿음 안에서 사는 것이라(갈 2:20).

이것이 채색옷을 입은 장자들의 운명이다. 천국은 이러한 장자들이 모인 곳, 장자들의 총회다.

사슬에 매인 형통의 삶

예수님이 가룟 유다에게 팔리듯 요셉은 형제들에게 팔려 애굽으로 끌려갔다. 거기에서 바로의 시위장관 보디발의 노예로 살다가 그의 아내에 의해 누명을 쓰고 감옥에 갇히는 신세가 됐다. 시편 기자는 요셉의 고난을 이같이 노래했다.

> 그 발이 착고에 상하며 그 몸이 쇠사슬에 매였으니(시 105:18).

길고도 고통스러운 감옥생활을 한 마디로 잘 표현한 구절이다. 그런데 성경은 요셉이 겪은 고통스러운 감옥생활이 형통했다고 적고 있다.

> 여호와께서 그를 범사에 형통하게 하셨더라(창 39:23).

요셉이 감옥에서 형통했다니, 도대체 어찌 된 일일까?
형통의 사전적 의미는 '모든 일이 뜻대로 잘되어 감'이다.
옴짝달싹 할 수 없는 감옥에서 무슨 일이 잘 이루어졌다는 말인가?
'형통하다'로 번역된 히브리어 찰라흐(צלח)를 살펴보면 의문이 풀린다. 찰라흐는 '발전하다, 앞으로 나가다'는 뜻이다. 형통의 참뜻은 자신의 계획이 잘 이루어지는 것이 아니라 그리스도의 장성한 분량으로 자라고 발전하는 것이다.

인생의 실패와 가난, 사건과 사고, 질병 등이 성도가 하나님의 거룩을 배우는 데에 도움이 된다면, 그 일들을 통해 더욱더 하나님의 뜻을 잘 깨닫고 하나님만 절대적으로 의존하는 자가 되어 간다면, 대다수 인간들이 싫어하는 그 일들이 성도에게는 오히려 천국으로 지어지는 형통인 것이다. 고난을 통해 연단 받으며 하나님의 뜻을 좇아 한 걸음씩 전진(찰라흐)하는 것, 그리하여 마침내 승리의 면류관을 쓰게 되는 것, 이것이 진정한 형통의 삶이다.

11

요셉 2

창세기 41:41, 45~47, 55

바로가 또 요셉에게 이르되 내가 너로 애굽 온 땅을 총리하게 하노라 하고

그가 요셉의 이름을 사브낫바네아라 하고 또 온 제사장 보디베라의 딸 아스낫을 그에게 주어 아내를 삼게 하니라 요셉이 나가 애굽 온 땅을 순찰하니라

요셉이 애굽왕 바로 앞에 설 때에 삼십세라 그가 바로 앞을 떠나 애굽 온 땅을 순찰하니

일곱해 풍년에 토지 소출이 심히 많은지라

애굽 온 땅이 주리매 백성이 바로에게 부르짖어 양식을 구하는지라 바로가 애굽 모든 백성에게 이르되 요셉에게 가서 그가 너희에게 이르는대로 하라 하니라

애굽 총리가 되다

애굽의 바로가 꿈을 꾸었다. 일곱 마리 살찐 소를 일곱 마리 흉악한 소가 잡아먹고, 충실한 일곱 이삭을 마른 일곱 이삭이 삼켜 버리는 꿈이었다. 그 꿈은 요셉의 해몽처럼 애굽의 칠년 풍년과 칠년 흉년에 관한 꿈이었다. 과연 멀쩡한 애굽 땅에 갑자기 흉년이 찾아왔다. 애굽의 천재지변을 계기로 요셉이 애굽의 총리가 됐다.

바로는 요셉을 가리켜 '하나님의 영에 감동된 사람'이라고 했다. 이는 비단 요셉만이 아니라 모든 성도에게 해당되는 말이다. '하나님의 영'인 성령의 세례를 받고, 성령에 의해 이끌리는 자가 성도이기 때문이다.

요셉의 총리 등극은 '어려운 처지에서도 끝까지 하나님을 잘 믿었더니 하나님이 높여주셨다'는 차원의 인생역전극이 아니다. 이는 하나님의 구속사 속에서 당신의 뜻을 이루기 위한 방편으로 이루어진 일이다. 하나님이 당신의 백성들을 입(入)애굽 시켜 노예로 만들고, 다시 출(出)애굽 시켜 구원의 역사(役事)를 이루고 설명해 가시는 과정에서 요셉에게 어떤 역할을 수행시키고 있는 것이다.

애굽이라는 당대 최강대국의 역사가 요셉과 이스라엘, 즉 교회를 향한 하나님의 계획에 의해 운행되고 있다. 애굽만이 아니라 전 역사가 또한 그러하다. 이 세상과 역사는 예수 그리스도의 은혜를 중심으로 하나님의 택함을 받은 성도 한 사람 한 사람의 구원이 완성되는 방향으로 착착 진행되고 있는 중이다. 창세전에 구원받기로 작정된 이들이 모두 올라가면 역사는 폐해지고 세상은 멸해질 것이다. 그날은 반드시 올 것이다.

성도는 그날을 앞당겨 보는 자들이다. 그래서 그들은 세상 사람들이 한마음 한뜻으로 중시하는 것들이 결국 아무것도 아니란 사실을 잘 알고 있다. 그리고 믿음의 눈으로 천국의 현실을 바라보면서 이 세상의 힘과 능력과 자기가치 향상의 추구가 무상함을 깨달아 간다. 요셉의 출세와 높아짐을 부러워하지 않고, 그 뒤에서 일하시는 하나님의 뜻과 열심을 바라보는 것이다.

요셉의 총리 직분이 그저 하나님 사역의 도구였던 것처럼 이 땅에서 성도가 처하게 되는 모든 상황들, 곧 빈부나 귀천, 명예나 성공의 여부, 외양의 미추(美醜) 등은 하나님의 역사 속에서 잠시 쓰이는 도구에 불과한 것이다. 그러한 모든 것을 다 비워내고 하나님의 순전한 그릇이 되는 것이 성도의 인생이다.

하늘과 땅의 모든 권세를 받다

하나님은 이미 아브라함에게 그의 후손들을 애굽에 보내어 430년간 종살이를 하게 만들겠다고 약속을 하신 바 있다. 이스라엘의 애굽행에 요셉을 쓰시기 위해 하나님은 애굽의 왕조까지 바꾸셨다. 원래 애굽의 왕조는 함족이었다.[1] 그런데 요셉의 때에는 셈족인 힉소스 왕조가 애굽을 정복해 애굽 왕실을 장악하고 있었다. 같은 셈족인 요셉이 거부감 없이 총리가 될 수 있도록 하나님께서 예비해 놓으셨던 것이다.

이제 요셉의 권세는 온 애굽 위에 서게 됐다. 바로는 조금 전까지 죄수 신분이었던 요셉을 감옥에서 끌어올려 온 애굽을 총괄하는 '일인지하 만인지상'(一人之下 萬人之上)의 권세를 부여했다. 이는 예수님이 사망의 무덤에서 부활하신 후 하나님 보좌 우편에 서게 되신 일의 모형이다. 바로가 요셉에게 "애굽 온 땅에서 네 허락 없이는 수족을 놀릴 자가 없으리라"고 한 것처럼 하나님은 예수님께 "내가 네 원수로 네 발등상 되게 하기까지 너는 내 우편에 앉으라"고 하시며, 하늘과 땅의 모든 권세를 예수 그리스도께 주셨다. 그 일이 지금 요셉의 일에서 모형으로 우리에게 설명되고 있는 것이다.

예수 그리스도가 하늘과 땅의 모든 권세를 받으신 것은 자기를 낮추시고

---

[1] 함의 아들은 구스와 미스라임과 붓과 가나안이요(창 10:6). 구스와 미스라임과 붓과 가나안은 각각 지금의 에티오피아, 이집트, 리비아, 팔레스타인에 터를 잡았다.

십자가에서 죽기까지 복종하셨기 때문이다. 요셉 또한 '영혼이 쇠사슬에 들어가는' 고통 속에서도 하나님과 동행하는 형통의 삶을 살았다. 이는 모든 성도들이 가야 하는 십자가의 삶이다. 그 일들을 통해서 자기를 부인하고, 낮아지고 섬기고 대신 죽는 십자가의 삶을 성도 또한 사는 것이다.

　많은 이들이 요셉의 성취를 보면서 세상에서 성공하고 높아지는 것이 하나님의 뜻이라고 오해한다. 그러나 요셉의 삶은 예수 그리스도의 십자가를 설명하는 것이다. 예수 그리스도께서 그러하셨듯이 성도 또한 보이지 않는 천국에서 하나님의 은혜로 높임을 받는 것이다. 예수님은 당신의 나라가 이 세상에 속한 것이 아니라고 하시는데, 한사코 여기에서 잘 살고 높아지겠다고 하는 자는 그의 백성이 아닐 것이다.

세상의 구세주가 되다

　요셉은 온 세상을 구원하는 양식 맡은 자, 양식의 주가 됐다. 그에게 와서 양식을 얻지 않으면 아무도 살 수 없게 됐다. 역시 예수 그리스도의 모형이다. 말씀이 육신 되어 오신 예수님은 하늘로서 내려온 산 떡, 생명의 떡이다. 그 말씀을 먹는 자가 영생을 얻는다.[2] 그래서 다른 이로서는 구원을 얻을 수 없으며, 이제 만백성이 그에게 와야 구원을 얻을 수 있게 됐다. 예수 안에만 생명이 있고, 예수만이 길이고 진리고 생명인 것이다.

　요셉에게 사브낫 바네아라는 이름이 주어졌다. 사브낫 바네아는 '세상의 구원자'를 뜻한다. 사브낫 바네아는 흉년과 기근에서 멸망하는 세상의 백성들을 구원하는 구세주의 이름이었다. 구세주는 곧 메시아이며 그리스도이다. 사브낫 바네아는 다름 아닌 예수 그리스도를 설명하는 이름인 것이다.

---

[2] 나는 하늘로서 내려온 산 떡이니 사람이 이 떡을 먹으면 영생하리라 나의 줄 떡은 곧 세상의 생명을 위한 내 살이로라 하시니라(요 6:51).

그에게 생명을 살리는 양식이 많이 있다는 소식은 큰 기쁨의 소식, 복음이었다. 요셉이 그의 형제들에게 양식을 줄 때 그들의 돈을 자루 속에 도로 넣어주는 것은 그 양식이 값으로 살 수 없는 것, 그래서 값없이 거저 주는 것임을 보여주는 일이다.

요셉은 최고로 존귀한 자가 되어 아스낫이라는 이방의 여자를 취해 아내를 삼았다. 이는 예수 그리스도가 부활하여 그 복음이 이방인에게 전해진 것을 보여준다. 죄 속에 살던 이방인, 천국의 외인(外人)이었던 우리가 예수 그리스도를 믿음으로 말미암아 어린 양의 신부가 되고, 거룩한 성 예루살렘이 되어 그 분의 존귀에 동참하는 것이다.

아스낫은 온 제사장 보디베라의 딸이었다. 온은 하부 이집트의 수도로 태양 숭배의 중심지인 헬리오폴리스를 가리킨다. 아스낫은 제사장의 딸, 우상을 숭배하는 율법의 자녀에서 은혜로 구원받아 그리스도의 신부가 된 성도의 모형이다.

요셉은 결혼 후에 온 애굽을 순시한다. 이는 예수님이 부활 승천하신 후에 그리스도의 영이신 성령에 의해 교회가 탄생하고, 온 유다와 사마리아와 땅 끝까지 성령 하나님이 복음을 들고 가시는 모습을 예표한다.

영원한 풍년의 나라

> 또 너희의 기구를 아끼지 말라 온 애굽 땅의 좋은 것이 너희 것임이니라(창 45:20).

요셉은 극적으로 상봉한 형제들에게 아버지 집에서 쓰던 것들을 아끼지 말고 다 버리고 오라고 했다. 야곱이 열심히 잔꾀를 동원해 평생을 모든 것들이 세상의 구세주, 생명의 주 앞에선 아무 의미 없는 것이었다. 그는 상상도 할 수 없는 아들의 풍요 속으로 값없이 거저 들어갔다. 험악한 나그네 인생 130년 동안 악착같이 쌓은 것들, '단풍나무, 신풍나무' 잔꾀와 온갖 권모술수로 끌어 모은 것들이 쓰레기며 배설물로 판명됐다. 노심초사하며 애쓴 평생의 수고는 아사(餓死) 직전의 피골이 상접한 모습으로 결론이 났다.

이것이 모든 인생들의 종착역이다. 그 자리에서 구주의 은혜를 받은 자가 생명의 양식을 얻고, 천국의 잔치에 동참하게 된다. 참 풍요의 나라인 하나님 나라에 전적인 은혜로 들어가는 것이 구원이다. 그 의미를 명확히 깨달은 자들에게 이 세상의 가치는 초개(草芥)가 되는 것이다.

요셉은 그의 삶에 하나님이 동행하심으로 십자가 수난의 삶을 살았다. 하나님과 동행하는 성도의 삶에도 역시 요셉의 삶, 예수 그리스도가 지셨던 십자가의 삶, 여러 가지 모양의 흉년의 모습이 나타나는 것은 당연한 일이다. 사업이 망하고 가난해지는 흉년, 약해지고 병이 드는 흉년, 출세하고 성공해도 공허한 흉년 등 다양한 흉년이 성도를 엄습할 것이다.

그러나 세상이 호황을 겪거나 불황을 겪거나 요셉의 삶이 결국 영광으로 끝이 나듯이, 어떤 상황 속에서도 성도의 인생은 풍년으로 결론될 것이다. 그래서 요셉의 아들들 이름이 므낫세와 에브라임이다. 므낫세는 '잊게 하다, 없애주다'는 뜻이며, 에브라임은 '풍성하게 열매 맺음'이란 의미다. 므낫세와 에브라임은 십자가에서 한 알의 밀알로 죽으심으로 풍성하게 열매 맺는 예수 그리스도의 구원을 내용으로 담고 있다.

그런 이유로 예수님의 아버지도 요셉이고, 예수님을 장사하는 자도 요셉이다. 요셉은 아브라함, 이삭, 야곱, 요셉으로 이어지는 4족장의 마지막 네 번째, '사랑'으로 완성된 존재이며, 완성된 교회를 상징한다(25. 십계명 2 참고). 그래서 아브라함, 이삭, 야곱에게는 나타나시던 하나님이 더 이상 보이지 않는 것이다. 요셉의 안에 내주하며 동행하시기 때문이다.

성도는 아들(예수)을 낳고, 그 아들이 죽고 (그리스도로) 부활함으로써 구원받는 존재다. 성경에 사르밧 과부의 아들, 예수님이 살리신 과부의 아들, 백부장의 아들 등 아들이 죽고 되살아나는 이야기가 많이 나오는 것이 이 때문이다. 백부장의 아들은 우리 성경에서 하인으로 번역됐는데, 헬라어 '파

이스'(παῖς)는 '어린 아이, 아들'의 뜻도 있다. 어린 시절의 예수님에 대해서도 사용된 단어다. 백부장 이야기에서 '파이스'는 성경 전체의 맥락상 아들로 보는 것이 좋다. 아들이 죽고 부활함으로써 신랑 없는 과부인 우리, 천국의 외인인 우리가 구원받는 것이다.

성도는 다른 무엇이 아니라 하나님의 말씀이라는 양식만으로 기뻐하는 자다. 하나님은 그 말씀의 양식으로 성도를 영원히 섬겨주실 것이다. 영원한 풍년과 호황의 나라, 다시 사망이 없고, 애통이나 아픔이 다시 있지 않을 그 나라가 성도의 본향이다. 믿음으로만 보이는 그 나라를 참으로 바라보며 즐거워하는 자가 천국 백성이다.

12

불타는 떨기나무

출애굽기 3:1~5

모세가 그의 장인 미디안 제사장 이드로의 양 떼를 치더니 그 떼를 광야 서쪽으로 인도하여 하나님의 산 호렙에 이르매 여호와의 사자가 떨기나무 가운데로부터 나오는 불꽃 안에서 그에게 나타나시니라 그가 보니 떨기나무에 불이 붙었으나 그 떨기나무가 사라지지 아니하는지라 이에 모세가 이르되 내가 돌이켜 가서 이 큰 광경을 보리라 떨기나무가 어찌하여 타지 아니하는고 하니 그 때에 여호와께서 그가 보려고 돌이켜 오는 것을 보신지라 하나님이 떨기나무 가운데서 그를 불러 이르시되 모세야 모세야 하시매 그가 이르되 내가 여기 있나이다 하나님이 이르시되 이리로 가까이 오지 말라 네가 선 곳은 거룩한 땅이니 네 발에서 신을 벗으라

여호와의 사자

모세가 양을 치러 호렙산에 갔다가 떨기나무가 불에 타는 광경을 보았다. 성경에서 호렙산과 시내산은 동일시된다. 몇몇 구절에서 호렙이 더 넓은 지역을 가리키는 명칭으로 보이지만 둘의 구분은 큰 의미가 없다. 엘리야는 갈멜산에서 바알 사제들을 물리친 후 이세벨을 두려워해 호렙 산으로 피신했고, 사도 바울도 다메섹 도상에서 예수님을 만나 회심한 후 이 산을 찾은 바 있다.

일찍이 모세는 갈대상자에 실려 떠내려가다가 애굽 공주에 의해 건짐을 받았다. 모세를 담았던 갈대상자는 노아의 방주와 동일하게 히브리어로 테바(תֵּבָה)다. '저주의 물에서 건짐 받은 자' 모세는 모든 성도의 실존이다. 모세는 애굽 궁정에서 공주의 양자로 살면서 애굽의 학술을 다 배웠고 말과 행사에 능했다. 그러나 모세는 애굽에서 살인을 저지르고 미디안 땅으로 도피해 40년째 목축을 하면서 살고 있었다. 목축은 애굽인들이 가증하게 여기는 일이었지만 애굽의 궁정에서 자란 모세가 그 일을 업으로 삼고 있었다.

모세가 놀란 것은 떨기나무에 불이 붙었지만 그 떨기나무가 소멸되지 않았기 때문이었다. 그래서 떨기나무가 어찌하여 타지 않는지 의아해하며 다가갔다가 불꽃 속에 현현한 여호와의 사자를 보았다. 성경 기자는 그를 여호와의 사자(말라크 야웨 מַלְאַךְ יְהוָה)라고도 하고, 여호와(야웨 יְהוָה)라고도 하고, 하나님(엘로힘 אֱלֹהִים)이라고도 불렀다. 성경 기자가 다름 아닌 모세 자신이라는 점에서 이러한 호칭의 혼돈은 의미심장하다.

그렇다면 여호와라고도 하고, 하나님이라고도 하는 여호와의 사자는 누구를 말하는가?

사사기에도 이처럼 여호와의 사자에 대한 호칭이 뒤섞이는 장면이 있다. 기드온과 삼손의 부모에게 나타난 여호와의 사자 역시 여호와, 하나님의 사자, 여호와의 사자 등 여러 호칭으로 불리고 있다.

'하나님의 사자로 오신 하나님'은 바로 성자 하나님인 예수 그리스도시다. 예수님은 2000년 전에 한번 왔다 가신 것이 아니라 역사 내내 우리와 함께 하고 계시다. 예수 그리스도의 십자가 또한 2000년 전에 한번 골고다에 선 것이 아니라 창세 이래, 역사 내내 서 있는 것이다. 따라서 모든 성도는 십자가에 의해 구원을 받고 있다. 예수님 이전에는 십자가가 아닌 다른 무엇에 의해 구원받은 것이 아니라 모든 성도가 동일하게 십자가에 의해서 구원받고 있는 것이다.

예수 그리스도의 대속

떨기나무에 불이 붙고 있었지만 그 떨기나무는 타지 않았다. 성경에서 불은 심판의 상징이다. 히브리서 기자는 '하나님은 소멸하는 불'[1]이라고 했다. 정결한 눈을 가지신 하나님은 패역을 참아 보지 못하시며 악을 보면 돌격하여 소멸시키는 분이다. 거룩하신 그분은 그분의 본질에 거스르는 것들은 모두 태워버리신다.

그런데도 이토록 우리를 오래 참으시는 이유가 무엇인가?

그건 하나님의 거룩하신 이, 그리스도 예수께서 우리를 위하여 하나님의 진노를 대신 받으셨기 때문이다. 불타는 떨기나무에 나타난 여호와의 사자는 하나님의 진노를 대신 받는 예수 그리스도의 모습이다. 모세는 죽기 직전의 고별 설교에서 '가시떨기 나무 가운데 거하시던 자의 은혜'[2]를 언급했다. 모세는 호렙산에서 만난 여호와의 사자의 계시와 은혜를 평생 잊지 않고 있었던 것이다. 가시떨기나무는 창세기 3장의 저주를 생각나게 한다.

> 네가 네 아내의 말을 듣고 내가 너더러 먹지 말라한 나무 실과를 먹었
> 은즉 땅은 너로 인하여 저주를 받고 너는 종신토록 수고하여야 그 소산

---

1 우리 하나님은 소멸하는 불이심이니라(히 12:29).
2 땅의 보물과 거기 충만한 것과 가시떨기 나무 가운데 거하시던 자의 은혜로 인하여 복이 요셉의 머리에, 그 형제 중 구별한 자의 정수리에 임할찌로다(신 33:16).

을 먹으리라 땅이 네게 가시덤불과 엉겅퀴를 낼 것이라(창 3:17-18).

하나님의 저주를 상징하는 가시덤불 속, 그 저주의 자리에 우리를 구원하시는 복된 대속물, 예수 그리스도께서 들어오신 형국이다. 의인은 없나니 하나도 없고, 죄의 삯은 사망이므로 모든 인간이 하나님의 진노의 불에 소멸되어야 하지만 예수 그리스도가 우리 대신 그 불심판을 감당하셨으므로 우리가 건짐을 받는 것이다. 우리는 우리의 업적과 공로 덕분이 아니라 오직 그 대속의 은혜로 산다.

가시덤불에 나타나신 예수 그리스도는 하나님의 거룩한 진노의 불꽃, 맹렬한 화염에 삼켜지고 있었다. 그러나 그분은 우리가 받아야 할 저주의 자리에서 홀로 수난 받으면서도 우리의 구원을 말씀하고 계셨다.

> 여호와께서 이르시되 내가 애굽에 있는 내 백성의 고통을 분명히 보고 그들이 그들의 감독자로 말미암아 부르짖음을 듣고 그 근심을 알고 내가 내려가서 그들을 애굽인의 손에서 건져내고 그들을 그 땅에서 인도하여 아름답고 광대한 땅, 젖과 꿀이 흐르는 땅 곧 가나안 족속, 헷 족속, 아모리 족속, 브리스 족속, 히위 족속, 여부스 족속의 지방에 데려가려 하노라(출 3:7-8).

'내가 내려가서'란 말씀은 이스라엘의 출애굽만이 아니라 예수 그리스도의 성육신과 성령의 강림까지 담은 언약의 말씀이었다.

가시나무의 기름부음

가시떨기나무는 예수 그리스도에게 속한 이스라엘 민족을 가리키기도 한다. 예수 그리스도가 모세에게 나타나신 때는 히브리 사람들이 '애굽의 쇠

풀무불³ 속에서 고생하던 때였다. 요셉을 알지 못하는 새 왕이 일어나 애굽을 다스리게 되자 이스라엘 족속은 큰 시련을 겪게 됐다. 새 왕은 이스라엘 자손의 숫자가 많고 강한 것을 염려했고, 전쟁이 일어날 때 그들이 대적과 연합할 것을 두려워했다. 이에 이스라엘 족속은 국고성 비돔과 라암셋 건축의 고된 노역에 동원됐다.

> 사랑하는 자들아 너희를 시련하려고 오는 불시험을 이상한 일 당하는 것 같이 이상히 여기지 말고(벧전 4:12).

뜨거운 불시험이 400년 동안 그들을 태우고 있었지만 그들은 소멸되지 않았다. 핍박의 불이 뜨겁게 타올랐지만 그들은 보존됐다. 그리스도께서 스스로 불타는 떨기나무에 계신 것같이 이스라엘과 함께 계셨기 때문이다. 바벨론의 불가마 속에서 세 히브리인과 함께 계셨던 것처럼 예수 그리스도께서 친히 그들과 함께 고난을 겪어 주시면서 불시험의 모든 기간 동안 이스라엘을 보존해 주셨다.

가시떨기나무, 곧 가시나무는 아무 쓸모도 없고 저주받은 우리를 가리키는 소품이기도 하다. 가시나무는 땔감으로도 겨우 쓸까 말까 할 정도로 이용 가치가 없다. 무익한 종이며, 죽은 흙, 마른 뼈 같은 존재다. 그런데 그 가시나무, 곧 조각목에 금이 둘러싸이면서 지성소에 들어가는 법궤가 되고 각종 기명이 된다. 보잘 것 없고 쓸모없는 조각목이 금으로 인해 함께 금화(金化)되는 것이다.

성경에서 금과 기름은 같은 의미이다. 왕이나 선지자에게 '기름 붓는다'고 한다. '기름 부음'은 성령세례를 의미한다. 금과 기름은 공히 성령을 상징하는 소품이다. 가시나무를 금으로 싼다는 것은 성령과 말씀으로 우리를 덮어

---

3 여호와께서 너희를 택하시고 너희를 쇠 풀무불 곧 애굽에서 인도하여 내사 자기 기업의 백성을 삼으신 것이 오늘과 같아도(신 4:20).

서 살려내는 것, 곧 구원을 설명하는 일이다. 쓸모없는 가시나무인 우리에게 예수 그리스도의 영이 부어지면, 보잘 것 없는 질그릇에 보물이 담기면, 우리는 비록 무가치하지만 존귀하신 그분으로 인해 우리 또한 그리스도화 되어 하나님의 자녀가 되고, 하늘의 백성이 되는 것이다.

국고성 비돔과 라암셋에서부터

이스라엘 백성들이 건축한 국고성 비돔과 라암셋은 나일강 하류 삼각주 지역에 소재하며, 요셉의 식구들이 정착한 고센 땅이 바로 이곳이다. 라암셋은 출애굽 여정의 출발점이기도 하다. 국고성이란 유사시에 대비해 국가의 식량과 무기를 비축해두는 성읍을 말한다. 비돔(피톰 פִּתֹם)은 애굽어 '페르 아톰'에서 유래했으며, '정의의 도시'라는 뜻이다. 라암셋(라아메세스 רַעְמְסֵס)은 '라(태양신)가 창조했다'는 의미다.

인간들은 이 땅에서 세상 왕의 지배를 받으며 썩어질 양식을 쌓기 위해 매진한다. 그러면서 이 땅의 평화와 정의를 외치며 인간다운 삶, 더 살기 좋은 사회의 건설을 지향한다. 그러나 그들은 그러한 일이 종과 노예의 상태임을 알지 못한다. 이스라엘의 애굽 노예생활은 그걸 가르쳐 주는 일이다. 참된 평화는 인간 사이의 화해가 아니라 하나님과의 합일로만 이루어진다. 하나님과의 합일은 피조물의 자각, 곧 자기부인의 죽음과 전적인 순종에 의한 복속을 뜻한다. 이것이 그리스도와의 연합(Union Christ)의 내용이다. 나는 죽고 그리스도만 사는 것이다.

창조주에의 함몰이 피조물의 지복임을 깨닫는 일은 지극히 어렵다. 선악과를 먹고 스스로 하나님처럼 된 자들에게 있어 주체성의 상실은 죽음보다 더한 고통이기 때문이다. 하나님 아버지의 선하심을 아는 자, 그분이 나를 어떻게 취급해도 상관없다는 걸 믿는 자, 사랑하는 그분과 함께라면 비가 새는 판자집도 천국이 되는 자만이 그 죽음을 기뻐할 수 있다.

많은 신학자, 철학자, 뜻있는 자들이 세상의 평화와 정의로운 사회 건설을 외친다. 하버드대학교 교수이자 정치철학자인 마이클 센델의 『정의란 무엇인가』가 대단한 베스트셀러가 되기도 했다. 그러나 센델 교수가 결론처럼 주장, 또는 희망하는 공동체주의와 부의 재분배는 지상에서 이미 충분한 실험과 실패를 경험했다.

인류 역사 내내 수많은 체제와 사상과 이론들이 명멸하며 실험됐다. 그러나 최선과 최적의 방안은 등장한 바도, 기대할 수도 없다. 이 땅에서 인간들 간의 평화와 정의는 절대적으로 불가능하다. 왜냐하면 그들의 근본이 탐심이기 때문이다. 상호이해의 만족에 따른 잠시의 동맹과 휴전은 가능하겠지만, 어느 한쪽의 이익이 침해되거나 힘의 불균형이 감지되면 열전이건 냉전이건 즉시 전쟁에 돌입할 뿐이다. 이는 개인이나 국가가 다를 바 없다.

평화와 정의에 대한 노력을 포기하라는 말이 아니다. 진정한 평화와 정의가 무엇인지 바르게 알아 그분과의 화평을 이루고, 그분의 의를 깨달아 그 의를 부여받는 것이 먼저라는 것이다. 창조주께서 세상과 인간을 지은 뜻을 올바로 아는 것이 최우선이며 최상의 가치다.

창조주가 주시는 영원의 기업, 영원의 생명을 알지 못한 채 그분이 배제된 유한한 이 세상의 낙원건설이 무슨 의미가 있겠는가?

하나님을 제대로 알지 못하는 자들이 섬기는 우상의 정체는 오해된 하나님이다. 참빛을 보지 못하므로 그 빛의 모형인 태양을 붙잡는 것이다. 그리스도를 보지 못하므로 표적으로 오신 예수만 붙잡는 것이다. 하나님의 말씀을 담고 오신 예수님의 진의를 알지 못하므로 그분이 행하신 표적만 붙잡는 것이다. 그분 앞에 엎드리면 병을 고쳐주고 먹을 것을 주고 구원도 준다는 막연한 기대를 믿음으로 착각하고 있다. 나타난 표적을 통해 실체, 진리를 깨닫지 못한 채 여전히 표적만 찾는 것이 악이고 음란이다.

> 예수께서 대답하여 이르시되 악하고 음란한 세대가 표적을 구하나 선지자 요나의 표적 밖에는 보일 표적이 없느니라(마 12:39).

두 마음의 탐심으로 선악을 판단하는 것이 악이며, 하나님을 오해하는 것이 유일하고 참된 신랑인 하나님과 하나 되지 못한 간음이며 음란이다. 요나의 표적은 물고기 뱃속, 곧 스올에서 3일 밤낮 죽었다가 부활하는 표적이다. 실체는 예수님의 십자가 죽음과 그리스도로의 부활, 위로부터 거듭남이다.

오해된 하나님, 곧 우상의 정체는 바로 인간 자신이다. 가짜 하나님인 자신의 희망사항을 섬김의 대상에 투영시켜 자기의 의와 높아짐과 성취를 이루고자 하는 시도가 우상숭배며, 모든 종교다. "나는 종교가 없는 무신론자다"라고 해 봐야 소용없다. 무교는 특별히 지정한 대상 없이 자기 자신을 직접 믿는 상태다.

하나님을 떠난 인간들이 이 세상에서 자기 가치를 높이고 높여 스스로 구원에 이르려는 시도의 알기 쉬운 그림이 바벨탑 쌓기다. 바벨탑 건축의 실패에 하나님이 개입하신 것은 "인간의 행위와 노력에 의한 자력구원은 절대로 안 된다"는 선언이며 가르침이다. 성도의 출애굽은 오해된 진리인 국고성 비돔과 라암셋에서 탈출해 약속의 땅까지 가는 과정이며, 자기 숭배와 자기 사랑에서 빠져나와 하나님 사랑의 신부로 지어지는 과정이다.

가시떨기 가운데 거하시던 자의 은혜

구원을 위해 인간 쪽에서 내어놓을 수 있는 것은 아무것도 없다. '내가 가치 있는 존재여서, 그럴 만한 자격이 있어서 하나님이 구원하셨다'는 식의 생각은 착각이다.

'그리스도가 은혜로 덮어주셔서 하나님이 내가 아닌 그리스도만 보고 하늘의 존재로 인정해 주셨다'.

'그 은혜로 지옥의 땔감도 못되는 내가 지극히 거룩한 지성소에 들어가는 법궤가 됐다'.

가시나무의 금화는 이러한 깨달음을 요구한다.

"내가 왜 가시나무냐? 나는 백향목이고 금강송이다!"

이렇게 주장하는 자들은 지성소로 들어가는 법궤가 될 수가 없다.

왜? 하나님이 그렇게 정하셨으니까.

백향목, 금강송이 아니라 조각목, 가시나무로 만들라고 정하셨으니까. 외모를 보지 않고 마음을 보기로 하셨으니까. 하나님은 마음이 멋들어지게 높아진 의인이 아니라 자기부인의 죽음으로 보잘 것 없이 낮아진 죄인을 찾으신다.

예수 그리스도의 은혜와 가입(加入)이 없으면 우리는 다만 죽은 흙일 뿐이다. 그러나 우리 안에 예수 그리스도라는 보물이 담길 때 그로 말미암아 더불어 가치 있는 존재가 되고, 그로 말미암아 덩달아 하나님의 자녀가 되고 천국 백성이 되는 것, 이것이 구원이다. 이는 전적으로 불타는 가시떨기나무 가운데 거하시던 자의 은혜다.

13

유월절 어린 양 1

출애굽기 12:12~13
내가 그 밤에 애굽 땅에 두루 다니며 사람과 짐승을 무론하고 애굽 나라 가운데 처음 난 것을 다 치고 애굽의 모든 신에게 벌을 내리리라 나는 여호와로라 내가 애굽 땅을 칠 때에 그 피가 너희의 거하는 집에 있어서 너희를 위하여 표적이 될찌라 내가 피를 볼 때에 너희를 넘어가리니 재앙이 너희에게 내려 멸하지 아니하리라

강퍅한 바로

모세는 이스라엘 백성을 구원하기 위해 애굽의 바로에게 보내졌다. 그러나 아홉 번의 재앙이 애굽에 내려졌지만 바로는 여전히 이스라엘 백성을 보내주지 않고 있었다. 이때까지의 재앙으로 인해 애굽은 완전히 초토화가 됐다. 바로의 신하들은 애굽이 망했다며 속히 이스라엘 백성을 내보낼 것을 바로에게 간청했다. 그러나 바로는 여전히 강퍅하여 신하들의 말을 듣지 않았다.

바로는 1차적으로 하나님 백성을 붙잡고 세상의 종노릇 시키는 공중권세 잡은 자들, 사단과 마귀의 세력을 가리킨다. 그들은 하나님 백성의 출애굽을 달가워하지 않는다. 그래서 열 번의 재앙, 완전한 심판을 받고서야 이스라엘 백성을 놓아주는 것이다.

바로는 2차적으로, 사실은 더욱 실제적으로, 하나님을 떠나 스스로 왕이 되어 선악 판단의 주체가 된 나, 끝까지 내 유익, 내 배(腹)만 생각하면서 우상을 섬기는 나, 주체성과 독립성을 주장하면서 자존심과 명예를 챙기는 나, 그리하여 하나님의 심판을 받고 멸망할 나를 가리킨다.

나의 강퍅함이 바로보다 덜한가?

더하면 더했지 덜하지 않을 것이다. 끝까지 나의 왕 됨, 나의 하나님 됨을 포기하지 못한 채 열심히 나만 사랑하면서 하나님을 대적하고 있는 나를 돌아보라. 애굽이 완전히 망한 것처럼 완전히 털리고, 완전한 자기부인의 상태로 굴러 떨어지고, 하나님께 멸망하고 항복해야 할 죄인 중의 괴수가 바로 나다. 출애굽은 바로 '나로부터의 탈출'이다.

> 성경이 바로에게 이르시되 내가 이 일을 위하여 너를 세웠으니 곧 너로 말미암아 내 능력을 보이고 내 이름이 온 땅에 전파되게 하려 함이로라 하셨으니 그런즉 하나님께서 하고자 하시는 자를 긍휼히 여기시고 하고자 하시는 자를 강퍅케 하시느니라(롬 9:17~18).

사도 바울은 예수 그리스도를 부인하는 자들은 하나님께서 이미 그렇게 되도록 정해 놓으셨다고 말한다. 바로가 완고한 것은 하나님의 은혜를 입지 못해 눈과 귀가 막혀 있기 때문이다. 아무리 복음을 설명해도 못 알아듣는 자들이 있다. 구원의 여부와 그 때는 하나님의 뜻 가운데 있기 때문이다. 그러므로 전도를 해 보겠다고 지나친 열심을 부리는 것도 곤란하다.

예수님은 제자들을 전도여행 보내시면서 몇 번 복음을 전해서 듣지 않으면 발에 먼지를 털어버리라고 하셨다. '먼지로 털어버리라'는 뜻이다. 흙으로 지어진 존재에 물(말씀)이 보태지지 않으면 그는 다만 먼지일 뿐이다. 하나님이 눈과 귀를 열어준 자만 말씀을 알아듣고 돌아오는 것이다.

따라서 예배당 안의 머릿수를 늘리는 것보다 하나님 말씀을 바르게 전하는 일이 더 중요하다. 전도는 사람 끌어다 앉히는 게 아니라 십자가의 도를 전하는 것이다. 참된 전도는 하나님이 하신다.

애굽 신들의 죽음

애굽의 재앙들은 애굽의 신과 관련된 재앙이었다.

피 재앙은 나일강의 신 하피와 크눔, 개구리 재앙은 개구리 형상의 생명과 다산의 여신 헤케트, 이 재앙은 땅과 사막의 신 세트, 파리 재앙은 파리의 신 우아티트와 질병을 치료하는 신 케페라, 생축 재앙은 수소의 신 아피스와 암소의 신 하토르, 독종 재앙은 대지의 신 타이폰, 의술의 신 임호텝과 질병의 신 세크멧, 우박 재앙은 대기의 신 슈, 하늘의 여신 누트와 생산의 신 오시리스, 메뚜기 재앙은 곡식의 수호신 세라피스와 곡물의 신 세트, 흑암 재앙은 태양신 라, 대기와 불의 신 호루스 등을 각각 무력화 시켰다. 마지막 열 번째 초태생의 재앙은 생명의 신 프타아, 재생의 신 민, 출산 시에 여인을 돌보는 신 헤케트, 어린이 수호신 이시스, 다산의 신 오시리스를 싸잡아 조롱할 참이었다.

이러한 재앙의 대부분은 자연현상 속에서 실제로 가끔씩 일어났던 현상들이었다. 물이 피로 변한 재앙은 애굽의 술사들도 흉내낸 바 있고, 파리 재앙은 바벨론의 아트라-하시스 서사시에 언급되어 있다. 메뚜기 재앙은 요엘서에도 나와 있고, 아프리카, 유럽 등에 가끔씩 메뚜기 떼가 출몰했다. 우리나라도 2014년에 수십억 마리의 황충(蝗蟲)이 덮친 바 있다.

흑암의 재앙은 손으로 더듬어서 움직여야 할 만큼 캄캄했으므로 '더듬을 만한 재앙'이라 묘사했다. 지금도 중동의 사막지대에서는 봄과 여름의 환절기에 캄신이라는 모래폭풍이 불어 마을을 집어삼키기도 한다. 하나님은 이 땅의 자연현상들을 통해 인간이 만들고 숭배하는 우상이 실제는 무력하고 무의미하며, 오직 하나님만이 참 신이란 걸 보여주셨다.

애굽은 세상을 뜻하며, 세상은 하나님의 뜻을 온전히 깨닫지 못한 곳, 하나님 나라의 반대편을 가리킨다. 첫 번째 재앙, 물이 피가 된 사건은 이를 한 마디로 요약한 일이다. 피는 물이 되어야지 물이 피가 되면 안 된다. 어린 양의 피, 희생의 피(율법)는 생명의 물(진리와 성령)로 나아가야 한다. 진리가 율법으로 곡해되는 세상에는 하나님의 열 재앙, 완전한 재앙이 저주의 심판으로 내려지는 것이다. 반대로 애굽을 떠나온 자들에게는 십계명, 열의 말씀, 곧 하나님의 온전한 말씀이 구원의 약속으로 주어진다. 그래서 나머지 재앙들의 내용이 양식의 파괴, 즉 말씀의 기근으로 나타나고, 그 결과 아들이 죽는 것이다. 아들이 죽고 부활해야 구원이다. 장자가 죽는 애굽, 곧 세상에서는 장자의 총회가 구성되지 못한다.

열왕기상 17장의 엘리야와 사르밧 과부의 이야기가 이러한 구원의 내용을 반복해서 보여 준다. 고대의 과부는 경제활동이 어려워 생존의 위협을 받는 계층이었다. 성경에서 과부는 이러한 현실을 반영하여 그리스도라는 신랑이 없어 죽을 수밖에 없는 자, 심령이 가난한 자, 곧 성령에 갈급한 성도를 비유한다. 율법주의 이스라엘이 말씀의 기근에 처한 애굽으로 드러났을 때, 가난한 이방의 과부에게 엘리야가 찾아와 마지막 양식마저 털어내게 한다. 과부가 '이제 죽은 목숨'임을 고백하자, 즉 '무트 타무트'의 죽음, 자기부인의 죽음을 죽자 하나님의 사자이자 예수 그리스도의 모형인 엘리야가 양식과 기름, 곧 말씀과 성령을 한량없이 부어준다. 그리고 과부의 아들이 죽었다가 부활한다. 이것이 구원이다.

장자의 죽음과 유월절

하나님은 이제 마지막 열 번째 '초태생(장자)의 죽음' 재앙을 내리시려 한다. 그런데 하나님은 그 재앙 직전에 달력을 바꾸게 하셨다. 유월절이 든 달을 '달의 시작, 곧 해의 첫 달'로 삼으라고 하셨다. 히브리력의 정월은 양력 3월과 4월 사이였는데, 유월절이 들어있는 달을 정월로 삼게 하신 것이다. 성도의 인생은 출애굽으로부터 새롭게 시작된다는 걸 가르쳐 주시는 일이다.

온 애굽이 '장자의 죽음' 재앙을 받을 때 이스라엘 백성들만 이 재앙에서 벗어났다. 그 이유는 하나님이 가르쳐 주신 구원의 비책 덕분이었다. 그 비책이란 어린 양을 죽여 그 피를 문의 인방과 설주에 바르는 것이었다. 그 피를 우슬초에 묻혀 인방과 설주에 바른 집은 '멸하는 자'가 양의 피를 보고 그냥 넘어감으로써 해를 입지 않았다. 이것이 유월(逾越 넘어감)이며, 이를 기념하는 절기가 유월절(逾越節)이었다.

이때 이스라엘 백성들은 흠 없고 1년 된 숫양을 취했다. 세례 요한이 예수님을 가리켜 '세상 죄를 지고 가는 하나님의 어린 양'이라고 했듯이, 흠 없는 어린 양은 무죄한 주님을 가리킨다.

하나님은 유월절 양을 잡아서 그 피로 문의 좌우 설주와 인방에 바르라고 하셨다. 문에 바른 피는 예수님이 십자가에서 흘릴 피를 예표한다. 인방에 뿌린 피는 가시 면류관으로 인해 머리에 흐를 피, 좌우 설주에 뿌린 피는 못에 박힌 양손에서 흐를 피를 각각 가리킨다. 그렇다면 이런 의문이 들 수도 있다.

'예수님의 발도 못이 박혀 피가 흘렀을 텐데 문지방에는 뿌리지 않는가?'

그러나 문지방에는 피를 뿌릴 필요가 없었다. 왜냐하면 거기에는 이미 피가 흘러 있었기 때문이다. 출애굽기 12장을 보면 하나님은 우슬초로 '그릇에 담은 피'를 적셔 문에 바르라고 명하신다.[1] '그릇'의 히브리어 사프(ףס)는 '문, 문지방'이란 뜻도 함께 있다. 그렇게 본다면, 유월절 양을 죽인 곳이 바로 문지방이고, 거기에는 이미 피가 흥건하게 고여 있었을 것이다.

그리고 사프에는 '잔'이란 의미도 있다. 어린 양의 피가 담긴 잔의 의미는 예수님의 마지막 만찬의 '언약의 피를 담은 잔', 겟세마네 기도의 '지나가길 원하시는 잔'까지 이어진다.

유월절 어린 양의 죽음

하나님은 유월절 양을 10일에 취했다가 14일에 죽이라고 하셨다. 이 4일의 기간은 예수님의 공생애의 예표다. 예수님은 서른 살에 공생애를 시작해서 3년 반 동안 사역하셨다. 하나님의 묵시 속에서 하루는 1년으로 계산한다. 예수님의 광야 40일이 이스라엘 민족의 광야 40년을 모형하는 것과 같은 이치다.

또한 그 4일의 기간은 예수님의 최후의 4일을 모형하기도 한다. 예수님이 나귀를 타고 예루살렘에 들어가신 것은 정월(니산월) 11일이었다. 12일에 예수님은 제자들을 가르치셨고, 13일에는 최후의 만찬과 다락방 강화를 하셨다. 그리고 14일 유월절에 십자가에 달리셨다.

그러면 예수님은 예루살렘 입성 직전, 정월 10일에 무얼 하셨을까?

그날에는 베다니에서 마리아가 향유 옥합을 깨어 예수님께 붓는 사건이

---

1 너희는 우슬초 묶음을 취하여 그릇에 담은 피에 적시어서 그 피를 문 인방과 좌우 설주에 뿌리고 아침까지 한 사람도 자기 집 문 밖에 나가지 말라(출 12:22).

있었다. 이는 죽기 위해 이 땅에 오신 어린 양이 장례를 위해 기름부음을 받는 일이었다. 이미 유월절 어린 양은 하나님에 의해 취해져 죽을 준비를 하고 있었던 것이다.

성경은 이처럼 한 치의 오차도 없다. 성령의 감동으로 쓰여졌고, 성령께서 편집하셨음이 참이다. 그리고 처음부터 끝까지 예수 그리스도에 대한 이야기만 하고 있다. 오직 구원의 말씀, 구원의 복음만 기록하고 있다. 성경에서 '어떻게 하면 이 세상을 잘 살 수 있는가?'에 대한 방법이나 매뉴얼을 찾는다면 헛된 일이다. 그건 구원과 영생이 무엇인지, 천국 백성이 되고 하나님의 자녀가 되는 것이 어떤 의미인지 모르는 자들이 하는 일이다.

성경의 모든 말씀은 예수 그리스도로 결론이 나야한다. 예수 그리스도로 결론이 나지 않는 설교는 설교가 아니다. 그저 문화센터의 강좌일 뿐이다. 마치 공식처럼 많은 설교들이 '적용'으로 마무리된다. '적용'은 하나님의 말씀, 생명의 양식을 인생을 위한 떡으로 삼는 일이며, "돌로 떡을 만들어 먹으라"는 사단의 미혹에 넘어간 일이다. 기독교는 인생살이를 위하는 '종교'가 아니다. 기독교는 하나님의 뜻을 깨달아 '무트 타무트'의 죽음을 죽고 새로운 피조물로, 예수 그리스도와 연합한 신적 존재로 거듭나는 '생명' 자체다.

14

유월절 어린 양 2

출애굽기 12:20~23

너희는 아무 유교물이든지 먹지 말고 너희 모든 유하는 곳에서 무교병을 먹을찌니라

모세가 이스라엘 모든 장로를 불러서 그들에게 이르되 너희는 나가서 너희 가족대로 어린 양을 택하여 유월절 양으로 잡고

너희는 우슬초 묶음을 취하여 그릇에 담은 피에 적시어서 그 피를 문 인방과 좌우 설주에 뿌리고 아침까지 한 사람도 자기 집 문밖에 나가지 말라

여호와께서 애굽 사람을 치러 두루 다니실 때에 문 인방과 좌우 설주의 피를 보시면 그 문을 넘으시고 멸하는 자로 너희 집에 들어가서 너희를 치지 못하게 하실 것임이니라

우슬초

모세는 유월절 양을 잡고 우슬초 묶음으로 피를 적셔서 그 피를 문 인방과 좌우 문설주에 뿌리라는 하나님의 명령을 이스라엘 장로들에게 전했다. 우슬초는 향내가 나는 식물로 떨기나무의 일종이다.

> 우슬초로 나를 정결케 하소서 내가 정하리이다 나의 죄를 씻어 주소서 내가 눈보다 희리이다(시 51:7).

다윗은 우슬초로 자신을 정결케 해달라고 기도했다. 우슬초는 출애굽 이후에도 부정한 것을 정결케 하는데 사용됐다. 제사장들은 희생제물의 피를 우슬초로 자기 에봇에 발랐다. 제사장의 옷은 피투성이였다. 제단은 '너는 그 피로 산다'는 걸 가르쳐 주는 생생한 교육의 현장이었다. 우슬초로 생명과 희생을 상징하는 피를 적셔 택하신 백성을 살리시는 게 구원이다. 다윗은 바로 그 희생제사의 우슬초와 우슬초에 묻혀지는 피를 말한 것이고, '우슬초로 나를 정결케 하소서'란 청원은 예수님의 피로 자기를 깨끗하게 해 달라는 말이었다.

출애굽의 우슬초는 당연하게도 '유월절 어린 양 도살 사건'의 원형인 '예수님의 십자가 사건'까지 이어지고 있다. 예수님이 "내가 목마르다" 하실 때, 신포도주를 머금은 해융을 우슬초에 매어 예수님의 입에 갖다 댔다. 예수님은 그 직후에 "다 이루었다!" 하시고 돌아가셨다. 이처럼 출애굽 때 희생된 어린 양과 십가가상의 예수님은 우슬초에 의해 그 의미가 이어져 있다.

유월의 피

마지막 재앙, 장자가 죽임을 당하는 재앙이 온 애굽을 덮쳤다. 이스라엘을 제외한 애굽의 모든 사람과 짐승의 장자와 초태생이 죽임을 당했다. 장자는 그 집안의 대표이므로 온 애굽의 장자가 죽었다는 것은 애굽의 모든 존재가 죽었다는 의미였다. 또한 애굽은 세상을 뜻하므로 온 세상의 멸망을 상징하기도 한다.

이때 양의 피를 바른 이스라엘 백성의 집은 하나님이 그냥 넘어가셨다. 그곳에 이미 죽음이 있었기 때문이다. 죄 없는 어떤 존재가 죄인을 대신해서 이미 죽은 것이다.

"내가 그 피를 볼 때에 너희를 넘어가리라."

하나님은 '그 피'만 보셨다. 집을 보지 않으셨고, 그 안에 들어있는 자들도 보지 않으셨다. 오직 예수의 피만 보셨다. 집의 크기와 아름다움은 중요하지 않았다. 아무리 작고 초라해도 그 피만 있으면 됐다. 집 안에 있는 자의 선행이나 업적과 공로는 전혀 고려의 대상이 아니었다. 오직 피였다. 죄 사함을 얻게 하려고 많은 사람을 위하여 흘린 그의 피, 곧 언약의 피가 모든 것을 덮어주었다.

> 그러면 이제 우리가 그의 피로 말미암아 의롭다 하심을 받았으니 더욱 그로 말미암아 진노하심에서 구원을 받을 것이니(롬 5:9).

하나님의 진노가 유월하는 이유는 오직 피다. 우리의 잘난 구석, 기특한 행실을 보시는 게 아니다. 그러므로 우리의 구원은 전적인 은혜이며, 하나님이 홀로 언약하시고 홀로 이루시는 일이다. 거기에 뭔가 보탤 것은 없다. 우리가 하나님의 일에 보탬이 될 수 있다는 생각은 착각이며 교만이다.

"우리가 어떻게 하여야 하나님의 일을 하겠습니까?"

어떤 이들이 묻자 예수께서 이렇게 답하셨다.

"하나님의 보내신 자를 믿는 것이 하나님의 일이다."

우리가 할 수 있는 유일한 하나님의 일은 '예수 믿는 일'이다. 그건 더 이상 나를 믿지 않겠다는 자기부인의 고백이다. 선악과를 먹고 스스로 하나님처럼 된 인간이 자신의 가치관과 주체성을 모두 버리고 하나님의 은혜와 긍휼만을 기대하는 것이 '예수 믿는 일'이다. 믿음은 전적인 의존이며 의지이기 때문이다. 유월(Pass over)은 오직 어린 양, 예수 그리스도의 피만이 우리가 사는 유일한 길이라는 걸 알게 해주는 일이며, 그걸 깨닫는 것이 자기부인이며 믿음이다.

누룩 없는 무교병

무교병은 이스라엘이 유월절 저녁에 애굽에서 급히 나오느라 누룩 없는 떡을 만들어 먹은 데서 유래했다. 무교병을 먹는 무교절은 유월절 양을 잡은 날부터 시작되는 7일간의 절기이다. 무교절 기간 동안에 유월절과 초실절이 다 들어가 있으므로 봄 절기 전체를 무교절이라 부르기도 하고, 무교절과 초실절이 하나님의 어린 양이 죽은 유월절에서 비롯된 절기이므로 유월절로 통칭하기도 한다.

무교절(하그 함마쪼트 חַג הַמַּצּוֹת)은 '장사 지낸 것, 묻어 둔 것을 기념하는 축제일'이다. 무교절에는 누룩을 넣지 않은 떡을 만들어 보자기에 싸 사흘간 땅에 묻어 두었다가 꺼내 먹는다. 이는 예수님의 죽음(유월절)과 무덤 속에서의 사흘(무교절)을 가르쳐 주는 일이다.

무교절과 유월절의 체험은 예수 그리스도의 뒤를 따르는 성도 또한 동일하게 겪는 일이다. 어린 양의 희생으로 구원을 받은 성도 역시 이 역사 속에서 죽는 것이다. 그래서 무교절의 무교병을 '죽음의 떡, 고난의 떡'이라고도 한다.

이스라엘은 광야에서도 내내 무교병을 만들어 먹었다. 성도는 하나님의 말씀으로만 산다는 걸 가르쳐 주시는 일이다. 무교병은 누룩이 들어 있지 않은 순전한 말씀을 가리키는 소품이다. 누룩이란 떡의 본질을 변화시켜 사람의 입맛에 맞게 해 주는 재료다. 이는 생명의 떡인 그리스도의 말씀에 다른 복음을 섞는 것을 비유한다. 그래서 예수님이 제자들에게 바리새인과 사두개인들의 누룩을 주의하라고 하신 것이다.

오늘날 하나님의 말씀, 그 진리에 뭔가를 섞는 이들이 많다. 은혜만 들어 있는 진리에 인간의 생각을 더해 행위를 부추기는 것이 누룩이다. 그런데 누룩이 든 떡은 무교병에 비해 훨씬 맛있다. 행위를 통해 보람을 느끼고 인정을 받는 일은 재미있다. 누룩이 많이 섞일수록 많은 사람들이 몰린다. 재미와 보람은 열심의 동력이다.

그러나 하나님의 의인은 믿음으로만 산다. 믿음은 창조주에 대한 전적인 의지다. 하지만 선악과를 먹고 스스로 하나님처럼 된 자, 판단의 주체가 된 자들에게 믿음은 자존심 상하고 무력감을 주는 일이다. 그래서 하나님의 새 창조사역에 '우리도 뭔가 힘을 보태자'고 나서고, '그 은혜에 보답하자'고 부추긴다. 하나님의 뜻을 오해한 탓이다. 그들은 자기의 열심을 자랑하면서 거기에 미치지 못하는 타인을 정죄한다. 대표적인 예가 바리새인이다. 오늘날 기독교에 그들의 누룩, 인본주의와 율법주의가 덕지덕지 섞인 다른 복음이 편만하다.

행함이 있는 믿음

> 내 형제들아 만일 사람이 믿음이 있노라 하고 행함이 없으면 무슨 유익이 있으리요 그 믿음이 능히 자기를 구원하겠느냐 만일 형제나 자매가 헐벗고 일용할 양식이 없는데 너희 중에 누구든지 그에게 이르되 평안히 가라, 덥게 하라, 배부르게 하라 하며 그 몸에 쓸 것을 주지 아니하면 무슨 유익이 있으리요 이와 같이 행함이 없는 믿음은 그 자체가 죽은 것이라(약 2:14-17).

인본주의 · 율법주의자들이 전가(傳家)의 보도(寶刀)처럼 내세우는 구절이다. 인본주의란 하나님 중심이 아니라 자기 중심으로 세상을 보고 행하는 것이며, 율법주의는 인간이 스스로 판단의 주체가 되어 자기 밖의 모든 것을 심판하고 정죄하는 것을 말한다. 즉, 성령의 가입으로 하나님의 뜻을 깨닫지 못한 모든 인간들의 상태가 인본주의, 율법주의다. 인본주의와 율법주의는 사실상 동의어다. 하나님을 믿는다고 열심을 내던 바리새인이 예수님께 독사의 자식이라는 야단을 맞은 이유를 상고해 보라.

야고보는 행함이 없는 믿음은 죽은 믿음이니 헐벗고 굶주린 형제 자매에게 실제적인 도움을 주어야 한다고 한다. 믿음만으로는 부족하며, 행함이 뒤따라야 참된 믿음이라는 것이다.

과연 그러한가?

만약 이런 식으로 야고보서를 해석한다면 성경은 모순에 빠지게 된다.

> 아브람이 여호와를 믿으니 여호와께서 이를 그의 의로 여기시고 (창 15:6).
>
> 의인은 그의 믿음으로 살리라(합 2:4).
>
> 네 믿음이 너를 구원하였다 하시니 여자가 그 시로 구원을 받으니라 (마 9:22).
>
> 예수께서 저희 믿음을 보시고 이르시되 이 사람아 네 죄 사함을 받았느니라 하시니(눅 5:20).
>
> 그러므로 사람이 의롭다 하심을 얻는 것은 율법의 행위에 있지 않고 믿음으로 되는 줄 우리가 인정하노라(롬 3:28).

이렇듯 성경은 내내 '오직 믿음'을 강조하는데, 어째서 야고보서 기자는 갑자기 행함을 강조하고 나선 것일까?

그러나 이는 야고보의 문제가 아니라 오해한 독자의 문제다. 마르틴 루터 역시 야고보의 진의를 오해해 야고보서를 '지푸라기 서신'이라 폄하한 바 있다.

야고보는 헐벗고 굶주린 형제 자매를 언급하며 행함이 있는 믿음을 촉구했다. 그러면서 이를 행할 자는 '자유롭게 하는 온전한 율법을 들여다보는 자'(약 1:25)라고 했다. '자유롭게 하는 온전한 율법'은 예수 그리스도의 십자가 공로로 완전케 된 율법이며,[1] 성령에 의해 깨달아져 진리로 자유케 하고 생명으로 간직되는 레마의 말씀이다.

야고보는 진리를 깨달은 자에게 단순히 옷가지와 먹을 것을 주라고 하는 것이 아니다. 그것들도 당연히 주되, 헐벗은 자에게는 진리의 겉옷, 의의 흰옷을 입혀 주고, 굶주린 자에게는 영원의 생명을 주는 참된 양식을 먹여주라는 것이다. 이것이 행함의 내용이며, 이를 행한 자가 행함이 있는 믿음을 실천한 자다. 야고보가, 성경의 참 저자인 하나님이 타종교인도 할 수 있는 일, 누구나 할 수 있는 일을 하라고 요구하진 않았을 것이다. 육의 목숨 정도가 아니라 영원의 생명을 주는 일이 진짜 구제이며 사랑이다.

이러한 내용을 이해하면서 야고보서를 1장부터 다시 살펴보라. 역시 '오직 믿음'을 말하고 있음을 알 수 있을 것이다.

부자와 거지

> 예수께서 이 말을 들으시고 이르시되 네게 아직도 한 가지 부족한 것이 있으니 네게 있는 것을 다 팔아 가난한 자들에게 나눠 주라 그리하면 하늘에서 네게 보화가 있으리라 그리고 와서 나를 따르라 하시니(눅 18:22).

야고보서에 대한 오해는 예수님이 부자 청년에게 하신 말씀을 생각나게 한다. 예수님의 이 말씀 또한 크게 오해되고 있다. 실제로 이 말씀을 곡해한

---

[1] '온전한'의 헬라어 텔레이오스(τέλειος)는 동사 텔레오(τελέω 완성하다)에서 유래했으며, 예수님이 십자가상에서 말씀하신 '다 이루었다'의 헬라어 '테텔레스타이'(τετέλεσται)는 텔레오(τελέω)의 변형(완료수동태)이다.

자들에게 속아 재산을 바친 이들도 많다. 성경에서 부자는 하늘의 것 이외의 것으로 자기를 높이고 구원까지 이룰 수 있다고 생각하는 자들이다. 하늘을 보지 못하는 자, 보이지 않는 것을 보지 못하는 자들은 보이는 것만을 볼 수밖에 없다. 보이는 것들을 물질이라 하며, 인간들은 물질의 가치를 돈으로 매기고 있다. 돈은 인간들이 가치 있다고 생각하는 세상의 것들을 총칭하는 것이며, 그 속에는 명예와 자존심 같은 무형의 자산들도 포함된다.

그래서 청렴했던 바리새인들을 '돈을 사랑하는 자들'이라고 하는 것이고, 하나님의 뜻을 깨닫지 못한 자들의 대표로 돈 많은 부자들이 등장하는 것이다. 성경은 재산의 다과(多寡)로 부자와 빈자를 나누지 않는다. 돈 많은 거지가 있을 수 있고, 가난한 부자가 있을 수 있다.

예수님은 부자 청년이 하나님의 계명을 다 지켰다고 하자 "네게 있는 것을 다 팔아 가난한 자에게 나눠 주라"고 말씀하셨다. 여기서 '가난한 자'는 프토코스(πτωχός)다. 헬라어에서 가난한 자는 페네스(πένης)와 프토코스가 있다. 페네스는 누군가와 비교해 상대적으로 가난한 자를 말하며, 프토코스는 누군가의 도움이 없으면 죽을 수밖에 없는 절대적인 가난에 처한 자를 말한다.

'심령이 가난한 자'에서 '가난한 자'는 프토코스다. 심령은 프뉴마(πνεῦμα)로 성령을 말한다. 따라서 '심령이 가난한 자'는 "성령이 없으면 난 죽습니다 꼭 성령이 있어야 됩니다"라며 구하고 찾고 두드리는 자를 말한다. 예수님은 부자 청년에게 다음과 같이 말씀하신 것이다.

"네가 하나님의 그 사랑, 그 진리를 알아? 하늘의 것들을 가지고 있어? 그러면 네가 가진 걸 '프토코스'들에게 나눠주어 그들이 살아나게 해 봐."

그러나 부자 청년은 땅의 것만을 가진 부자이므로 그것들을 나눠줄 수 없어 심히 고민하며 떠나갔다. 만약 그가 하늘의 진리를 가지고 있었다면 그것은 마르지 않는 생수이므로 얼마든지 나누어줄 수 있었을 것이다.

참된 진리의 말씀은 우리의 혼과 영과 관절과 골수를 찔러 쪼개 자기부인의 죽음으로 이끌어 간다. 그리하여 하나님만으로 기뻐하는 자, 하나님이 없으면 죽는 프토코스임을 아는 자로 만들어 간다. 대다수 인간들에게 그 죽음과 가난의 복음은 맛없는 무교병이지만, '오직 믿음, 오직 은혜'의 진리는 인간과 인간 행위의 무가치를 직면케 하고 자기 영광 추구의 무익함을 깨닫게 한다.

성도는 '이 세상에서 어떻게 사는가, 하나님의 말씀을 생활에 어떻게 잘 적용하는가'를 고민하지 않는다. '어떻게 하나님께 잘 털려 가난해지고, 마침내 잘 죽는가'를 대망한다.

참된 복은 순종과 찬양

예수 그리스도의 십자가 은혜만이 진리일 뿐 다른 것은 없다. 그 은혜 앞에 엎드리고, 그 은혜를 찬양하는 것이 복이다. '복'은 히브리어로 베라카(בְּרָכָה)라고 하며, 동사형 바라크(בָּרַךְ)는 '축복하다, 무릎을 꿇다, 찬양하다'는 뜻을 가지고 있다. 즉, 성경에서 말하는 복의 내용은 '하나님 앞에 무릎을 꿇고 그 은혜를 찬양하는 것'이다. 순종과 찬양 자체가 택함을 받은 성도에게만 허락된 지복(至福)이다.

많은 이들이 그 지복을 자신들이 원하는 복을 얻어내는 수단으로 삼고 있으며, 그걸 기독교라고 오해한다. 예수께서 "인자가 올 때 세상에서 믿음을 보겠느냐?" 하신 뜻이 이해된다. '보겠느냐'의 헬라어 휴리스코(εὑρίσκω)는 '찾다, 발견하다'는 뜻이다. 주님은 꼼꼼하게 찾아야 발견할 수 있을 정도로 참된 믿음의 성도가 드물 것이라고 말씀하신 것이다.

어린 양의 피로 말미암아 죄와 허물로 죽었던 자들이 생명을 얻는 것이 구원이며, 그것은 창세전에 하나님이 약속하신 언약이다. 그 모든 것이 어린 양의 피, 그의 희생으로 말미암아 이루어진다. 그걸 아는 자는 자랑할 것도 요구할 것도 없다. 성도는 그의 피만 의지해 성소에 들어갈 담력을 얻을 뿐이다.

15

구름기둥과 불기둥

출애굽기 13:21~22

여호와께서 그들 앞에 행하사 낮에는 구름 기둥으로 그들의 길을 인도하시고 밤에는 불 기둥으로 그들에게 비취사 주야로 진행하게 하시니 낮에는 구름 기둥, 밤에는 불 기둥이 백성 앞에서 떠나지 아니하니라

천국의 나그네

출애굽은 하나님이 사탄 마귀가 권세 잡고있는 이 세상에서 당신의 백성을 불러내어 하나님이 주기로 언약하신 약속의 땅으로 데려가는 이야기로 성도의 구원을 설명하는 알기 쉬운 모형이다. 이스라엘 백성들은 착하게 살거나 어떤 공로가 있어서 애굽에서 건짐을 받는 것이 아니다. 오직 어린 양의 죽음 덕분에 바벨론이라고도 하고, 애굽이라고도 하는 이 세상에서 건짐을 받는 것이다.

그리고 무엇보다 출애굽은 '나로부터의 탈출'이라고 했다. 성경의 모든 이야기가 예수 그리스도와 나의 이야기로 보일 때 성경이 생명책이 되며, 내 이름이 생명책에 녹명됐다고 할 수 있다.

이스라엘 백성들은 숙곳을 떠나 광야 끝 에담에 장막을 쳤다. 숙곳은 히브리인들이 고센 지역의 라암셋을 떠난 후에 출애굽 하는 길에서 처음으로 머물렀던 지역이다.

'떠나다, 출발하다'의 히브리어 나싸(נסע)는 '뽑아내다'는 뜻도 있다. 즉, '나싸'는 유목민들이 한 곳에 머물다가 떠날 때 장막의 말뚝을 뽑는 행위를 가리킨다. 그들에게는 '뽑는다'는 말이 곧 '떠난다'는 말이다.

천국이 본향인 하늘 백성들은 이 땅에 말뚝을 굳게 박고 오래도록 소유와 행복을 추구하는 자가 아니라 언제든지 하나님의 명령이 있으면 기쁘게 말뚝 뽑고 떠나는 천국의 나그네다. 성경에서 장막이나 집은 모두 성전의 의미를 갖는다.

말뚝을 뽑고 장막을 허문다는 건 자기의 옛 성전을 부수는 일의 모형이기도 하다. 예수님이 당신의 육체를 가리켜 '이 성전을 헐라'고 하신 것처럼 성도 역시 옛 사람, 율법의 옛 성전을 헐고, 새 마음의 새 성전으로 다시 세워져야 한다.

구름기둥 불기둥

> 여호와께서 그들 앞에서 가시며 낮에는 구름 기둥으로 그들의 길을 인도하시고 밤에는 불 기둥을 그들에게 비추사 낮이나 밤이나 진행하게 하시니(출 13:21).

여호와께서 앞장서서 가시며 광야의 이스라엘 백성에게 낮에는 구름기둥, 밤에는 불기둥으로 길을 인도하고 비추었다. 구름기둥과 불기둥은 다름 아닌 하나님이었다. 이스라엘은 광야에서 성막과 장막을 치고 생활하다가 구름기둥과 불기둥이 이동하면 말뚝을 뽑고 즉시 이동했다. 구름기둥과 불기둥만 바라보며 사는 것이 천국 백성의 삶이다.

구름기둥과 불기둥은 둘이 아니라 하나였다. 낮 동안엔 구름기둥으로 뜨거운 광야의 햇빛을 가려주고, 밤에는 불기둥으로 길을 보여주고 추위도 막아주었다. 장정만 60만명, 총 200만명 이상의 사람들이 거대한 구름기둥과 불기둥을 따라 광야를 행진하는 장면을 상상해 보라. 이 기둥은 하나님의 임재를 알 수 있는 뚜렷하고도 장엄한 표적이었다.

구름기둥과 불기둥은 이스라엘 백성들이 애굽에 살 때는 없다가 그들이 애굽에서 이끌려 나올 때부터 나타났다. 구체적인 시점은 유월절 어린 양이 죽은 이후부터다. 이는 '세상 죄를 짊어진 어린 양'인 예수님이 십자가에서 죽으시고 부활 승천하신 후 오순절에 강림하신 성령의 임재를 생각나게 한다.

> 제사장이 그 구름으로 말미암아 능히 서서 섬기지 못하였으니 이는 여호와의 영광이 여호와의 성전에 가득함이었더라(왕상 8:11).

구름은 영으로 임하시는 하나님의 영광을 나타낸다. 솔로몬 성전이 완성됐을 때 그 성전에 구름이 가득 찼으며, 이를 여호와의 영광이라 칭했다. 그리고 성경에는 예수님이 '구름을 타고 오신다'고 한다.

> 볼찌어다 구름을 타고 오시리라(계 1:7).
> 인자 같은 이가 하늘 구름을 타고 와서(단 7:13).

'구름을 타고'에서 '타고'라고 표현된 단어는 신약에선 헬라어 메타(μετά)이고, 구약에선 히브리어 임(עִם)이다. 이 단어들은 모두 '함께'라는 뜻의 전치사다. 예수님은 '구름을 타고' 오시는 게 아니라 '구름과 함께' 오신다. 즉, 영광과 권세를 받으신 예수 그리스도께서 성령 하나님과 함께 세상을 심판하러 오시는 것이다.[1]

또한, 성령 하나님은 불의 이미지, 즉 불같은 성령으로 표현되기도 한다. 사도행전에서는 '불의 혀'처럼 임하여 120문도를 성령충만케 하시며, 신명기에서는 '소멸하는 불'과 '맹렬한 불'로 묘사되기도 한다. 심판의 날에 성령 하나님은 의인에게는 '치료하는 광선'이 되겠지만, 악인에게는 뜨거운 불로 임해 그들의 체질이 풀어지게 하실 것이다.

이처럼 성경에서 성령 하나님을 구름과 불의 이미지로 묘사하고 있는데, 구름기둥과 불기둥은 바로 영으로 임하시는 하나님의 임재인 것이다.

교회를 인도하는 기둥, 십자가

십자가는 헬라어로 스타우로스(σταυρός)인데, 이 단어는 십자가가 아니라

---

[1] 그 구름 속에는 진리가 된 성도들도 포함되어 있다. 이스라엘 사람들에게 구름은 항상 비를 내릴 먹구름이며, 비는 물이고, 물은 말씀, 진리를 뜻한다. 히브리서 기자는 성도를 "구름 같이 둘러싼 허다한 증인"(히12:1)이라 표현했다. 그리스도와 연합한 존재인 교회는 마지막 날에 주님과 함께 올 것이다. 구름과 함께 오시는 주님을 이 땅에서 눈으로 보는 자는 멸망하는 자다. 그러므로 '마라나타 주 예수'는 지금 내 안에 어서 오셔야 한다.

'기둥, 막대기'라는 뜻이다. 예수님이 달리시는 언약의 기둥이 스타우로스다. 신명기에 보면, 종이 희년이 되어 자유자가 될 때, 주인의 집에서 나가지 않고 영원히 그의 종으로 살고 싶다고 하면 귀를 문의 기둥에 대고 구멍을 뚫었다. "나는 이제부터 당신의 말씀만 듣겠습니다"라는 의미였다. 그때 종은 주인의 상속권을 갖는 아들이 됐다. 문은 유월절에 어린 양의 피가 뿌려진 곳이다. 주님은 그 자리에 귀만이 아니라 손과 발까지 모두 박히시고 영원히 하나님의 종이 되기로 작정하셨다. 하나님이 붙드시고 기뻐하시는 종.

양의 문이신 주님은 그 문에서 어린 양으로 죽으시면서 하나님의 아들은 이렇게 탄생한다는 걸 몸소 본으로 보여주셨다. 성도가 뒤따라 들어가야 할 양의 문이 바로 십자가다. 광야에서 이스라엘을 인도하는 것은 십자가로 번역된 기둥이었다. 이스라엘, 교회를 인도하는 건 언제나 기둥(십자가)이다.

'스타우로스'는 '똑바로 세우다'라는 뜻의 히스테미(ἵστημι)에서 나온 말이다. 히브리어로는 쿰(קום)이라고 한다. 회당장 야이로의 딸이 죽었을 때, 예수님은 누워있는 소녀에게 "달리다 쿰"(소녀야 일어나라)이라고 말씀하셨는데, 이 '굼'이 바로 '쿰'이다.

온 세상은 하나님이 하나님 나라를 설명하시기 위해 창조하신 것이다. 온 세상이란 자연과 우주와 물리법칙과 인간의 행동과 관계 등 모든 것을 말한다. 이 세상의 모든 것은 하나님의 말씀으로 나타난 것이므로 모든 것 속에는 말씀이 들어있다. 하나님의 말씀은 곧 구원의 복음이다. 그러므로 만물과 만사에 구원의 복음이 담겨있다.

예수님이 알라고 하시는 그 진리를 깨닫게 되면 위로 똑바로 서게 된다. 땅을 껴안고 살던 자, 그 죽어 있던 자가 그리스도의 말씀에 힘입어 하늘을 향해 똑바로 서게 되면 그게 바로 부활(아나스타시스 ἀνάστασις: 위로 우뚝 섬)이며, 천국 백성으로의 완성이다. 예수님으로부터 '일어나라'는 말씀을 받은 소녀가 예수님 옆에 우뚝 서 그리스도의 신부가 된다.[2] 소녀는 회당장의 딸,

---

2 그래서 소녀의 나이가 유대여자의 결혼적령기인 12세이며, 이는 이스라엘의 아들의 수이기도 하

즉 율법의 자녀다. 율법으로는 죽고 예수 그리스도의 은혜로 사는 것이다.

푸른 초장과 사망의 골짜기로

> 여호와는 나의 목자시니 내가 부족함이 없으리로다
> 그가 나를 푸른 초장에 누이시며 쉴만한 물 가으로 인도하시는도다
> 내 영혼을 소생시키시고 자기 이름을 위하여 의의 길로 인도하시는도다
> 내가 사망의 음침한 골짜기로 다닐찌라도 해를 두려워하지 않을 것은 주께서 나와 함께 하심이라 주의 지팡이와 막대기가 나를 안위하시나이다
> 주께서 내 원수의 목전에서 내게 상을 베푸시고 기름으로 내 머리에 바르셨으니 내 잔이 넘치나이다
> 나의 평생에 선하심과 인자하심이 정녕 나를 따르리니 내가 여호와의 집에 영원히 거하리로다(시 23:1~6).

하나님은 광야 인생 내내 우리와 동행하시면서 의의 길로 인도하신다. 그러나 그 인도는 푸른 초장, 쉴만한 물가로만 이어지지 않는다. 하나님은 우리를 사망의 음침한 골짜기로도 인도하신다. 사망의 음침한 골짜기, 죽음의 그늘이 드리운 곳. 그곳은 우리가 원치 않는 곳이다. 그러나 하나님은 죽여서 살리기 위해 그 죽음의 골짜기로 우리를 끌고 가신다.

많은 이들이 하나님을 잘 믿으면 사망의 음침한 골짜기를 피하게 해주신다고 착각하고 있다. 그러나 하나님은 우리를 원치 않는 곳으로 이끌어가

다. 그리스도의 말씀에 의해 진리로 우뚝 섬으로써 아들이 되고 그리스도의 신부가 되는 것이 구원이다.

신다. 선악의 판단을 무력화시키고, 하나님만으로 기뻐하는 자로 만들기 위함이다. 그 자리가 사망의 음침한 골짜기이며, '무트 타무트'의 죽음, 자기부인의 죽음을 죽는 자리이며, 죽고 부활함으로써 영원의 생명을 얻는 자리다.

이 시편을 노래한 다윗은 파란만장한 삶을 살았다. 기름부음을 받은 후 무려 17년간 사울에게 쫓겨 다녔고, 심지어 미친 사람 흉내까지 내야 했다. 아들 압살롬의 반란 때는 신발도 제대로 못 신고 피난길에 나서기도 했다. 그러나 그는 사망의 음침한 골짜기를 지날 때도 그것이 하나님의 지키심이라는 것을 알았다. 그 모든 것들이 원수의 목전에서 상을 베푸시기 위한 하나님의 감찰하심이요 보호하심이라는 걸 믿었다.

그 길을 주의 지팡이와 막대기가 안위한다(나함 םחנ). 위로하고, 회개시켜 준다. 지팡이와 막대기가 나를 인도하고, 때로는 회초리가 되어 나를 치기도 한다. 목자를 따라가는 양의 길이 비록 푸른 초장, 쉴만한 물가만이 아니라 해도 선하신 하나님의 의를 믿으므로 동행하는 모든 길이 푸른 초장, 쉴만한 물가가 된다. 우리의 선한 목자가 십자가의 길을 가셨듯이 목자를 따라가는 양들 또한 십자가의 길로 가는 것이다.

양문을 통과해 성전으로 들어간 양들은 어떻게 되는가?

선한 목자가 그러했듯이 제단으로 끌려가 도살되고 불태워진다. 그곳이 구원의 자리다.

오직 구름기둥, 불기둥만 바라보며

구름기둥과 불기둥은 약속의 땅을 우리가 찾아가는 것이 아니라 하나님이 처음부터 끝까지 인도하신다는 걸 가르쳐 준다. 오늘날 우리에게도 하나님이 주신 구름기둥과 불기둥이 있다. 그것은 그 구름기둥, 불기둥이신 성령께서 쓰고 편집하신 성경이다. 성경 말씀을 바르게 보며 그 말씀을 쫓아가는 것이 이 광야 같은 인생에서 구름기둥과 불기둥을 따라가는 일이다.

성도는 다른 인도를 따라서는 안 된다. 종교다원주의자들은 '구원이 어떻게 예수에게만 있느냐'며 예수 말고도 천국 가는 다른 길이 더 있다고 주장한다. 그러나 오직 예수만 길이고 진리고 생명이다. 하나님은 우리에게 구원을 얻을 다른 이름을 주신 일이 없다.

심리학이니 철학이니 많은 세상 학문이 교회에 들어와 하나님의 말씀을 침범한다. 때로는 TV에 출연한 전문가의 말이 성경보다 더 큰 권위를 갖기도 한다. 그러나 성도는 성경 말씀의 조명과 인도만 받아야 한다. 성경이 세상의 모든 현상을 해석하는 데 부족하지 않다. 왜냐하면 하나님은 말씀으로 세상을 창조하셨고, 따라서 세상 모든 것이 말씀이기 때문이다. 모든 것이 말씀으로 보이는 자가 하나님의 구름기둥, 불기둥과 동행하는 자다.

참으로 감사한 것은 성도를 이끄는 구름기둥과 불기둥이 이스라엘의 광야 생활 내내 한 번도 떠나거나 사라지지 않았다는 것이다. 이스라엘은 숱하게 원망·불평했고, 패역했고, 불순종했다. 그 이스라엘이 바로 나다. 나의 옛 사람이다. 그래서 1세대 장정 60만 명이 광야에서 다 죽고, 2세대 60만 명이 요단강 건너 약속의 땅으로 들어가는 것이다. 1세대 60만과 2세대 60만, 같은 사람이라는 것이다. 옛 사람 죽고 새 사람으로 살아서 천국에 들어가는 것이다.

구름기둥과 불기둥은 약속의 땅에 들어갈 때까지 결코 이스라엘을 떠나지 않았다. 하나님은, 성도 안에 임재하시는 그리스도의 영은 우리가 천국 들어가는 그 순간까지 결코 떠나지도 버리지도 않으실 것이다.

하나님의 구름기둥 불기둥이 임재한 곳이 천국이며, 구름기둥과 불기둥의 보호와 인도를 받는 자가 천국 백성이다. 출애굽은 이러한 성도의 천국여정을 알기 쉽게 보여주는 그림이다.

16

홍해 앞, 바알스본 맞은 편

출애굽기 14:1~3

여호와께서 모세에게 일러 가라사대
이스라엘 자손을 명하여 돌쳐서 바다와 믹돌 사이의 비하히롯 앞
곧 바알스본 맞은편 바닷가에 장막을 치게 하라
바로가 이스라엘 자손에 대하여 말하기를 그들이 그 땅에서 아득하
여 광야에 갇힌바 되었다 할찌라

북쪽의 바알

하나님은 이스라엘 백성들을 바알스본 맞은 편 바닷가에 진을 치게 하셨다. 바알스본은 '북쪽의 바알'이란 뜻으로 바알의 산당이 있던 곳이다. 하나님이 이스라엘 백성들을 굳이 가던 길에서 돌이키게 하신 후 이런 장소로 이끄신 데에는 깊은 뜻이 있다. 즉, 누가 이스라엘을 구원하는지 알라는 것이다. 이스라엘, 곧 교회를 구원하는 것은 바알 같은 우상이 아니라 하나님이라는 걸 가르쳐 주시려는 것이다.

이스라엘 자손들은 애굽 군대가 달려오는 것을 보고 심히 두려워하며 모세를 원망했다. 우리의 기억은 너무도 짧다. 하나님을 믿는다고 하면서도 시련을 만날 때면 늘 새롭게 두려움 속으로 떨어진다.

> 사랑 안에 두려움이 없고 온전한 사랑이 두려움을 내쫓나니 두려움에는 형벌이 있음이라 두려워하는 자는 사랑 안에서 온전히 이루지 못하였느니라(요일 4:18).

사랑 안에 있는 자, 사랑이신 하나님 안에 있는 자만이 두려움을 자기 밖으로 내던질 수 있다. 두려움에는 형벌이 있다고 한다. 이 구절을 직역하면 '두려움이 형벌을 소유하고 있다'이니, 두려움 자체가 이미 지옥의 형벌인 것이다.

두려움의 정체는 무엇인가?

한마디로 '자기'다. 가치 있는 자기, 잃을 것과 지킬 것이 있는 자기를 바라보는 것이다. '자기'를 중시하고 숭배하면 두려움이 따르게 되어 있다. 이스라엘 백성들의 눈은 애굽 군대, 곧 고난을 발견한 후, 그걸 극복할 수 없는 '자기'를 돌아보고 절망에 빠진 것이다. 보이지 않는 하나님을 바라보는 믿음은 어디에도 없었다.

주께서 어찌하여 사람을 바다의 고기 같게 하시며(합 1:14).

　인생은 저주의 바다를 헤엄치는 물고기와 같다. 물고기의 히브리어는 다그(דָּג)이며, 동사 다가(דָּגָה)에서 유래했다. '다가'는 '번식하다, 무리 짓다, 두려워하다'는 뜻이다. 물고기는 두려워서 떼를 지어 몰려다니며, 자기 꼬리 힘으로 저주의 바다를 헤엄치면서 엄청나게 많은 알을 낳는다. 그게 생육하고 번성하는 일인 줄 알고 열심을 부린다. 이것이 죄인들의 속성이다.
　그러나 그들의 생육과 번성은 구더기의 우글거림(샤라츠 שָׁרַץ: 번성하다, 우글거리다)일 뿐이다. 구원은 그 저주의 바다, '하나님이 낚기 시작하시는' 이 땅(에레츠 אֶרֶץ)에서 건져지는 것이다. 그런데 하나님의 낚시 바늘에 걸린 물고기들은 끌려 올라가는 것이 싫어 발버둥을 친다. 덩치가 클수록, 자기가 클수록 저항 또한 크다. 그러나 사람 낚는 어부에게 잡혀 죽는 것이 구원이다.

축복과 저주의 사랑

　우리는 늘 망각한다. 하나님이 전지전능하신 분인 것을 수시로 잊어버린다. 때로는 '하나님이 계시긴 하느냐?'며 그분의 존재까지 의심한다. 그러나 분명히 알아야 한다. 하나님이 우리를 눈동자같이 지키며 함께 하신다는 사실을. 그리고 무엇보다도 우리를 그러한 진퇴양난의 고난 속에 처하게 한 이가 다름 아닌 하나님이라는 사실을. 우리를 홍해와 애굽 군대 사이, 그 고난의 자리로 하나님이 친히 몰아넣으신 것이다.
　하나님은 출애굽 때 이스라엘이 세일 땅을 지나가지 못하게 하심으로써 에돔 족속을 보호하셨다. 이후 에돔은 가나안 땅에 정착한 이스라엘과 오랫동안 충돌하는 대적의 역할을 했다. 하박국의 때에는 사나운 갈대아인을 일으켜 이스라엘을 치게 하셨다. 대적을 보호하고 길러 이스라엘을 치게 하시는 분이 바로 하나님이시다. 그렇게 죽여서 부활의 생명을 주시는 방식으로 하나님 나라가 이루어지는 것이다.

이것이 성도의 인생 속에 대적과 고난이 차고 넘치는 이유다. 그러므로 그것들을 만날 때 괴로워하고 슬퍼할 것이 아니라 '죽여서 살리시는' 은혜를 발견하라. 그리고 나를 하나님 나라로 만들기 위해 악역을 맡아 애쓰는 대적에게 감사하고, 그를 위하여 기도하라.[1] 남편, 아내, 부모 형제, 시집 식구들, 직장 상사, 선배, 친구 등 하나님이 나를 위해 수시로 보내주신 그 대적들이 아니었다면 내가 이만큼이나마 깎이고 낮아졌겠는가. 또한, 나 자신이 누군가에게 그 대적의 역할을 하고 있진 않은지도 돌아보라.

> 징계는 다 받는 것이거늘 너희에게 없으면 사생자요 친아들이 아니니라(히 12:8).

하나님의 아들들은 도살할 양 같이 여김을 받으며,[2] 징계와 같은 인생을 산다. '징계'의 헬라어 파이데이아(paideia)의 또 다른 뜻은 '양육'이다. 하나님이 성도를 어떻게 아들로, 천국으로 지어가시는지 이해하기에 적합한 단어다.

하나님을 제대로 알지 못하는 자들은 일상의 평탄과 성공을 하나님의 사랑이라고 오해한다. 그러나 하나님의 사랑은 그리심산의 축복과 에발산의 저주를 모두 합친 것이다. 그리심산에만 이스라엘 지파를 세우고 에발산에는 이방인을 세운 것이 아니라 두 산에 각각 6개 지파씩 세웠다. 축복과 저주가 모두 열 두 지파, 곧 아들에게 주어지는 것이다.

'하나님은 좋은 것 주시는 분인데 사탄 마귀가 나를 괴롭힌다.'

'하나님이 도와주시면 이 고난에서 벗어날 수 있다.'

흔히들 이렇게 생각한다. 그리하여 이런 식의 기도를 한다.

---

[1] 나는 너희에게 이르노니 너희 원수를 사랑하며 너희를 박해하는 자를 위하여 기도하라(마 5:44).
[2] 우리가 종일 주를 위하여 죽임을 당하게 되며 도살할 양 같이 여김을 받았나이다(시 44:22).

"나를 괴롭게 하는 이 고난에서 속히 벗어나게 해주세요!"

하나님을 제대로 모르기 때문이다. 그래서 하나님과 예수 그리스도를 아는 것이 영생이라고 하는 것이다. 하나님을 아는 자는 고난을 만날 때 먼저 하나님의 뜻을 묻는다. 먼저 그의 나라와 의를 구하는 것이다. 그가 천국이다.

진짜 아버지의 참사랑

하나님이 이스라엘을 바알스본 앞으로 이끄신 것은 뭔가 가르칠 것이 있기 때문이었다. 하나님은 약속의 땅, 천국에서 영원히 함께 살 당신의 백성들을 사지(死地)로 몰아넣어서라도 가르칠 것을 반드시 가르치신다. 이것이 참사랑이다. 하나님은 홍해 앞에서 이 말씀을 하고 싶으신 것이다.

"뒤는 애굽의 바로가 수많은 병거를 몰고 오고, 앞은 피할 곳 없는 시퍼런 바다다. 이 절망의 순간에 너희는 어떻게 해야 하겠느냐? 나만 믿고 의지해야지. 너희를 구원하는 건 우상도 아니고, 너희 자신도 아니고, 오직 나다. 내가 너희의 하나님이고 아버지다."

하나님은 늘 이런 식으로 일하신다. 그리고 그걸 성경 내내 보여주신다. 성경을 인간 중심이 아니라 하나님 중심으로 읽어보라. 하나님이 어떻게 일하시는지 밝히 보일 것이다. 그리고 하나님은 (모세를 통해) 말씀하신다.

여호와께서 너희를 위하여 싸우시리니 너희는 가만히 있을지니라
(출 14:14).

"내가 다 할 테니 너희는 가만히 있으라"고 하신다. '가만히 있으라'의 히브리어 하라쉬(חָרַשׁ)는 '침묵하다, (마음판에) 새기다'는 뜻이다. 즉, '가만히 있으라'는 말씀의 진의는 '두려움 때문에 튀어나오는 불평의 말을 멈추고 하나님의 뜻을 조용히 마음판에 새기라'는 것이다.

좋으신 하나님이 성도를 고난의 상황에 처하게 하신 것은 다 뜻이 있는 것이다. 선악과를 먹고 스스로 하나님처럼 된 자들은 그 상황을 자기 멋대로 판단하여 두려움과 불평·불만 속으로 굴러 떨어진다. 그러나 성도에게는 오히려 그런 상황이 '그리스도의 장성한 분량'으로 자라나는 자양분이다. 모든 일들이 하나님의 뜻을 깨닫는 좋은 선물이다. 원망과 불평은 선물을 주신 분의 선의(善意)를 무시하는 일이다.

참 성도의 기도

하나님을 아는 자와 모르는 자의 기도는 하늘과 땅 차이다. 자기의 소원이 이루어져야 행복하다고 한다면 그는 하나님을 제대로 모르는 자다. 기도는 자기의 사정을 토설하고 소원을 성취하기 위한 도구가 아니다. 기도는 하나님의 말씀을 듣는 일이며, 하나님의 뜻을 깨달아 하나님의 소원을 이루는 자리로 가는 일이다. 이것이 기도의 참뜻이다. 그래서 성도의 기도는 다 이루어지는 것이다.

하나님의 뜻, 하나님의 소원이 이루어져야 한다. '내 뜻대로'가 아니라 '아버지 뜻대로' 되어야 한다.[3] 오직 아버지의 뜻만이 하늘에서처럼 땅에서, 약속의 땅인 우리에게서 이루어질 것이다.

> 너희 안에서 행하시는 이는 하나님이시니 자기의 기쁘신 뜻을 위하여 너희로 소원을 두고 행하게 하시나니(빌 2:13).

하나님의 구름기둥과 불기둥은 성도를 연단의 자리로 이끌어 간다. 성도

---

[3] 내 아버지여 만일 내가 마시지 않고는 이 잔이 내게서 지나갈 수 없거든 아버지의 원대로 되기를 원하나이다 하시고(마 26:42).

는 내주하시는 성령의 인도를 받으면서 인생 동안 편안하고 안락한 삶을 사는 것이 아니라 광야의 삶, 연단의 삶을 겪게 되어 있다. 자기 뜻을 죽이고, 자기의 가능성을 포기하고, 자기의 주체성을 빼앗기는 삶을 살게 된다. 성도는 그 자리에서 하나님이 알기를 원하시는 그 뜻들을 깨달아 가는 것이다. 구원받은 성도는 이 세상 사람들의 보편적인 기대나 소원과는 다른 '좁은 길'을 가게 된다. 그것이 성도의 인생이다. 이스라엘의 출애굽은 그걸 가르쳐 주는 일이다.

예수 그리스도와 십자가의 필연성

이스라엘 백성들처럼 바다에서 제자들이 두려움에 휩싸여 예수님께 매달린 사건이 있었다. 그때 예수님은 바람과 바다를 꾸짖어 잠잠케 하셨다. 그리고 제자들에게 "너희가 어찌 믿음이 없느냐!"고 책망하셨다.

하나님 뜻은 바로 이것이다.

'너희의 믿음 없음을 보라. 너희가 어떤 존재인지 알라.'

이러한 하나님의 뜻을 알게 된 성도는 자기 자신에 대한 믿음과 의존을 버리게 된다. 그리하여 하나님과 예수 그리스도와 십자가만 전적으로 의존하게 된다. 이것이 믿음이다.

이를 깨달아 가는 것이 신앙생활이다. 성도는 날마다 믿음을 키워가는 것이 아니라 자신이 믿음 없는 존재라는 걸 날마다 더욱 분명하게 확인하는 것이다. 그리하여 예수 그리스도와 십자가의 필연성을 점점 더 분명하게 깨닫고, 그 은혜를 더욱더 힘차게 붙잡는 것이다. 성도의 신앙생활은 믿음 없음을 확인하는 실패의 날들의 점철이다.

이것이 "나는 쇠하고 예수는 흥해야 한다"는 말씀의 참뜻이다. 하나님은 이걸 가르쳐 주시려고 성도를 이 땅에 살게 하시고, 홍해 앞, 바알스본 맞은 편으로 사정없이 몰고 가시는 것이다.

17

홍해 도하

출애굽기 14:21~23, 26~28

모세가 바다 위로 손을 내어민대 여호와께서 큰 동풍으로 밤새도록 바닷물을 물러가게 하시니 물이 갈라져 바다가 마른 땅이 된지라 이스라엘 자손이 바다 가운데 육지로 행하고 물은 그들의 좌우에 벽이 되니

애굽 사람들과 바로의 말들, 병거들과 그 마병들이 다 그 뒤를 쫓아 바다 가운데로 들어 오는지라

여호와께서 모세에게 이르시되 네 손을 바다 위로 내어밀어 물이 애굽 사람들과 그 병거들과 마병들 위에 다시 흐르게 하라 하시니 모세가 곧 손을 바다 위로 내어밀매 새벽에 미쳐 바다의 그 세력이 회복된지라 애굽 사람들이 물을 거스려 도망하나 여호와께서 애굽 사람들을 바다 가운데 엎으시니 물이 다시 흘러 병거들과 기병들을 덮되 그들의 뒤를 쫓아 바다에 들어간 바로의 군대를 다 덮고 하나도 남기지 아니하였더라

저주의 바다, 약속의 땅

하나님의 명령대로 모세가 바다 위로 손을 내밀었다. 그러자 큰 동풍이 불어 바닷물을 물러나게 해 바다가 갈라지고 마른 땅이 드러났다. 그 덕분에 이스라엘 백성들은 바다 가운데를 육지처럼 걸어갈 수 있게 됐다. 이스라엘 백성들이 가나안 땅으로 들어갈 때도 요단 강을 마른 땅으로 건너갔다. 같은 맥락의 사건이다.

성경에서 바다는 항상 저주의 상징으로 등장한다. 하늘의 물, 하늘의 진리와 대비해 오해된 진리이기 때문이다. 물은 말씀, 진리를 뜻한다고 했다. 태초에 바다는 땅 전체를 덮었다. 완전한 저주의 상태였다. 우리 이야기다. 둘째 날, 하나님의 말씀에 의해 물과 뭍이 구별됐다. 그 저주의 바다에서 땅이 드러나는 것이 구원이다. 그래서 바닷물이 좌우로 갈라졌을 때 갯벌 정도가 아니라 완전히 마른 땅이 나타나는 것이다. 새 하늘과 새 땅이 나타나는 마지막 날에 바다가 다시 있지 않게 되는 구원의 양상을 미리 보여주신 것이다.[1]

성경에서 땅은 저주의 바다와 대비하여 구원을 설명하는 재료다. 가나안을 약속의 땅이라고 부른다. 약속의 땅은 눈에 보이는 이 세상의 땅이 아니라 구원받은 성도의 몸을 말하는 것이다. 그리고 최종적으로는 온유한 자가 기업으로 받는 영원한 천국, 즉 하나님 나라를 가리킨다.

땅이 하늘(진리)을 알면 자유롭게 풀려나 하늘이 되지만, 하늘을 알지 못한 채 그대로 땅에 머물면 그는 땅(地)에 갇힌(獄) 상태, 곧 지옥인 것이다. 천국과 지옥은 인생의 마지막 날에 심판되는 것이 아니라 인생을 사는 동안 이미 결정된다. 천국을 살던 자가 천국에 가고, 지옥을 살던 자가 지옥에 간다. 그러므로 천국은 바로 지금 내 안에 서야 할 나라다.

---

1 또 내가 새 하늘과 새 땅을 보니 처음 하늘과 처음 땅이 없어졌고 바다도 다시 있지 않더라(계 21:1).

홍해 도하와 세례

> 형제들아 나는 너희가 알지 못하기를 원하지 아니하노니 우리 조상들이 다 구름 아래에 있고 바다 가운데로 지나며 모세에게 속하여 다 구름과 바다에서 세례를 받고(고전 10:1~2).

사도 바울은 이스라엘 백성들이 모세의 인도로 홍해를 건넌 사건을 모세에게 속하여 세례를 받은 일이라고 했다. 세례의 의미는 물에 빠져 옛 사람이 죽고 새 사람으로 살아나는 것이다. 이스라엘의 홍해 도하 사건은 애굽 쪽에서 보면 바다에 빠져 죽는 일이고, 반대쪽에서 보면 새 사람이 살아나는 일, 곧 세례인 것이다.

예수님이 제자들을 가르치실 때 "내가 받을 세례가 있다"고 말씀하신 바 있다.

공생애를 시작하실 때 이미 세례 요한에게 세례를 받으신 예수님이 무슨 세례를 또 받는다는 것일까?

그것은 바로 '십자가 수난'을 가리키는 말씀이었다. 예수께서 십자가에서 죽고, 그리스도로 부활하는 것이 바로 세례다. 세례의 참된 의미는 십자가인 것이다. 육적인 모든 것이 십자가에서 폐해지고 하늘의 존재로 다시 태어나는 것, 이것이 세례의 참뜻이다.

사도 바울이 말한 바, 그리스도와 함께 십자가에 못 박혀 죽는 것이 성도의 참된 세례다. 그것이 '자기를 부인하고 자기 십자가 지고 따라오라'는 예수님의 명령에 대한 순종이기도 하다. 기독교는 세례를 통한 부활이 그 요체다. 예수께서 밤에 찾아온 니고데모에게 위로부터 거듭나지 않으면 절대로 천국을 볼 수가 없다고 하신 것이 그 의미다. 십자가를 통과하지 않고 적당히 성화되고 성숙되는 것은 기독교도 아니고 복음도 아니다.

예수님과의 연합

'모세에게 속하여'는 '모세 안에서', 즉 '그리스도와의 연합(Union Christ)'을 뜻한다. 이스라엘은 예수 그리스도의 모형인 모세 안에 들어 있었으므로 살아날 수 있었다. 이스라엘 스스로는 홍해를 건너서 출애굽을 할 능력이 없었다. 오직 애굽에서 광야로 나왔다가 다시 들어간 모세에게만 그 능력이 있었다. 하나님은 그 모세를 앞세워 이스라엘을 건져내셨다. 그래서 사도 바울이 '이스라엘이 모세에게 속하여 세례를 받았다'고 하는 것이다.

이는 예수 그리스도 안에서 우리가 받을 구원을 상징하는 것이다. 하나님의 심판으로부터 살아날 수 있는 이는 예수 밖에 없다. 그래서 죽음의 권세를 이길 수 있는 유일한 존재인 예수 안에 속한 자만이 구원을 받는 것이다. 하나님은 창세전에 부르신 교회를 모두 예수 안에 넣어서 구원하신다. 모든 성도는 그리스도와의 연합에 의하여 예수 그리스도와 함께 부활하는 것이다. 이것이 주께서 '너희가 내 안에, 내가 너희 안에'라고 하신 말씀의 의미이며, 그 내용은 '내 말(레마)이 너희 안에' 거하는 것이다. 레마는 로고스의 말씀이 성령에 의해 깨달아진 진리의 말씀을 가리킨다.

홍해 도하 사건은 하나님의 저주를 받고 죽어야 할 자들을 품어 안고 대신 죽으신 예수 그리스도의 은혜로 교회가 부활하는 일의 모형이다. 그리고 그 모형은 훗날 골고다 언덕에서 십자가 사건이라는 실체로 나타난다. 그러므로 교회는 예수와 함께 죽고, 예수와 함께 사는 존재인 것이다. 그래서 예수만 길이고 진리고 생명이다.

> 너희가 세례로 그리스도와 함께 장사되고 또 죽은 자들 가운데서 그를 일으키신 하나님의 역사를 믿음으로 말미암아 그 안에서 함께 일으키심을 받았느니라(골 2:12).

예수님의 출애굽

교회의 머리이신 예수님은 교회와 동일하게 출애굽의 생애를 사셨다. 예수님은 태어나자마자 헤롯의 박해를 피해 요셉과 마리아와 함께 애굽으로 들어가셨다. 헤롯 사후에 출애굽 하시고, 세례 요한으로부터 세례를 받으셨다. 이는 이스라엘 백성들이 홍해를 건넌 것과 같은 일이다. 그리고 성령에게 이끌려 광야로 나가 40일을 금식하셨다. 출애굽 한 이스라엘의 40년 광야생활을 축약한 일이다. 그리고 그 일들은 또한 우리 성도의 인생과 인간의 모든 역사를 상징한다. 그 시간 동안 성도는 광야의 삶, 즉 하나님의 말씀이 없는 기근의 삶을 살게 된다.

> 보라 날이 이를지라 내가 기근을 땅에 보내리니 양식이 없어 주림이 아니며 물이 없어 갈함이 아니요 여호와의 말씀을 듣지 못한 기갈이라(암 8:11).

광야 같은 인생길에서 말씀의 기근에 허덕일 때 우리는 '돌로 떡을 만들어 먹으라'는 마귀의 미혹을 받는다. 하나님의 말씀을 인생을 위한 힘으로 삼으라는 것이다. 아니나 다를까, 이스라엘은 하나님의 말씀을 '지키면 복 받고, 못 지키면 저주 받는' 율법으로 받아버렸다. 하나님을 인생의 조력자로, 해결사로 삼아버린 것이다. 그리하여 '우리를 위하는 우리의 하나님' 금송아지 하나님을 만들고 즐거워했다. 그 기근의 시간에 온 이스라엘, 모든 인간이 실패한 것이다. 오직 예수님만 정답을 말씀하셨다.

"사람이 떡으로만 사는 것이 아니라 하나님의 말씀으로 살 것이다."

예수께서 그리스도의 영으로 우리에게 오시면 하나님의 모든 말씀이 구원의 복음이란 걸 깨닫게 되며, 주께서 '내 말이 영이고 생명이다' 하셨듯이 성도는 성령에 의해 깨달아지고 간직되는 말씀으로 살게 된다.

또한, 시내산에서 하나님이 출애굽 한 이스라엘 백성에게 십계명, 곧 말씀을 주셨듯이 예수님도 산상에서 자기 백성들에게 말씀을 주셨다. 말씀을 받은 이스라엘은 여호수아에게 속해 요단강을 건너 약속의 땅 가나안에 들어가 정복전쟁을 했다. 예수님도 약속의 땅인 우리 안의 엉터리 가나안 일곱 족속들을 내쫓아 주셨다. 예수님의 치유사역이 바로 그 일의 모형이다.

 소경을 고치신 것은 보이지 않는 하나님과 그 나라를 보도록 눈을 뜨게 해 주신 것이다. 주께서 열어주시지 않으면 우리는 모두 본다고 하지만 소경일 뿐이다. 귀머거리도 마찬가지다. 하나님 말씀을 듣는다고 하지만 그 속에 담긴 참뜻이 들리지 않으면 귀머거리다. 앉은뱅이를 고치신 건 땅을 끌어안고 사는 우리로 하여금 하늘을 향해 우뚝 서도록 일깨워 주신 일이다. 혈루병은 생명인 피를 간직하지 못하고 흘려버리면 멸망이라는 걸 가르쳐 주는 병이다. 혈루병 여인은 예수님의 겉옷자락, 즉 진리를 꽉 붙잡아 생명을 간직하고 구원에 이르렀다. 나병환자를 고치신 건 멸망에 이르는 병이 들고도 그걸 깨닫지 못하는 우리의 무지와 무감각을 깨우시는 의미다.

 예수님의 치유사역을 보고 들은 많은 자들이 예수님의 능력에 반해 자기들의 왕을 삼고자 몰려들었다. 그 일속에 담긴 구원의 참뜻은 알지 못한 채. 지금도 마찬가지다. 하나님이 우리를 약하게 하신 이유가 있을 텐데, 그 뜻을 알 생각은 않고 그저 병만 낫게 해달라고 매달린다.

 성경은 처음부터 끝까지 하나님의 구원을 반복적, 점층적으로 보여주며 성도를 진리의 실체인 예수 그리스도께로 인도하고 있다. 성경은 인간생활의 매뉴얼이 아니며, 우리의 행복이나 인격 도야를 위한 책도 아니다. 오직 그 속에서 구원의 은혜를 깨달을 뿐이다.

 하나님 말씀을 통해 점점 더 인격이 성숙해지고 착한 일을 함으로써 그 보상으로 천국 백성이 되는 것이 기독교가 아니다. 하나님 말씀과 이를 조명해 주시는 성령의 은혜에 의해 나의 죄성이 백일하에 드러남으로써 "내가 죄인 중의 괴수가 맞습니다"는 자기부인의 고백과 함께 예수 그리스도와 십자가를 붙잡고 의지하게 되는 것이 기독교다. 그걸 '예수 믿는다'고 하며, 하나님의 의인은 오직 그 믿음으로 산다.

18

마라의 쓴 물

출애굽기 15:22~25

모세가 홍해에서 이스라엘을 인도하매 그들이 나와서 수르 광야로 들어가서 거기서 사흘길을 행하였으나 물을 얻지 못하고 마라에 이르렀더니 그곳 물이 써서 마시지 못하겠으므로 그 이름을 마라라 하였더라
백성이 모세를 대하여 원망하여 가로되 우리가 무엇을 마실까 하매 모세가 여호와께 부르짖었더니 여호와께서 그에게 한 나무를 지시하시니 그가 물에 던지매 물이 달아졌더라

구원과 행복

홍해를 건너온 수백만의 이스라엘 백성들은 하나님의 구원에 감격해 한마음으로 춤추고 노래하면서 하나님을 찬양했다. 그들은 애굽에서 10가지 이적을 보았고, 홍해 바다가 갈라지는 엄청난 기적도 체험했다. 아마도 그들은 이런 생각을 했을 것이다.

'나는 하나님이 특별히 사랑하는 선민이로구나.'
'이렇게 능력이 크신 하나님이 우리 편이니 이제 아무 걱정이 없겠구나.'
'이제 고생 끝, 행복 시작이다. 하나님이 주시는 복을 누리며 이 세상에서 행복하게 잘 살아보자.'

그러나 이스라엘의 눈앞에는 푸른 초장, 시원한 나무 그늘이 아니라 뜨거운 광야 길이 펼쳐졌다. 이스라엘은 뜨겁고도 메마른 수르 광야를 사흘이나 걸어야 했다. 오늘날의 성도 또한 대부분 하나님과의 관계 속에서 크고 작은 기적들을 경험해 보았을 것이다. 구원받은 자가 맞다는 확신도 가져 보았을 것이다. 그러나 그 경험들이 인생의 행복으로 직결되지 않는다. 하나님 나라, 천국은 이 세상에 있지 않기 때문이다.

> 예수께서 대답하시되 내 나라는 이 세상에 속한 것이 아니라 만일 내 나라가 이 세상에 속한 것이었더면 내 종들이 싸워 나로 유대인들에게 넘기우지 않게 하였으리라 이제 내 나라는 여기에 속한 것이 아니니라 (요 18:36).

하나님의 시험

하나님은 당신이 택한 자들을 낮추시고 시험하길 원하신다.[1] 그래서 구원받은 성도의 눈앞에 곧장 천국이 나타나지 않는 것이다. 오히려 하나님의 구름기둥과 불기둥은 우리가 전혀 원치 않는 불편한 상황 속으로 끌고 가신다. 하나님의 백성은 반드시 이 땅에서 하나님의 시험을 받아야 하기 때문이다. 그 시험은 잘못된 길로 꾀는 멸망의 시험이 아니라 감찰하고 입증하며 단련하는 구원의 시험이다. 그러므로 성도는 이 세상에서 결코 태평성대, 승승장구의 삶을 살 수 없다.

> 나의 가는 길을 오직 그가 아시나니 그가 나를 단련하신 후에는 내가 정금 같이 나오리라(욥 23:10).

이 구절에서 '단련하신'에 해당하는 히브리어 바한(בָּחַן)은 '시험하다, 진실함을 증명하다'는 뜻도 있다. 성도가 인생을 살면서 겪는 눈물의 곡절이 어떤 의미인지를 한 마디로 설명해 주는 단어다. 성도의 인생은 하나님께 띠 띠우고 원치 않는 곳으로 끌려가며,[2] 주를 인하여 죽임을 당케 되며, 도살할 양같이 여김을 받게 된다.[3] 그래서 베드로 사도가 성도를 연단하려고 오는 불 시험을 이상히 여기지 말라고 하는 것이다.

결국 성도는 하나님의 불 시험을 통해 육적인 모든 것, 곧 가치관과 세계관, 율법적 사고 등 자기 중심의 선악체계가 불태움을 받고 하나님만 절대적으로 믿고 의존하는 존재로 거듭나게 된다. 그러나 여전히 자기 중심의 이

---

1 네 하나님 여호와께서 이 사십 년 동안에 네게 광야 길을 걷게 하신 것을 기억하라 이는 너를 낮추시며 너를 시험하사 네 마음이 어떠한지 그 명령을 지키는지 지키지 않는지 알려 하심이라(신 8:2).
2 내가 진실로 진실로 네게 이르노니 젊어서는 네가 스스로 띠 띠고 원하는 곳으로 다녔거니와 늙어서는 네 팔을 벌리리니 남이 네게 띠 띠우고 원치 아니하는 곳으로 데려가리라(요 21:18).
3 우리가 종일 주를 위하여 죽임을 당하게 되며 도살할 양 같이 여김을 받았나이다(시 44:22).

분법적 선악체계에 머물러 있다면, 그게 '시험에 든' 상태다. 그래서 주님이 주기도문에서 '우리를 시험에 들지 않게' 해달라는 기도를 가르쳐 주신 것이다.

이스라엘이 홍해에서 벗어나자 곧장 광야 길로 들어서는 것이 바로 그런 연유다. 성도는 이 세상에서 더 안락한 삶, 행복을 목적으로 사는 자가 아니라 하나님의 뜻을 깨닫고 그 은혜로 기뻐하는 자다. 그 과정에서 겪는 일들은 모두 성도를 단련하여 정금으로 만드시는 하나님의 선하신 뜻, 선물인 것이다. 이처럼 교회는 이미 창세전에 구원을 받았지만[4], 인생이라는 광야를 살면서 하나님의 뜻과 구원의 은혜를 온몸으로 체험하는 삶을 살게 된다.

마라의 쓴 물

이스라엘은 수르 광야에서 사흘 길을 걸어도 물을 얻지 못하다가 마라에 이르렀다. 거기에 물이 있었지만 그 물은 써서 마실 수가 없었다. 그래서 그곳의 지명을 '쓴 것, 쓴 맛'이란 의미의 마라(מָרָה)로 칭했다. 이스라엘은 홍해 앞에서처럼 또 원망하고 불평했다. 우리도 인생 속에서 시험을 만날 때마다 그들처럼 원망과 불평을 내뱉는다. 그런데 그 원망과 불평의 대상은 다름 아닌 하나님이다. 모든 일 속에는 '그 마음의 원대로 역사하시는 자'의 뜻이 담겨 있기 때문이다.[5]

하나님 앞에서 진짜 죄는 피조물이 하나님 노릇 하는 것이다. 그것이 선과 악, 두 마음으로 판단하고 비판하는 일이며, 근심·걱정하고 두려워하는 일

---

[4] 곧 창세 전에 그리스도 안에서 우리를 택하사 우리로 사랑 안에서 그 앞에 거룩하고 흠이 없게 하시려고(엡 1:4); 하나님이 우리를 구원하사 거룩하신 부르심으로 부르심은 우리의 행위대로 하심이 아니요 오직 자기 뜻과 영원한 때 전부터 그리스도 예수 안에서 우리에게 주신 은혜대로 하심이라(딤후 1:9).

[5] 모든 일을 그 마음의 원대로 역사하시는 자의 뜻을 따라 우리가 예정을 입어 그 안에서 기업이 되었으니(엡 1:11).

이다. 불 시험을 통해 두 마음으로 사는 옛사람의 육을 태우고 '모든 것이 하나님의 선하신 뜻'이라는 하나로 알게 되면 그게 새마음을 갖게 된 것이며, 그를 하나님의 아들이라고 한다.[6] 하나님의 뜻은 항상 새 창조에 있다. 하나님의 새 창조는 약속의 땅인 성도의 안에 하나님 나라를 만드는 일이다. 그 일은 우리의 육을 죽여 새로운 피조물로 만드는 방식으로 진행되고 있다.

모세와 하나님을 원망한 이스라엘은 실상 고난을 만날 때마다 실족하는 우리 모습이다. 그러나, 그럼에도 불구하고, 하나님이 이스라엘을 불쌍히 여겨주시고 한 방법을 주셨으니 '쓴 물에 나무를 던지는 것'이었다. 나무는 바로 십자가를 가리킨다. 마라의 쓴 물은 십자가로 인해 단물이 됐다.

마라를 구원하는 십자가

예수님은 나무에 달려 모든 죄인들을 향한 하나님의 저주를 한 몸에 받고 죽으셨다. 그 저주의 십자가, 수치의 십자가가 죄인을 구원하는 단물이 됐다. 그래서 예수께서 달리신 나무 주변에 마리아가 등장하는 것이다. 마리아는 '마라'의 의미를 담은 이름이다.

> 예수의 십자가 곁에는 그 어머니(마리아)와 이모와 글로바의 아내 마리아와 막달라 마리아가 섰는지라(요 19:25).

마리아 이외에 이모가 있는데, 마태복음에는 '세베대의 아들들의 어머니'라고 나와 있다. 곧 야고보와 요한의 어머니인 살로메인 걸 성경 기자가 잘 알고 있지만 굳이 그 이름을 언급하지 않고 마리아들만 나열하고 있다. 마라

---

6 헬라어로 '호 휘오스 호 모노게네스'(ὁ υἱός ὁ μονογενής)라고 하며, 독생자라고 번역하고 있다. 하나님의 외아들이란 의미와 함께 '모든 것을 하나님의 선하신 뜻 하나로 보는 아들'이란 의미가 있다. 더 이상 선악의 두 마음으로 보지 않는 자가 하나님의 아들이다.

의 쓴 물 사건을 되짚어 주는 것이다.

십자가 주변의 '마라' 마리아들은 모두 불같은 광야 속에서 목말라 죽게 된 자들, 바로 우리를 가리킨다. 마라의 쓴 물, 쓰디쓴 인생 속에 십자가라는 한 나무가 던져져야 비로소 쓴 물이 단물(생명수)이 되며, 고통의 마라가 기쁨의 나오미가 된다.[7] 오직 십자가만이 불가능하고 패역하며 소망이 없던 자들을 구원하고 생명을 얻게 한다.

성경의 모든 장면은 이처럼 예수 그리스도와 십자가를 향하고 있다. '성경은 나에 대하여 증거하는 것'이라 하신 예수님의 말씀이 참인 것이다.

엘림, 마라의 완성

이스라엘 백성들이 마라에 이어 곧 엘림에 이르렀다. 엘림에는 물 샘 열둘과 종려나무 일흔 그루가 있었다. 열둘은 아들의 수다. 이스라엘은 마라에서 십자가로 인해 여호와 라파의 고침(라파 רָפָא)을 받고 생명의 씨를 가진 아들이 됐다. 일흔(쉬브임 שִׁבְעִים)은 '언약, 안식'을 뜻하는 셰바(שֶׁבַע 일곱)와 '완성'을 뜻하는 '열'의 의미가 합쳐진 말이다. 야곱이 입애굽 할 때 열두 아들과 칠십인이 들어간 것, 예수님이 전도를 위해 열두 사도와 칠십인의 제자를 파송한 것과 같은 맥락이다.

엘림은 마라의 완성이다. 마라의 쓴 물은 나무로 인해 단물이 됐으며, 엘림의 열 두 우물과 종려나무 그늘은 안식을 제공했다. '엘림에 이르다'의 '이르다'는 히브리어로 보(בּוֹא)라고 하며, 노아가 방주 안에 들어갈 때 쓰인 말이다. 따라서 '엘림에 이르다'는 말은 '엘림에 들어갔다'고도 할 수 있다. 이

---

[7] 나오미가 그들에게 이르되 나를 나오미라 부르지 말고 나를 마라라 부르라 이는 전능자가 나를 심히 괴롭게 하셨음이니라(룻 1:20). 나오미는 '나의 기쁨, 나의 기뻐하는 자'란 뜻이다. 나오미는 절망적인 현실에 처하자 스스로 '마라'라고 칭했다. 그러나 훗날 그리스도의 모형인 '기업 무를 자(고엘)' 보아스에 의해 다시 나오미로 회복됐다.

스라엘이 십자가의 공로로 구원과 안식의 장소에 '들어간' 것이다.

성도는 시절을 좇아 과실을 맺고 잎사귀가 마르지 않는 엘림에서 영원히 살 것이다. 그 구원을 가르쳐 주는 것이 마라와 엘림이다. 하나님은 이처럼 성도를 광야라는 인생길을 살게 하시면서 하나하나 차근차근 성도들에게 구원을 가르쳐주고 계시다. 날마다 그 구원의 복음을 깨달아 가는 것이 성도의 복이다.

19

만나와 메추라기 1:
만나

출애굽기 16:14~18

그 이슬이 마른 후에 광야 지면에 작고 둥글며 서리 같이 세미한 것이 있는지라
이스라엘 자손이 보고 그것이 무엇인지 알지 못하여 서로 이르되 이것이 무엇이냐 하니 모세가 그들에게 이르되 이는 여호와께서 너희에게 주어 먹게 하신 양식이라 여호와께서 이같이 명하시기를 너희 각 사람의 식량대로 이것을 거둘지니 곧 너희 인수대로 매명에 한 오멜씩 취하되 각 사람이 그 장막에 있는 자들을 위하여 취할지니라 하셨느니라 이스라엘 자손이 그같이 하였더니 그 거둔 것이 많기도 하고 적기도 하나 오멜로 되어 본즉 많이 거둔 자도 남음이 없고 적게 거둔 자도 부족함이 없이 각기 식량대로 거두었더라

만나와 메추라기

이스라엘 백성들이 엘림을 떠나 시내산을 향해 가다가 엘림과 시내산 사이 신 광야쯤에서 불평을 하기 시작했다.

"애굽 땅에서 고기 가마 곁에 앉았던 때와 떡을 배불리 먹던 때에 하나님의 손에 죽었으면 차라리 좋았을 것을 온 회중이 광야에서 주려 죽게 됐다."

그들은 모세를 향해 하나님 원망을 했다. 이때는 애굽에서 나온 후 제 이 월 십오일이니 출애굽 후 한 달쯤 된 시점이었다. 장정만 60만 명, 총 200여만 명에 달하는 이스라엘 백성들이 한 달 동안 광야생활을 하면서 애굽에서 가지고 나온 가축과 곡식을 다 먹은 탓에 양식이 없다며 불만을 터트린 것이다. 이에 하나님이 이스라엘 백성에게 만나와 메추라기를 주어 양식으로 삼게 하셨다.

만나와 메추라기 중에서 먼저 만나에 대해 살펴본다.

하늘에서 내려온 생명의 양식

이스라엘의 진 주변에 이슬이 내렸고, 그 이슬이 마른 후 지면에 작고 둥글며 서리같이 세미한 것이 생겼다. 이것이 만나였다. 만나는 깟씨같이 희고 꿀 섞은 과자처럼 단맛이 났다. 사실 만나가 정확한 이름은 아니다. 이스라엘 백성들이 작고 둥근 물체를 보고 그것이 무엇인지 알지 못해 "이것이 무엇이냐?"(만 후 הוא מן) 하며 서로 물었다. 이때 '무엇이냐?'에 해당하는 히브리어 만(מן)에서 만나라는 이름이 비롯됐다. 만나는 '만'의 헬라식 표기다. 마치 호주 원주민들이 서양인들이 문의한 동물의 이름에 대해 '모른다'(캥거루)고 한 대답이 그대로 이름이 된 일과 유사한 상황이다.

그때부터 만나는 이스라엘 40년 광야생활의 주요 양식이 됐다. 학자들의 연구에 따르면 200만에 달하는 이스라엘 백성들에게 필요한 만나의 양이 하루에만 4,500톤이라고 한다. 제6일째에는 갑절인 9,000톤이 떨어졌고, 이 일이 40년 동안 지속됐다. 실로 어마어마한 양의 만나가 한 번도 거르지 않고 신실하게 내렸으니 하나님의 능력이 아니면 가능하지 않은 일이었다.

이로써 이스라엘은 하늘에서 내려온 양식으로 인해 굶주림에서 벗어나 생명을 얻었다. 만나는 하늘에서 내려와 세상에 생명을 주는 양식이며, 하늘에서 오신 생명의 양식인 예수님을 가리키는 교구재다. 말씀이 육신이 되어 하나님의 말씀, 곧 진리를 담고 오신 예수님이 참된 하늘의 양식이며 생명의 떡이다.

예수 그리스도의 모형

만나는 작고 둥글고 모나지 않은 것이었다. 하나님의 말씀은 완전하고, 구원을 위한 모든 것을 담고 있다. 그 말씀은 온전하고 모순이 없다. 만나는 또한 깟씨같이 희었다. 하나님의 말씀은 절대적으로 순전하다.

> 여호와의 말씀은 순결함이여 흙 도가니에 일곱번 단련한 은 같도다
> (시 12:6).

만나는 하늘의 양식으로 오신 예수 그리스도의 모형이었다. 그걸 바르게 알고 먹은 자가 영혼의 구원, 영원한 생명을 얻는다.

만나는 아침에 이스라엘의 진 주변에 떨어졌다. 하늘에서 내려온 생명의 양식은 우리 가까이 있다. 하나님의 말씀은 멀리 있지 않고 우리 곁에 있다. 모든 것이 말씀이니까. 그러나 "이게 뭐야?" 하면서 뭔지 모르고 먹으면 이스라엘처럼 광야에서 다 죽는 것이다. 예수님이 광야의 시험에서 마귀에게 "떡으로 사는 것이 아니라 하나님의 말씀으로 산다"고 답하신 것이 이스라엘의 실패가 무엇이었는지를 정확하게 가르쳐 준다.

예수님이 오병이어, 칠병이어의 기적으로 수많은 사람들을 먹이신 것은 하나님이 광야에서 이스라엘 백성들을 만나로 먹이신 것과 같은 일이다. 그들은 하늘의 양식, 생명의 떡으로 오신 예수님을 광야에서와 마찬가지로 여전히 '만나'(이게 뭐야?)로 보면서 이 세상의 삶, 이 세상의 행복을 위하는 분으로 오해했다. 그래서 그들은 하늘의 양식을 거부한 채 예수님을 일상의 행복을 채워주지 못하는 무력한 존재로 몰아 십자가에 달아 죽였다.

광야에서 1세대 60만 명이 모두 죽는 일, 예수님의 십자가 앞에서 제자들이 모두 떠나간 일은 우리가 하나님의 은혜가 아니면 그 양식, 그 말씀을 온전히 깨닫지 못하고 멸망할 수밖에 없는 존재라는 사실을 확증해 준다.

낮추시고 시험하시는 뜻

> 네 하나님 여호와께서 이 사십년 동안에 너로 광야의 길을 걷게 하신 것을 기억하라 이는 너를 낮추시며 너를 시험하사 네 마음이 어떠한지 그 명령을 지키는지 아니 지키는지 알려하심이라(신 8:2).

하나님은 애굽에서 건져낸 백성들을 의도적으로 광야에서 굶주리게 하시고 목마르게 하셨다. 하나님이 성도로 하여금 광야 인생을 살게 하신 이유는 낮추시고 시험하기 위함이다. 선악과를 먹고 목이 곧아진 자, 스스로 하나님처럼 된 자들이 '하나님만이 참 하나님'임을 깨닫고 자기를 부인하게 되는 것이 하나님의 낮추심이다.

그리고 인생을 살면서 '내가 하나님만을 믿는 자가 맞는가?'를 돌아보고, 날마다 그 시험에 실패하면서 자신의 믿음 없음을 거듭 확인하라는 것이 하나님의 시험이다. 나의 믿음이 나날이 성장하는 것을 기뻐하고 자랑하는 것이 아니라 나의 믿음 없음을 깨닫고 나의 불가능을 확인하는 것이 이 시험의 참된 목적이다. 그 자리에서 하나님이 "이제 어떻게 해야 하겠느냐?"고 우리에게 물어보시는 것이다.

성도의 광야 인생은 스스로 구원에 이를 수 없음을 깨닫고 하나님과 그의 보내신 자, 예수 그리스도만 절대적으로 믿는 자로 지어져 가는 시간이다. 그 설득의 기간이 광야 인생이다. 인생은 업적과 공로를 쌓아서 천국 입장권을 얻어내는 시간이 아니다. 하나님은 외모가 아니라 중심을 보신다. 외모는 겉으로 드러나는 행위를 말하며, '중심'(레바브 בבל)은 '마음, 속사람'을 뜻한다. 우리를 낮추시고 시험하시며 우리의 마음이 어떠한지 보라고 하시는 것이다. 인생은 그걸 위한 훈련장이다. 성도는 그 훈련장에서 하나님의 참사랑을 깨달아 절로 무릎이 꿇어지고 하나님을 찬양하는 복된 자로 지어져 간다.

다가오는 날을 위한 양식

> 오늘날 우리에게 일용할 양식을 주옵시고(마 6:11).

하늘에서 오신 생명의 양식인 예수님이 제자들에게 가르쳐 주신 주기도문의 한 구절이다. '일용할 양식'을 우리는 흔히 우리의 일상에 필요한 것들로 이해하며 구한다. 그러나 '일용할 양식'은 아람어 성경에서는 '내일의 양식'으로 쓰고 있고, '일용할'에 해당하는 헬라어 에피우시오스(ἐπιούσιος)는 '다가오는 날을 위한'이란 의미가 있다. 즉, '일용할 양식'은 이스라엘 백성들이 제6일에 함께 얻던 제7일의 양식, 곧 안식일의 양식을 가리킨다.

하늘의 양식, 생명의 말씀은 이 세상의 일상(오늘)을 위한 양식이 아니라 안식의 날(내일)을 위한 양식이다. 하나님의 말씀을 이 땅의 행복, 세상살이를 위한 것으로 오해하면 광야에서 만나를 먹고도 멸망한 자들과 같은 운명이 된다. 내일의 양식은 '영원 속 안식의 날'이 반드시 우리에게 주어질 것이라는 약속을 담고 있다. 만나, 하늘에서 내려온 생명의 말씀은 새 하늘 새 땅으로 다가오는 그 안식의 날을 소망하는 자에게만 참된 생명의 떡이 될 것이다.

20

만나와 메추라기 2:
메추라기

민수기 11:31~34

바람이 여호와에게서 나와 바다에서부터 메추라기를 몰아 진영 곁 이쪽 저쪽 곧 진영 사방으로 각기 하룻길 되는 지면 위 두 규빗쯤에 내리게 한지라 백성이 일어나 그 날 종일 종야와 그 이튿날 종일토록 메추라기를 모으니 적게 모은 자도 열 호멜이라 그들이 자기들을 위하여 진영 사면에 펴 두었더라 고기가 아직 이 사이에 있어 씹히기 전에 여호와께서 백성에게 대하여 진노하사 심히 큰 재앙으로 치셨으므로 그 곳 이름을 기브롯 핫다아와라 불렀으니 욕심을 낸 백성을 거기 장사함이었더라

메추라기를 주고 치시다

하나님의 약속대로 아침에는 만나가 내렸고, 저녁에는 메추라기가 날아들어 진 주변에 덮였다. 메추라기는 여호와로부터 나온 바람이 바다에서부터 몰아온 것인데, 메추라기가 얼마나 많이 떨어졌는지 이스라엘의 진영 사방으로 하룻길 되는 거리에 두 규빗, 약 90cm나 쌓였다. 백성들이 이틀 내내 메추라기를 주워 저마다 최소 10호멜씩 모았다. 호멜은 부피의 단위로 1호멜은 약 220리터에 해당한다.

그런데 백성들이 엄청난 양의 고기를 모아 놓고 막 포식을 하려는 순간 이해하기 어려운 사건이 발생했다. 그들이 고기를 씹어보기도 전에, 아직 고기가 이빨 사이에 있어 씹기도 전에 하나님이 백성들에게 크게 진노하시고 심히 큰 재앙으로 치신 것이다. 그 일로 인해 그 곳의 지명이 '기브롯 핫다아와', 즉 '탐욕의 무덤'이 됐으니 적지 않은 수의 백성이 죽은 모양이다.

도대체 이게 어떻게 된 일일까?

왜 하나님은 이스라엘의 소원대로 고기를 허락하시고, 그런 다음 그들을 향해 진노하신 것일까?

이럴 바에는 차라리 메추라기를 주지 않는 것이 낫지 않았을까?

언뜻 보면 매우 황당한 사건이다. 그러나 잘 들여다보면 역시 깊디깊은 구원의 복음이 담겨 있다.

이스라엘이 그리워한 것

이 사건을 차근차근 살펴보자. 처음 이스라엘 백성들이 양식이 떨어졌다고 불평하던 때로 거슬러 가본다.

"우리가 애굽 땅에서 고기 가마 곁에 앉아 있던 때와 떡을 배불리 먹던 때에 여호와의 손에 죽었더라면 좋았겠다."

그들의 불평을 잘 살펴보면 다소 묘한 느낌이 든다. 왜냐하면, 그들은 분명히 애굽에서 많은 가축을 가지고 나왔을 것이고,[1] 그동안 그것들을 양식으로 삼았을 텐데 애굽 땅에서 고기 가마 곁에 앉았던 때와 떡을 배불리 먹던 때가 그립다고 했기 때문이다.

이런 상황에선 얼마 전까지 잡아먹은 가축에 대한 기억이 훨씬 가깝고도 선명할 텐데, 굳이 애굽에서 먹던 고기와 떡을 그리워 할 필요가 있었을까?

'고기 가마'의 가마는 히브리어로 시르(סִיר)라고 하며 '솥, 시루, 항아리'를 뜻한다. 즉, 가마는 도자기 굽는 류의 큰 가마가 아니라 집집마다 걸려있던 솥이나 시루를 가리킨다. 따라서 그들이 달라고 한 것은 노역을 할 때 집단적으로 먹은 가축의 고기가 아니라 애굽의 각자 집에서 먹던 고기였다.

그렇다면 이스라엘 온 회중이 각자 먹었으면서도 집단적으로 추억하는 고기의 정체는 무엇일까?

이는 다름 아닌 유월절에 먹은 어린 양의 고기였다. 하나님은 죽어야 할 이스라엘 대신에 죄 없는 어린 양을 죽이고 이스라엘을 살리셨다. 너희는 이렇게 구원된다는 걸 가르쳐주신 것이다.

'무죄한 어린 양이 죽고 정작 죽어야 할 너희가 살았다.'

이것이 구원의 복음이고, 훗날 이스라엘이 드리게 될 희생제사의 내용이다. 그런데 이스라엘이 광야에서 그 날에 먹은 고기를 추억하며 또 다시 먹고 싶다고 하는 것은 대신 죽은 그 양의 의미를 모른다는 말이 된다.

---

[1] 바로가 요셉의 형들에게 묻되 너희 생업이 무엇이냐 그들이 바로에게 대답하되 종들은 목자이온데 우리와 선조가 다 그러하니이다 하고(창 47:3); 애굽 땅이 네 앞에 있으니 땅의 좋은 곳에 네 아버지와 네 형들이 거주하게 하되 그들이 고센 땅에 거주하고 그들 중에 능력 있는 자가 있거든 그들로 내 가축을 관리하게 하라(창 47:6).

고기, 바사르의 의미

고기의 히브리어 바사르(בָּשָׂר)는 '살, 육체'의 의미가 있다.

> 여호와께서 가라사대 나의 신이 영원히 사람과 함께 하지 아니하리니 이는 그들이 육체(바사르)가 됨이라(창 6:3).

성경에서 '바사르'는 주로 영적이 아닌 육적인 것을 가리키는데, 이것이 '고기'가 담고 있는 의미다. 게다가 메추라기는 바람에 의해 바다로부터 몰아져 왔다. 바다는 성경에서 저주의 상징이다. 하늘 위 진리의 물과 대조적으로 이 땅의 물은 오해된 진리이기 때문이다(17.홍해 도하 참고).

또한 메추라기, 곧 새는 이스라엘에서 성전을 상징한다. 보이는 성전은 율법의 성전이었다. 하나님의 말씀을 구원의 복음으로 바르게 깨닫지 못하면 율법이 되어 버리고, 선악과를 먹고 스스로 하나님이 된 인간은 필연적으로 그 율법을 자기를 높이고 자기 의를 챙기는 도구로 오용하게 되어 있다. 죄의 근본은 바로 이것이며, 이러한 죄성을 드러낸 대표적인 예가 바리새인이다.

바리새인(파리사이오스 Φαρισαῖος)은 '나누는 자, 분리하는 자'란 뜻이다. 바리새인은 자신들의 청렴함과 엄격한 율법 준수를 통해 부패한 세상과 구별을 하고자 했겠지만 하나님 편에서 보면 선과 악을 열심히 구분하며 자기 의를 쌓는 자였을 뿐이다. 그래서 예수님이 그들을 향해 '독사의 자식'이라는 저주를 퍼부으신 것이다.

하나님은 저녁에 고기를 주고, 아침에는 떡을 주시겠다고 하셨다. 저녁의 히브리어 에레브(עֶרֶב)는 '덮여 있음'의 의미로 진리를 깨닫지 못한 어둠의 상태를 가리킨다. 말씀을 보이는 그대로 보면 본다고 하지만 소경이고, 그 상태가 저녁이다. 아침의 히브리어 보케르(בֹּקֶר)는 '허물고 다시 시작함'의 의미다. 즉, 어둠의 상태, 율법의 상태인 옛 성전이 무너지고 새롭게 부활하는 것이 아침이다.

그런데 이스라엘은 애굽에서 저녁의 양식을 먹은 다음에 아침의 양식인 생명의 떡을 먹었는데, 여전히 저녁의 양식인 고기에 집착하고 있었으므로 하나님의 진노를 받은 것이다. 그 고기를 먹으려면 다시 애굽으로 돌아가야 하는데, 홍해는 이미 닫혀 버렸다. 이스라엘, 교회는 그곳으로 절대 다시 돌아갈 수 없다.

창세기 천지창조 때 '저녁이 되며 아침이 되니'라는 말이 6번 나온다. 단순히 밤낮이 바뀌고 하루가 지났다는 말이 아니라 정교하게 구원의 복음을 설명하는 말씀이다. 성도는 반드시 저녁에서 아침으로, 어둠에서 빛으로, 죄에서 의로, 율법에서 은혜의 자리로 가게 된다. 하나님은 창세전에 택하신 당신의 백성들을 반드시 저녁에서 아침으로 인도하실 것이다. 그걸 가르쳐 주시기 위해 백성들이 저녁의 양식인 고기를 원할 때 '기브롯 핫다아와'로 응답하신 것이다.

영단번의 십자가 공로

> 내 살은 참된 양식이요 내 피는 참된 음료로다(요 6:55).

예수님이 제자들에게 떡을 떼어주시며 이를 당신의 살이라고 하셨다. 떡이 살이고, 살이 생명의 양식이라고 하신 것이다. '살'의 헬라어 사르크스(σάρξ)는 히브리어 바사르와 같은 의미다. 예수님은 말씀이 육신(사륵스) 되어 오신 분이므로 떡과 살은 모두 말씀을 뜻한다.

그러나 말씀이 육신이 되어 오신 예수님을 보이는 대로 보면, 즉 하나님의 말씀을 눈에 보이는 대로 읽으면 '하라, 하지 말라'의 율법이 되어버린다. 이스라엘이 하나님의 뜻을 깨닫지 못한 채 열심히 양과 소를 바치며 희생제사만 지낸 것이 바로 그 때문이었다. 거기에 담긴 구원의 복음을 알아야 하는

데, 그건 알 생각을 하지 않고 열심히 제물만 죽이고 바쳤다. 이스라엘이 광야에서 고기 먹겠다고 투정한 것이 그와 같은 일이다.

　유월절 어린 양이신 예수 그리스도가 죄에 대하여 단번에 죽으시고, 그로 인해 영원히 죄의 문제가 해결됐다. 이 영단번의 십자가 공로를 깨닫지 못하고 희생제사만 열심히 드린 일, 이것이 역사 내내 이스라엘이 한 일이며, 오늘날 교회 다닌다고 하는 대다수 교인들이 하는 일이다. 이는 하나님의 진노를 사는 일이다. 그래서 하나님은 제사를 원치 않고, 번제보다 하나님을 아는 것을 원한다고 하셨다.[2] 제사(예배)는 교육의 재료일 뿐 중요한 것은 하나님을 알고 하나님의 뜻을 깨닫는 것이다. 하나님과 예수 그리스도를 아는 것이 구원이고 영생이다.

　이스라엘 백성들이 광야에서 유월절 양고기를 달라고 한 것은 또다시 어린 양을 죽이겠다는 것이며, 예수 그리스도의 영단번의 십자가 공로를 부정하고 또 십자가에 매달겠다고 하는 일이었다. 그래서 백성들이 이빨 사이의 고기를 씹어보지도 못하고 죽은 것이다. 어린 양을 또다시 잡는 일은 예수를 또 죽이는 일이고, 하나님의 말씀을 율법으로 보는 상태에 머무는 일이었다.[3] 그건 절대로 안 된다는 하나님의 결연한 의지 표명이 기브롯 핫다아와였다. 성도는 탐욕의 무덤에 탐심을 묻고 아침으로, 빛의 나라로 가야 한다.

2　나는 인애를 원하고 제사를 원하지 아니하며 번제보다 하나님을 아는 것을 원하노라(호 6:6).

3　이것이 십계명의 제6계명 "살인하지 말라"의 진의이기도 하다. 그 의미를 모른 채 희생제사만 지내는 것은 인자로 오신 예수를 죽이는 일이다(25.십계명 2 참고).

21

맞아 죽은 반석

출애굽기 17:3~7

거기서 백성이 물에 갈하매 그들이 모세를 대하여 원망하여 가로되 당신이 어찌하여 우리를 애굽에서 인도하여 내어서 우리와 우리 자녀와 우리 생축으로 목말라 죽게 하느냐

모세가 여호와께 부르짖어 가로되 내가 이 백성에게 어떻게 하리이까 그들이 얼마 아니면 내게 돌질 하겠나이다

여호와께서 모세에게 이르시되 백성 앞을 지나가서 이스라엘 장로들을 데리고 하수를 치던 네 지팡이를 손에 잡고 가라 내가 거기서 호렙산 반석 위에 너를 대하여 서리니 너는 반석을 치라 그것에서 물이 나리니 백성이 마시리라 모세가 이스라엘 장로들의 목전에서 그대로 행하니라

그가 그곳 이름을 맛사라 또는 므리바라 불렀으니 이는 이스라엘 자손이 다투었음이요 또는 그들이 여호와를 시험하여 이르기를 여호와께서 우리 중에 계신가 아닌가 하였음이더라

호렙산 반석

출애굽 한 이스라엘 백성들이 신 광야를 떠나 르비딤에 당도했다. 그때 백성들은 마실 물이 없다고 아우성을 치며 모세와 다퉜다. 모세는 수백만 명의 아우성을 홀로 당하는 것이 어찌나 괴로웠던지 아벨의 핏소리가 하나님께 호소하듯(차아크 צעק) 하나님께 부르짖었다(차아크). 예수님이 수난을 받으실 때, 직접 대응하지 않고 오직 공의로 심판하시는 하나님께 모든 것을 의탁하신 것처럼 모세도 그와 같이 했다.

모세의 호소를 들으신 하나님이 호렙산 반석을 치고 거기에서 나오는 물을 마시라고 명하셨다. 성경은 예수님을 뜨인 돌, 산 돌, 모퉁이 돌, 거치는 돌, 반석 등으로 표현한다. '돌, 반석'의 히브리어 에벤(אבן)을 파자하면 하나님(א)의 아들(בן)이란 뜻이다. 문자 자체가 이미 예수님을 가리키고 있다. 또한 시내산에서 하나님이 말씀을 새겨주시는 돌판 역시 말씀이 육신 되어 오신 예수님의 모형이다. 말씀이 육신 되어 오셨다는 건 하나님의 말씀을 담고 오셨다는 뜻이다.

반석을 치는 일은 온 세상의 통치자이신 하나님이 거룩한 공의의 지팡이를 들고 우리의 대속자를 징계하는 일의 모형이다. 우리의 대속자가 우리 대신 징계를 받았다면 우리는 마땅히 죄인이어야 한다. 우리가 죄인이라는 인식을 분명히 하지 않는다면 우리는 우리의 대속자, 예수 그리스도와 아무 관계가 없게 된다. 예수님은 의인을 부르러 오신 것이 아니라 죄인을 불러 회개시키려 오셨다.

하나님 앞에서는 모두가 죄인이며, 의인은 없나니 하나도 없다. 이것이 율법을 주신 뜻이며, 그 이전에 선악과를 주신 뜻이다. 그러므로 모든 인간은 죄인으로 판명되어 하나님의 심판을 기다려야 할 처지다. 그러나 하나님이 성령을 부으셔서 '죄에 대하여, 의에 대하여, 심판에 대하여' 깨닫게 하기 까지는 모두가 자기의 의를 높이고 자랑할 뿐이다. 의인이 유기되고 죄인이 구원받는 이유가 이것이다.

신령한 반석의 신령한 음료

반석을 치자 과연 반석이 원천(源泉)이 되어 물이 쏟아져 나왔다.

> 다 같은 신령한 음료를 마셨으니 이는 저희를 따르는 신령한 반석으로부터 마셨으매 그 반석은 곧 그리스도시라(고전 10:4).

반석이 예수님의 예표인 것처럼 반석에서 흘러나온 물은 성령의 예표였다. '신령한'의 헬라어 프뉴마티코스(πνευματικός)는 프뉴마(성령)에서 나온 말이며, '신령한 음료'는 '성령의 생수'를 뜻한다.

> 명절 끝날 곧 큰날에 예수께서 서서 외쳐 가라사대 누구든지 목마르거든 내게로 와서 마시라 나를 믿는 자는 성경에 이름과 같이 그 배에서 생수의 강이 흘러나리라 하시니 이는 그를 믿는 자의 받을 성령을 가리켜 말씀하신 것이라(요 7:37, 38).

물 없는 광야의 삶을 살면서 목이 말라 죽게 된 자들이 반석으로부터 나오는 생수를 먹고 살아나는 것이 구원이다. 성도가 그 생수를 받아 마시면 그도 살아날 뿐 아니라 그의 배에서 생수가 흘러넘치게 되어 다른 이들도 살리게 된다. '배'를 뜻하는 헬라어 코일리아(κοιλία)는 성경에서 '모태, 자궁'의 의미로도 쓰인다. 성령으로 잉태되고 탄생하는 생명의 근원을 설명하는 말이다.

에스겔이 환상 중에 본, 성전에서 흘러나오는 물도 같은 의미다. 성전에서 발원한 물이 온 땅을 적시고 저주의 바다까지 소성케 한다. 성전은 하늘의 성전이면서 성령으로 인해 성전이 되는 성도의 몸이기도 하다. 이 성전은 또한 요한계시록에서 어린 양의 신부로 완성되는 교회, '거룩한 성 예루살렘'을 가리킨다. 성경에서 말하는 성전은 궁극적으로 성도의 몸이며, 교회다.

교회는 예배당 건물이 아니라 구원받은 각각의 성도를 가리키며, 동시에 그들 전체를 일컫는 말이다.

맞아 죽은 반석

하나님이 모세에게 반석을 치라고 명하셨다. '치라'고 번역된 히브리어 나카(נכה)가 의미심장하다. '나카'는 '때리다, 죽이다', 즉 '죽이기 위해 때리다'는 의미의 단어다. 모세가 애굽의 왕자 시절에 동족을 학대하는 애굽 사람을 의분에 못 이겨 쳐죽인 바 있다. 이때 '쳐죽였다'에 해당하는 말이 '나카'다. 무생물인 반석에 이러한 의인법을 사용한 것은 낯설지만 정교한 선택임이 분명하다.

하나님은 우리 죄인들을 대신해서 대속자를 징계하실 것인데, 이 대속자를 죽일 작정을 하고 계시다는 걸 '나카'라는 단어로 알 수가 있다. 하나님은 창세 이래, 아니 창세전의 영원부터 하나님 속에 감춰 두셨던 이 비밀의 경륜을 하나하나 정교하게 실행해 가고 계신 것이다.

어떤 이들은 에덴에서 아담과 하와가 선악과를 먹고 타락하는 바람에 어쩔 수 없이 하나님이 성자 하나님의 십자가 사건을 플랜 B로 발동시켰다고도 한다. 그러나 이는 하나님이 어떤 분인지 모르는 데서 기인한 오해다. 하나님은 전지전능한 신이다. 피조물의 제한적인 인식수준으로 하나님을 멋대로 규정해서는 안 된다. 하나님과 그의 보내신 자 예수 그리스도를 아는 것이 구원이고 영생이라고 하는 것이 그런 이유다.

인생의 가장 중요한 깨달음 두 가지는 '하나님이 어떤 분인지 아는 것'과 '내가 어떤 존재인지 아는 것'이다. 나의 불가능을 깨닫고 하나님의 은혜 앞에 엎드리는 것이 참된 복이다. 예수님이 십자가에 달려 죽으신 것은 결코 우연한 사건이 아니다. 창세전에 이미 하나님의 작정 안에 있던 일이다.

> 영원부터 만물을 창조하신 하나님 속에 감추었던 비밀의 경륜이 어떠
> 한 것을 드러내게 하려 하심이라(엡 3:9).

은혜의 하나님

민수기 20장에 보면, 그로부터 40년 후에 비슷한 사건이 발생한다. 물이 없어 목이 마르다고 투정하는 이스라엘 백성에게 하나님이 해결책을 주시는데, 역시 반석으로부터 물을 내게 하는 것이었다. 모세가 손을 들어 지팡이로 반석을 두 번 치자 반석에서 물이 많이 솟아나왔고, 회중과 짐승들이 실컷 마셨다. 그런데 40년 전과는 달리 이번에는 모세와 아론이 하나님께 책망을 들었고, 그 결과 그들은 가나안 땅으로 들어가지 못하게 됐다.

어떻게 된 일일까?

모세가 그때와 똑같이 반석을 두드렸는데 처음과 달리 하나님께 질책 받은 이유가 무엇일까?

성경을 잘 살펴보면 하나님께서 40년 전과 달리 '반석을 치라'고 하지 않으시고, '반석에게 명하여' 물을 내게 하라고 말씀하셨음을 알 수 있다.

> 지팡이를 가지고 네 형 아론과 함께 회중을 모으고 그들의 목전에서 너
> 희는 반석에게 명하여 물을 내라 하라 네가 그 반석으로 물을 내게 하
> 여 회중과 그들의 짐승에게 마시울찌니라(민 20:8).

이러한 명령을 어기고 반석을 친 모세의 행위는 믿음 없는 일이고, 하나님의 거룩을 훼손시킨 일이었다.

> 여호와께서 모세와 아론에게 이르시되 너희가 나를 믿지 아니하고 이
> 스라엘 자손의 목전에서 내 거룩함을 나타내지 아니한 고로 너희는 이

> 회중을 내가 그들에게 준 땅으로 인도하여 들이지 못하리라 하시니라
> (민 20:12).

그렇다면 40년 전과 다른 하나님의 명령과 이에 따른 징계의 이유는 무엇일까?

그것은 한 마디로 반석의 쪼개짐, 즉 예수의 십자가 죽음이 '죄에 대한 영단번의 죽으심'[1]이기 때문이다. 예수 그리스도께서 죽은 자 가운데서 다시 사셨으므로 이제 다시 죽지 않으시고, 사망도 다시 그를 주장하지 못하게 됐다. 예수 그리스도는 많은 사람의 죄를 담당하시려고 단번에 드리신 바 되셨고,[2] 그로 인해 영원히, 영단번으로 죄의 문제가 해결됐다.

이 일로 인해 모세는 가나안 땅을 목전에 두고 모압의 산에서 죽었다. 모세가 죽을 때 120세였지만 그의 눈이 흐리지 않았고, 기력도 쇠하지 않았다. 아직 죽을 때가 되지 않았다는 뜻이다. 그러나 하나님의 징계로 인해 죽은 모세에 대해 인간적인 안타까움이나 동정심을 갖는 것은 무의미하다.

모세는 율법서인 모세오경의 기자로 율법의 상징적 인물이다. 이스라엘은 모세가 아닌 여호수아의 인도로 가나안 땅에 들어갔다. 여호수아의 헬라식 표기가 예수다. 약속의 땅에 들어가는 것은 율법의 행위가 아니라 하나님의 은혜라는 걸 가르쳐 주는 일이다. 하나님의 깊은 뜻 앞에서 인간적인 생각이나 감정은 하나님의 대적이 될 뿐이다.

> 예수께서 돌이키시며 베드로에게 이르시되 사탄아 내 뒤로 물러 가라 너는 나를 넘어지게 하는 자로다 네가 하나님의 일을 생각지 아니하고 도리어 사람의 일을 생각하는도다 하시고(마 16:23).

---

1 그의 죽으심은 죄에 대하여 단번에 죽으심이요 그의 살으심은 하나님께 대하여 살으심이니 (롬 6:10).
2 이와 같이 그리스도도 많은 사람의 죄를 담당하시려고 단번에 드리신 바 되셨고 구원에 이르게 하기 위하여 죄와 상관 없이 자기를 바라는 자들에게 두 번째 나타나시리라(히 9:28).

예수께서 베드로에게 '사탄'이라고 일갈하신 뜻을 잘 새겨보라. 사탄(사타나스 Σατανᾶς)은 '대적자'란 뜻이다. 누구나 사탄이 될 수 있다. 누구나 하나님의 일보다 사람의 일을 더 생각하기 때문이다. 참 성도는 이러한 죄인 됨의 실존을 깨닫고 "내가 죄인 중의 괴수, 사탄이 맞습니다"라는 고백을 하게 된다.

반석은 이미 지팡이에 맞아서 죽었기 때문에 다시 맞아 죽으면 안 되는 것이었다. 비록 모세가 잘못을 저질렀지만, 그리고 여전히 이스라엘은 패역했지만 이번에도 역시 은혜의 생수는 흘러나왔다. 우리가 비록 날마다 반석을 치고 예수님을 십자가에 못 박는 죄를 저지르고 있지만, 하나님은 그런 우리를 돌아보아 주시며 구원의 약속을 신실하게 지켜가고 계시다. 참으로 오래 참으시는 하나님, 모든 은혜의 하나님이시다.

22

대대로 싸울 아말렉 전쟁 1:
영적 전쟁의 실체

출애굽기 17:8~16

때에 아말렉이 이르러 이스라엘과 르비딤에서 싸우니라 모세가 여호수아에게 이르되 우리를 위하여 사람들을 택하여 나가서 아말렉과 싸우라 내일 내가 하나님의 지팡이를 손에 잡고 산꼭대기에 서리라 여호수아가 모세의 말대로 행하여 아말렉과 싸우고 모세와 아론과 훌은 산꼭대기에 올라가서 모세가 손을 들면 이스라엘이 이기고 손을 내리면 아말렉이 이기더니 모세의 팔이 피곤하매 그들이 돌을 가져다가 모세의 아래에 놓아 그로 그 위에 앉게 하고 아론과 훌이 하나는 이편에서, 하나는 저편에서 모세의 손을 붙들어 올렸더니 그 손이 해가 지도록 내려오지 아니한지라 여호수아가 칼날로 아말렉과 그 백성을 쳐서 파하니라
여호와께서 모세에게 이르시되 이것을 책에 기록하여 기념하게 하고 여호수아의 귀에 외워 들리라 내가 아말렉을 도말하여 천하에서 기억함이 없게 하리라 모세가 단을 쌓고 그 이름을 여호와 닛시라 하고 가로되 여호와께서 맹세하시기를 여호와가 아말렉으로 더불어 대대로 싸우리라 하셨다 하였더라

남방의 아말렉

목이 마른 이스라엘 백성들이 르비딤에서 신령한 반석으로부터 나오는 신령한 생수를 마셨다. 사도 바울의 해설처럼 반석은 그리스도였고, 생수는 성령이었다. 그런데 그 은혜로운 사건 직후에 아말렉 족속이 쳐들어 왔다.

아말렉 족속은 가나안 땅의 남쪽에 자리잡고 있었다. 민수기 13장에서 열두 정탐꾼이 가나안 땅을 살핀 후에 "아말렉인이 남방 땅에 거한다"고 보고하는 장면을 볼 수 있다.[1]

이스라엘 민족이 홍해를 건넌 이후 가장 먼저 부딪힌 족속이 아말렉인 것은 그들의 거처가 남방인 탓일 것이다. 그러므로 아말렉의 급습은 자기 땅을 지키려는 수비적인 공격일 수 있다. 또한, 르비딤에서 큰 물이 흘러나온 일이 그들을 부추겼을 수도 있다. 당시 물은 큰 이권이자 분쟁거리였다.[2]

그리고 이스라엘이 애굽에서 가지고 나온 막대한 양의 은금 패물도 그들의 목표가 될 수 있다. 이스라엘은 출애굽 직전에 애굽인에게서 원하는 대로 은금패물과 의복을 취한 바 있고, 신명기 25장에서 '아말렉이 뒤에 떨어진 약한 자들을 쳤다'는 내용으로 보아 약탈을 위해 들이닥쳤다고 보는 것도 충분히 신빙성이 있다.

어찌됐건, 하나님이 강력한 애굽의 전차부대를 홍해에서 몰살시킨 것이 불과 얼마 전의 일이니 아말렉 족속 쯤이야 간단하게 격퇴할 수 있을 것이다. 그러나 아말렉과의 싸움은 홍해 때와는 사뭇 다른 양상으로 흘러갔다. 싸움의 양상은 다음 편에서 살피기로 하고, 먼저 아말렉 전쟁의 의미에 대해 알아본다.

---

[1] 아말렉인은 남방 땅에 거주하고 헷인과 여부스인과 아모리인은 산지에 거주하고 가나안인은 해변과 요단 가에 거주하더이다(민 13:29).

[2] 아비멜렉의 종들이 아브라함의 우물을 빼앗은 일에 관하여 아브라함이 아비멜렉을 책망하매(창 21:25); 이삭의 종들이 골짜기를 파서 샘 근원을 얻었더니 그랄 목자들이 이삭의 목자와 다투어 이르되 이 물은 우리의 것이라 하매 이삭이 그 다툼으로 말미암아 그 우물 이름을 에섹이라 하였으며(창 26:19, 20).

아말렉 전쟁에 담긴 의미

이스라엘이 애굽에서 종노릇 할 때는 전쟁이 없었다. 애굽은 세상의 상징이며, 성도는 그곳에서 빠져나가야 하는 존재다. 하나님을 열심히 잘 믿어 하나님이 주시는 복을 받고 이 땅에서 잘 되는 것이 신앙생활의 목표라고 생각한다면 크게 오해한 것이다.

성경은 이 세상을 무덤이라고 하고, 하나님은 무덤 문을 열고 당신이 택한 백성을 꺼내겠다고 하신다.[3] 예수님이 죽은 나사로를 무덤에서 불러내는 일이 이 말씀을 잘 설명하는 표적이다. 구원은 이 세상에서 잘 되는 것이 아니라 하나님이 어떤 분인지, 자신이 어떤 존재인지, 이 세상이 어떤 곳인지를 깨닫고 자신과 세상으로부터 탈출하는 것이다. 현실 도피가 아니라 가치관과 세계관의 완전한 전환을 말한다. 그걸 '회개'라고 한다.

회개는 '완전한 돌이킴, 돌아섬'이며, 하나님이 주시는 새 마음을 받고 세상과 우상을 떠나 하나님께로 향하는 것이다. 출애굽은 이러한 성도의 실존을 알기 쉽게 설명하는 그림이다. 세상과 짝하여 타락한 본성대로 사는 것이 '죄의 종'의 상태다. 그래서 이스라엘 민족이 애굽에서 종의 상태로 노역을 하는 모습을 보여주시는 것이다. 모든 인간이 이 자리에서 출발하며, 그중에서 하나님의 은혜를 받은 성도만 자기의 실존을 깨닫고 출애굽을 하게 된다.

성도를 공격하는 옛 사람

이스라엘이 애굽에서 종노릇 할 때, 세상에서 마귀의 종으로 살 때는 갈등이 없었다. 그런데, 이스라엘이 어린 양의 희생과 하나님의 은혜로 애굽에

---

[3] 내 백성들아 내가 너희 무덤을 열고 너희로 거기에서 나오게 한즉 너희는 내가 여호와인 줄을 알리라(겔 37:13).

서, 세상에서 빠져나오자 전쟁이 일어났다. 애굽의 병거들이 달려들고, 아말렉이 쳐들어오는 것이다. 이러한 일들은 먼 옛날의 역사가 아니라 지금 현재 우리 안에서 일어나는 일이다. 영적전쟁의 실상은 세상과 성도 간의 다툼이 아니라 성도 안에서 벌어지는 옛 사람과 새 사람의 다툼이다.

아말렉 족속은 에서의 손자인 아말렉으로부터 비롯된 민족이다. 에서는 이스라엘(야곱)의 쌍둥이 형제다. 이스라엘이나 아말렉 족속은 모두 이삭의 후예인 셈이다. 아말렉이 쳐들어온 시점은 반석에서 나오는 생수를 마실 때, 즉 성령을 받은 때다. 아말렉은 바로 영혼을 거슬러 싸우는 육체의 정욕을 주장하는 존재를 비유한다. 허물과 죄로 죽은 상태일 때는 하나님의 거룩한 요구에 무감각하여 아무런 갈등이 없다가 거룩한 본성에 참여하게 되자 비로소 두 본성 사이에 다툼이 일어나는 것이다. 영적전쟁은 한 사람 안에서 상반된 두 본성이 싸우는 일이다.

이 어둠의 세상에서 내가 어둠일 때는 아무것도 거리낄 것이 없었는데, 내 안에 빛이 들어오고, 그 빛이 죄에 대하여 의에 대하여 심판에 대하여 밝히 가르쳐 주시고 책망하시자 바로 그때, '때에 아말렉이 이르러' 싸움이 시작되는 것이다. '싸운다'는 의미의 히브리어는 라함(לחם)이며, 이 말은 '먹다'는 뜻도 있다. '양식'을 뜻하는 레헴(לחם)이 라함의 명사형이다. 라함은 성도의 인생에 나타나는 고난, 또는 전쟁의 실체가 말씀을 먹는 일과 관련이 있으며, 이것이 바로 영적전쟁이라는 걸 함축하는 단어다.

거듭 말하지만, 영적전쟁은 교회와 세상, 기독교인과 이교도, 하나님과 사탄 마귀의 싸움이 아니라 성도의 안에서 옛 사람과 새 사람이 다투는 것이다. 엄밀히 말하면 새 사람을 만드시려는 하나님이 옛 사람과 다투시는 것이다. 사탄이나 마귀는 하나님의 말씀 한 마디면 멸해질 피조물일 뿐이다. 하늘의 천사가 하나님께 순종하지 못하고 떠나가면 어떤 존재가 되는지를 보여주는 모델이 사탄 마귀다.

많은 이들이 자신의 고난이나 실족에 사탄 마귀 탓을 하지만 이는 오해다. 정작 자신이 사탄 마귀임을 자각하지 못한 것이다. 가이사랴 빌립보에서 베드로가 예수님께 '사탄!'이라는 책망을 들었듯이 하나님의 뜻은 생각하지 않고 자기 뜻을 먼저 생각하는 자가 사탄 마귀다. 하나님이 말씀의 검으로 나를 죽여 하나님 나라를 만드는 과정이 영적전쟁이고, 하나님이 나라는 마귀를 끝까지 죽여가시는 것이 은혜다.

내가 대대로 싸우리라

아말렉은 바로 영적전쟁의 과정에서 "나는 못 죽어요!" 하면서 달려드는 내 옛 사람의 모습을 보여주고 있다. 성도의 새 본성은 하나님의 말씀을 먹고 하나님과 교제하기를 원하는데, 육체의 소욕을 좇는 옛 사람은 영의 평화를 내버려 두지 않는다. 육체의 소욕은 성령을 거스리고, 성령의 소욕은 육체를 거스리므로 성령을 받은 성도 안에서는 필연적으로 영적 다툼이 일어난다. 이 영적전쟁의 현실을 '고난, 환난'이라고 한다.

성경은 세상 사람들이 모두 겪는 힘든 일, 고생스러운 일을 고난이라고 하지 않는다. 성경에서 말하는 고난은 오직 성령을 받은 성도만이 겪는 일이다. 그래서 '고난, 환난, 고통'을 뜻하는 히브리어 오니(עֳנִי)에 '가난'이란 의미도 있는 것이다. 심령이 가난한 자, 하나님만으로 만족하고 기뻐하는 자로 지어지는 일이 육을 입은 존재에게는 심히 고통스러운 일이다.

스스로 하나님처럼 되어 자기 입맛대로 살던 자가 자기 입맛을 포기 하고, 즉 자기의 주체성과 독립성을 상실하고, 하나님이 주시는 '고난(오니)의 떡'[4]을 먹으면서 사는 일이야말로 인생에서 가장 큰 고난이며 환난이다. 인생들은 그 고통의 크기를 죽음(자기부인의 죽음)으로까지 감지할 정도다. 따라서 자기부인의 죽음이야말로 성도의 진정한 고난과 환난인 것이다.

---

4 유교병을 그것과 아울러 먹지 말고 칠일 동안은 무교병 곧 고난의 떡을 그것과 아울러 먹으라 이는 네가 애굽 땅에서 급속히 나왔음이니 이같이 행하여 너의 평생에 항상 네가 애굽 땅에서 나온 날을 기억할 것이니라(신 16:3).

성도가 하나님의 성령을 받았다고 하면서도 곧바로 성숙한 자, 거룩한 자가 되지 못하는 일이나, 문득문득 '내가 구원받은 성도가 맞는가?' 하는 의구심이 드는 이유는 내 옛 사람, 아말렉이 끈질기게 도발하기 때문이다.

따라서 '내가 대대로 아말렉과 싸우리라'는 하나님의 다짐은 성도의 인생 내내 하나님을 대적하는 옛 사람을 하나님이 '무트 타무트', 끝까지 죽여주시고, 그리하여 반드시 하나님 나라의 백성으로 완성하시겠다는, 참으로 은혜롭고도 신실한 하나님의 약속이다.

23

대대로 싸울 아말렉 전쟁 2:
승리의 기도

출애굽기 17:10~13

여호수아가 모세의 말대로 행하여 아말렉과 싸우고 모세와 아론과 훌은 산꼭대기에 올라가서 모세가 손을 들면 이스라엘이 이기고 손을 내리면 아말렉이 이기더니 모세의 팔이 피곤하매 그들이 돌을 가져다가 모세의 아래에 놓아 그로 그 위에 앉게 하고 아론과 훌이 하나는 이편에서, 하나는 저편에서 모세의 손을 붙들어 올렸더니 그 손이 해가 지도록 내려오지 아니한지라 여호수아가 칼날로 아말렉과 그 백성을 쳐서 파하니라

모세의 기도

여호수아는 이스라엘을 이끌고 아말렉과 싸우고, 모세는 아론과 훌을 대동하고 산꼭대기로 올라가서 양손을 하늘을 향해 들었다. 그런데 기이하게도 모세가 손을 들면 이스라엘이 이기고, 손을 내리면 이스라엘이 밀렸다. 이에 아론과 훌이 돌을 가져다가 의자를 만들어 모세를 그 위에 앉게 하고, 모세의 손을 들어 올렸다. 그랬더니 모세의 손이 해가 지도록 내려오지 않았고, 아말렉을 패퇴시킬 수 있었다.

많은 주석서들이 산꼭대기에 올라가 손을 위로 올린 모세를 우리를 위해 중보하시는 예수 그리스도의 모습으로 해석한다. 성경을 구원의 복음에 입각하여 해석하려는 시도는 바람직하지만 정확한 해석이라고 보기는 어렵다. 왜냐하면, 모세의 팔이 점점 무거워져 내려왔다는 사실 때문이다. 이는 예수 그리스도의 능력에 한계가 있다는 의미이기 때문에 채택하기 어려운 해석이다.

모세의 모습은 오히려 우리 성도의 모습에 가깝다. 우리가 하나님께 기도한다고 하지만 금세 지치며, 쉽고 빠르게 마음이 무거워지기 때문이다. 그래서 우리의 연약함을 아시는 주님이 "항상 기도하고 낙망치 말라"고 격려해 주신 것이다.

기도의 참뜻

오늘날 많은 기독교인들이 기도의 의미를 '하나님께 나의 문제나 소원을 밝혀 내가 원하는 상태에 이르도록 요청하는 것'이라고 오해하고 있다. 많은 이들이 '그게 기도의 목적이 아닌가?'라며 의아해할 정도로 기독교는 왜곡되어 있다. 그러나 이러한 기도는 기독교가 아닌 타종교에서도 똑같이 하는 일이다. 이는 참된 기도, 참된 기독교가 아니다. 시내산 아래에서 이스라엘 백성들이 금송아지를 만들어 놓고 '우리의 하나님'이라고 부른 것과 다를 바 없다. 부르는 이름만 '하나님'일 뿐 하나님과 관계없는 일이다.

구원의 약속을 하나님이 먼저 하신 것처럼 기도 또한 하나님이 성도를 향해 먼저 행하신다. 그리고 기도의 내용은 당연히 '하나님 나라의 창조'다. 이때 성도는 기도를 통해 자기를 향한 하나님의 뜻이 무엇인지를 올바로 깨닫고, 하나님의 그 뜻이 하늘에서 이루어진 것처럼 땅에서도 이루어지도록 기도하게 된다. 이를 통해 성도는 자신에게 주어진 모든 것이 하나님의 좋은 선물임을 깨닫게 되고, 그걸 감사하고 찬양할 수 있게 된다. 그리고 사랑이신 하나님을 이웃에게 전해줄 수 있게 된다. 이 과정을 모두 '기도'라고 한다. 이러한 기도로 성도를 향한 하나님의 뜻을 바르게 알 때 비로소 '항상 기뻐하라, 쉬지 말고 기도하라, 범사에 감사하라'는 사도의 권면이 이해될 것이다.

그렇다면 하나님이 성도를 향해 기도하시는 내용이 무엇이겠는가?

"집값이 올랐으면 좋겠어."

"이번에 꼭 승진했으면 좋겠어."

"너희 자녀가 좋은 대학 가면 좋겠어."

"너희가 건강하게 무병장수하길 바래."

"이 땅에서 너희가 잘 먹고 잘 살았으면 좋겠어."

하나님이 이런 기도를 하시겠는가?

하나님은 당신이 택정하신 성도가 이 땅에서 하나님과 하나남 나라에 대해 잘 배워 영원의 천국을 함께 하길 원하신다. 그걸 위해 하나님은 성도가 이 세상에서 눈을 떼고 하늘을 염원하게 만들어 주신다. '무트 타무트'의 죽음, 자기부인의 죽음을 죽게 해주시는 것이다. 이것이 하나님으로부터 시작되어 성도에게 나타나는 기도의 내용이다. 그런데 많은 이들이 '기왕이면'이란 말을 첨가한다.

"기왕이면 하나님도 잘 믿고 세상에서도 잘 되면 좋지 않습니까?"

당연히 좋다. 그게 나쁘다는 게 아니다. 성실하게 노력해서 부자가 되고 성공하는 건 좋은 일이다. 다만 '기왕이면'을 덧붙이는 마음이 문제다. 그 마음이 어디를 향하고 있는지 상고해 보라.

모든 일은 각자의 때에 맞추어 주시는 주의 일이므로 무슨 일을 하든지 마음을 다하여 주께 하듯 최선을 다해야 한다.[1] 사업가, 직장인, 학생, 주부, 취업준비생, 무직자 등 모두가 각자의 때에 맞춰 하나님이 주시는 말씀을 살고 있는 중이다. 그 일과 시간 속에서 자신에게 주시는 뜻을 배우며 한발 한발 나아가면 된다. 주께서 각자에게 주신 일을 통해 하나님의 뜻을 깨달아 갈 때 그 일이 성직(聖職)이 되며, 그 일을 신실하게 행하는 자는 성직자(聖職者)가 된다. 그리고 하나님의 뜻을 깨달으며 하늘을 향해 한걸음씩 나아가는 그의 삶 자체는 기도가 된다.

예수님의 승리

산꼭대기의 모세가 그리스도를 상징하지 않는다는 또 다른 증거는 이스라엘이 아말렉을 이기긴 했지만 완전한 승리가 아니었다는 것이다. 예수님은 영단번으로 다 이루셨다. 역시 모세를 성도로 보면 더 적절한 해석이 이루어진다. 모세가 손을 들면 이스라엘이 이기고, 손을 내리면 아말렉이 이기는 장면도 이러한 견해를 강화시켜준다.

모세의 팔이 무거워져 내려오자 아론과 훌이 돌을 가져다가 쌓고, 모세를 그 위에 앉게 했다. 돌, 반석은 '에벤'(אֶבֶן)으로 예수님을 가리킨다. '에벤'을 파자하면 '하나님의 아들'이란 의미다. '(돌 위에) 앉다'는 야사브(יָשַׁב)로 '살다, 거주하다'는 뜻이다. "반석 위에 집을 지으라"는 예수님의 말씀처럼 모세가 예수라는 반석 위에 터를 잡은 모습이다. 이스라엘의 승리는 이로써 가능했다.

---

1 무슨 일을 하든지 마음을 다하여 주께 하듯 하고 사람에게 하듯 하지 말라(골 3:23).

마침내 여호수아가 아말렉을 칼로 쳐서 격파했다. 이 대목에서 유의할 점은 성경 기자가 승리의 주체를 '여호수아와 이스라엘 백성들'이 아니라 '여호수아'라고만 기록하고 있다는 것이다. 우리의 전쟁은 여호수아, 즉 예수님이 홀로 싸우고 이기는 것이다. 예수님이 말씀의 검으로 아말렉, 우리의 옛 사람을 쳐서 파하는 것이 하나님의 전쟁, 영적 전쟁이다.

내가 죄인 중의 괴수이며, 하나님의 일은 생각하지 않고 사람의 일을 먼저 생각하는 사탄이다. 예수님의 입에서 나오는 예리한 검이 우리의 혼과 영과 관절과 골수를 찔러 쪼갬으로써 우리의 옛 사람을 죽이고 새로운 피조물로 부활시켜 주시는 것이 승리다. 즉, 내가 지는 것, 내가 죽는 것이 승리다.

끈질긴 아말렉은 사울 왕의 때에 진멸된 듯 보였다. 사무엘 선지자에 의해 아말렉의 왕 아각도 반토막이 났다. 그러나 사무엘하 8장에 다윗이 아말렉에게서 빼앗은 은금을 하나님께 드리는 장면이 나오는 것으로 보아 다윗의 때에도 아말렉은 여전히 남아 있었던 것 같다. 그 이후로는 아말렉이 더 이상 언급되지 않는다. 아말렉의 멸망 여부는 알 수 없지만 다윗의 때에 그들이 성경에서 사라졌다는 건 큰 의미가 있다.

다윗은 전쟁에서 한 번도 패한 적이 없는 '승리의 왕' 예수 그리스도의 모형이다. 예수님을 '다윗의 자손'이라고 부르기도 한다. 아말렉, 우리의 옛 사람은 다윗의 자손으로 오시는 예수 그리스도의 말씀의 검에 의해서만 도륙될 수 있다. 그래서 다윗의 때에 그들의 자취가 사라지는 모습을 보여주는 것이다.

잠시 눈을 감고 사무엘 선지자에 의해 아각이 반토막이 나는 장면을 그려 보라. 말씀의 검에 의해 혼과 영과 관절과 골수가 쪼개지는 생생한 교육의 현장이다. 아각은 우리 자신이다. 우리는 그렇게 쪼개져야 할 아말렉의 왕, 죄인 중의 괴수다.

무트 타무트의 복

르비딤에서 이스라엘과 아말렉이 싸운 것처럼 내 안에는 옛 사람과 새 사람의 두 세력이 치열하게 싸움을 벌인다. 그래서 성도가 올바른 복음을 듣게 되면 가장 먼저 일어나는 일이 혼돈이다. 세계관과 가치관이 전복되어 어떻게 살아야 하는지 분명하게 정리가 되지 않는다. 그래서 혼란스럽고 무기력해지며, 내 안에 들어온 그 말씀을 불편해 하기도 한다. 때로는 이전의 상태로 돌아가고 싶어도 한다. 율법적인 종교생활이 익숙하고 재미있기 때문이다. 누룩 섞인 떡이 순전한 무교병에 비해 훨씬 맛이 좋다.

그러나 결국 살아계신 말씀에 의해 나의 옛 사람이 난도질을 당하면서 나는 죽고 예수만 사는 영적승리, 영적부흥을 이루게 된다. '열심이 특심'인 행위를 통해 보람과 만족을 얻는 일이 헛된 것을 깨닫고, 잠잠히 살리는 영, 곧 살리는 말씀을 묵상하고 갈급하게 된다. 봉사와 헌신이 나쁘다는 것이 아니다. 그것보다 먼저 하나님의 뜻을 배우고 깨달아야 한다는 것이다. 내 안에 참된 진리, 예수 그리스도가 없이 달음질치고 있다면 내가 하는 일은 '바벨탑 쌓기'며 그리스도와 경쟁하고 대적하는 일이다.

상 받는 이는 오직 한 분뿐이므로 중요한 것은 그분과 하나 되는 일이다. 내 안에 그리스도가 계시다면 나는 그분이 일하시도록 한걸음 뒤로 물러나 증인의 역할에 충실하게 된다. 그때 내가 하는 일은 모두 주의 일이다. 그러므로 이루어진 일에 대해 자랑할 것도 없고, 타인의 지적에 대해 속상할 것도 없다. 일의 성패도 중요하지 않다. 성도에게 중요한 것은 과정이다. 결과는 이미 천상에 완성돼 있다. 천국은 이미 영원 속에 완료된 현실이다. 이 땅의 모든 일은 성도가 그리스도의 장성한 분량으로 충만해지기 위한 교구재일 뿐이다. 그리스도의 장성한 분량으로 충만해진다는 것은 내가 무트 타무트의 죽음을 죽고, 내 안에 그리스도만 사신다는 것이다.

이 글을 읽으면서 '그러면 어떻게 하라는 건가?' 하는 의문이 들고 있다면 당신은 지금까지 하나님의 뜻보다는 자기 열심으로 달려왔을 가능성이

높다. 하나님의 뜻은 '네가 무엇을 했는가?'에 있지 않고, '네가 내 말을 알아 먹는가, 내 말을 알아듣는 자가 됐는가?'에 있다. 그게 전부다. 야다(יָדַע),[2] 즉 하나님을 아는 것이 하나님과 하나 되는 것이다. 그 이후엔 하나님이 알아서 끌고 가실 것이다. 이것이 자유다. 수고하고 무거운 율법의 짐에서 풀려난 것이고, 자기라는 감옥에서 탈출한 것이다. 진리에 의해 자유케 된 자가 하늘이다.[3]

하나님이 아말렉과 더불어 대대로 싸우리라 하신 것은 성도의 옛 사람을 반드시 '무트 타무트'의 죽음을 죽게 하겠다는 은혜의 말씀이다. 하나님이 말씀의 검으로 완전히, 정녕 죽을 때까지 우리와 싸워주시는 것이 은혜다. 그 은혜에 굴복해서 자기부인의 죽음, 십자가의 죽음을 죽는 것이 성도의 복이다.

> 내가 그리스도와 함께 십자가에 못 박혔나니 그런즉 이제는 내가 사는 것이 아니요 오직 내 안에 그리스도께서 사시는 것이라 이제 내가 육체 가운데 사는 것은 나를 사랑하사 나를 위하여 자기 자신을 버리신 하나님의 아들을 믿는 믿음 안에서 사는 것이라(갈 2:20).

---

2 야다(יָדַע): 알다, 동침하다.
3 하늘의 히브리어 샤마임(שָׁמַיִם)을 파자하면 '거기에 물이 있다'는 뜻이다. '물이 있는 자', 곧 '말씀, 진리를 간직하고 있는 자'가 하늘이다.

24

십계명 1:
하나님 사랑

제1~5계명(출 20:3~12)
제1계명 너는 나 외에는 다른 신들을 네게 있게 말찌니라
제2계명 너를 위하여 새긴 우상을 만들지 말고…그것들에게 절하
 지 말며 그것들을 섬기지 말라
제3계명 너는 너의 하나님 여호와의 이름을 망령되이 일컫지 말라
제4계명 안식일을 기억하여 거룩히 지키라
제5계명 네 부모를 공경하라 그리하면 너의 하나님 나 여호와가
 네게 준 땅에서 네 생명이 길리라

오순절에 십계명을 받다

> 이스라엘 자손이 애굽 땅에서 나올 때부터 제 삼월 곧 그 때에 그들이 시내 광야에 이르니라(출 19:1).

이스라엘 백성들이 르비딤을 떠나 시내산 앞 시내 광야에 진을 친 때는 애굽 땅에서 나온 때로부터 제 삼의 달이었다. 이는 출애굽 이후 90일이 지났다는 말이 아니라 세 번째 달이 됐다는 뜻이다. 즉, 애굽에서 유월절을 겪고 출발한 날이 1월 15일이므로 3월 1일은 유월절 이후 47일째가 된다. 그리고 이후 3일을 정결하게 기다려 하나님께 십계명을 받았다.

따라서 십계명을 받은 날은 유월절 이후 정확하게 50일, 즉 오순(五旬)이 되는 날이다. 이스라엘은 이 날을 오순절이라 불렀다. 오순절은 어린 양의 피로 산 유월절 이후 50일 째에 시내산에서 말씀을 받은 날이다. 이는 신약에서 예수님이 십자가에서 죽고 부활하신 후 50일째에 성령이 강림하시는 일의 모형이고 예표다.

그렇다면 '어린 양은 예수, 말씀은 성령'이라는 말이 된다. '세상 죄를 지고 가는 하나님의 어린 양'이라는 세례 요한의 말처럼 어린 양이 예수님을 가리키는 모형이라는 건 성경 곳곳에 나타난다. 그런데 '말씀이 곧 성령'이란 등식은 쉽게 이해하기 어렵다. 그러나 예수님은 이미 우리에게 가르쳐 주셨다.

> 살리는 것은 영이니 육은 무익하니라 내가 너희에게 이른 말이 영이요 생명이라(요 6:63).

예수님은 살리는 것, 생명을 주는 것은 성령(프뉴마 πνεῦμα)이므로 육은 아무런 도움이 되지 않으며, 예수님의 말씀(레마 ῥῆμα)이 곧 성령이며, 생명이라고 말씀하셨다. 따라서 성령이 곧 레마의 말씀이다. 레마는 예수 그리스도의 영이신 성령에 의해서 깨달아지는 참된 생명의 말씀이다.

하나님이 하늘의 진리를 알라고 이 땅에 주신 모든 말씀(로고스)은 성령께서 당신의 백성에게 임하실 때 비로소 진리의 참된 말씀(레마)으로 깨달아지게 된다. 그래서 성령이 진리고, 진리가 성령인 것이다. 성경의 모든 진리는 예수 그리스도의 영이신 성령을 향하고 있다.

> 하나님의 보내신 이는 하나님의 말씀(레마)을 하나니 이는 하나님이 성령을 한량 없이 주심이니라(요 3:34).

하나님이 시내산에서 이스라엘에게 십계명을 주셨다. 십계명은 크게 하나님 사랑과 이웃 사랑의 두 주제로 분류된다. 앞의 다섯 계명은 하나님 사랑, 뒤의 다섯 계명은 이웃 사랑에 대한 계명이다.

재미있는 것은 하나님이 앞의 다섯 계명에 대해서는 설명을 해주시는 반면, 뒤의 다섯 계명은 설명 없이 제목만 주셨다는 것이다. 이는 하나님이 '하나님 사랑'에 관한 부분을 설명해 주시고, 나머지 5계명은 예수님께 들으라고 남겨주신 것이다. 예수님은 '이웃 사랑'에 관한 부분을 산상수훈에서 자세하게 설명해 주셨다. 먼저 1~5계명을 살펴본다.

제1계명: 너는 나 외에는 다른 신들을 네게 있게 말지니라

십계명의 첫 번째는 '하나님 외에 다른 신을 두지 말라'는 말씀이다.

이것은 이상한 말씀이다. 신은 한 분밖에 없는데, 전지전능하고 유일하신 하나님이 "나 말고 다른 신 믿으면 안 된다"는 식으로 말씀하셨다는 게 믿어지지 않는다. 그러나 원문을 살펴보면 쉽게 의문이 풀린다. 이 구절을 직역하면 "너는 너를 위하여 나를 다른 신으로 있게 하지 말라"이다. 그러므로 제1계명의 참뜻은 '하나님을 다른 신으로 오해하지 말라'인 것이다.

이 계명에서 주목할 부분은 원문에 있지만 우리말 성경에는 나타나지 않는 레카(לְךָ)라는 말이다. 레카는 '너를 위하여'라는 뜻이다. 인간들이 멋대로 하나님을 다른 신으로 오해하는데, 그 이유가 '자기를 위해서'라는 것이다. 자기를 위하는 마음이 이기심(利己心)이며, 그 마음으로 생각하는 모든 계획은 항상 악할 뿐이다.[1]

선악과를 먹고 하나님처럼 높아진 인간은 모든 것을 '자기를 위하여' 사용하며, 하나님 말씀조차도 자기 중심으로 받는다. 그 결과, 구원의 복음인 하나님 말씀이 '지키면 복, 못 지키면 저주'의 율법이 되어버렸다. 이것이 구약 전체의 일이자 인류역사 전체의 일이다.

자기가 하나님인 한, 인간은 언제나 이기심을 발휘하게 되어 있다. 인간은 태생적으로 자기를 먼저 위하고, 자기의 이익을 기준으로 선악을 판단한다. 인간의 원죄는 스스로 선악 판단의 주체가 되어 자기 중심으로 모든 것의 선악을 판단하는 것이다. 죄의 근본은 바로 이것이다. 피조물 주제에 하나님 노릇하는 것.

성경에 '판단하지 말라, 비판하지 말라'는 말씀이 수시로 나오는 것이 그 때문이다. 우리가 일상에서 짓는 죄는 원죄의 증상들일 뿐이다. 참된 회개는 원죄에서 빠져나와 모든 것을 하나님의 선하신 뜻 하나로 보는 것이다. 모든 것을 하나님 중심으로 보고 그 뜻에 순복하고 기쁘게 따르는 자, 그만이 항상 기뻐하고 범사에 감사하는 하나님 나라가 된다.

제2계명: 너를 위하여 새긴 우상을 만들지 말라

두 번째는 '너를 위하여 새긴 우상을 만들지 말라'는 것이었다.

여기서도 '레카'(לְךָ 너를 위하여)가 나온다. 이번에는 생략되지 않았다. 자기

---

[1] 여호와께서 사람의 죄악이 세상에 관영함과 그 마음의 생각의 모든 계획이 항상 악할 뿐임을 보시고 (창 6:5).

를 위하여 사는 자들은 하나님을 오해할 수밖에 없고, 그들이 바라보는 하나님은 오해된 하나님, 우상이다. 하나님을 제대로 알지 못하는 자들이 하나님을 바라보면 그분은 우상이 될 수밖에 없다.

자기를 위하는 자들의 인생목표는 '자기의 만족과 행복'이다. '자기'의 범주는 때에 따라 가족에서 국가까지 확대되기도 하는데, 본질은 언제나 이기(利己)다. 예배당에 출석하는 교인, 강대상에서 설교하는 설교자라 해도 성령의 조명을 받지 못한 자는 누구나 자기 중심의 신앙생활을 하고, 하나님의 말씀도 자기 중심으로 받아들이게 되어 있다. 그래서 그들은 자기를 위하지 않는 말씀은 배척하고, 자기를 위한 말씀만을 채택한다. 문맥은 중요하지 않다. 심지어 성경 전체의 흐름이나 주제도 무시된다. 그런 자들에게 하나님은 우상이 되고, 섬김의 대상이 될 수밖에 없다.

자기가 제대로 알지 못하는 신에 대해 인간은 어떤 생각을 하겠는가?

'아, 신이라면 나보다 능력 많고 힘 센 존재겠군. 기분 나빠 하지 않도록 잘 섬겨야지.'

이렇게 갈 수 밖에 없다.

오늘날 대부분의 교인들은 '하나님을 잘 섬겨보겠다'는 수준에서 열심을 내고 있다. 그렇게 하면 그 신이 자기를 기특하게 여겨 원하는 것을 들어줄 거라고 믿으며, 그걸 믿음이라고 오해하고 있다. 결국 '레카', 자기를 위하여 하나님을 우상으로 만든 것이다.

시내산 아래에서 모세를 기다리다 지친 이스라엘 백성들이 "우리를 인도할 신을 우리를 위하여 만들자"며 금송아지를 만들었다. 우상의 정체는 결국 자기다. 만약 하나님이 자기를 도와주지 않는다면 그들은 하나님마저도 미워하고 원망하게 된다. 그래서 예수님이 십자가에 달려 죽으시는 것이다.

인간은 태생적으로 '자기를 위하여' 자기의 유익을 추구함으로써 지상에서 자기의 천국을 이루고 싶어 한다. 살리는 영 대신 무익한 육만 좇는 이유다. 이러한 추구를 함축한 말이 '행복'이다. 행복의 추구는 끝없는 탐심의 추구다. 행복을 찾는 자는 영원히 행복할 수 없다. 행복의 유통기한은 유한

하기 때문이다. 성도는 행복이 아니라 거룩을 목표로 산다. 거룩은 고상한 품위와 언행이 아니라, 거룩하신 하나님이 내 죄를 덮어주시고 깨끗하다고 칭해 주시는 것이다.

스가랴 3장에서 사탄이 대제사장 여호수아의 더러운 모습을 참소하는 장면이 있다. 이때 하나님은 여호수아의 더러운 옷을 벗기고 아름다운 옷과 정결한 관을 씌워주신다. 자기 의라는 더러운 옷을 입은 우리를 의의 흰옷으로 갈아입혀 주시고 "이제 네가 깨끗하다"고 해주신다. 이것이 성도의 거룩이다. 그 은혜를 사모해야 한다. 참된 복은 인간이 피조물로서의 자신을 바르게 깨달아 창조주이신 하나님 앞에 무릎을 꿇고 거룩케 하시는 은혜를 찬양하는 것이다.

그러나 하나님을 우상으로 보는 자들은 업적과 공로를 쌓아서 구원과 영광을 모두 받겠다며 열심을 부린다. 자기가 수고하여 하나님을 섬겨보겠다고도 한다. 하나님이 어떤 분인지 모르기 때문이다. 천국은 큰 자가 작은 자를 섬기는 나라다. 모두가 하나님의 섬김을 받으면서 하나님의 은혜와 공로를 찬양하는 나라가 천국이다. 우상은 무능하여 섬김을 요구하지만 하나님은 전능하시므로 우리를 섬겨주신다. 영원의 생명을 주고 자유케 하는 진리로.

제3계명: 여호와의 이름을 망령되이 일컫지 말라

세 번째 계명은 '여호와의 이름을 망령되이 일컫지 말라'이다. '누구든지 주의 이름을 부르는 자는 구원을 얻으리라'[2]고 한다. 그러나 아무나 예수 그리스도의 이름을 부르면 구원받을 수 있는가? 마귀들도 "지극히 높으신 하나님의 아들, 예수여!"라고 소리쳤다. 이름을

---

2   누구든지 여호와의 이름을 부르는 자는 구원을 얻으리니 이는 나 여호와의 말대로 시온 산과 예루살렘에서 피할 자가 있을 것임이요 남은 자 중에 나 여호와의 부름을 받을 자가 있을 것임이니라(욜 2:32).

부르는 일 자체가 구원으로 직결되지 않는다.

> 셋도 아들을 낳고 그 이름을 에노스라 하였으며 그 때에 사람들이 비로소 여호와의 이름을 불렀더라(창 4:26).

'불렀더라'의 히브리어 카라(קָרָא)는 '선포하다, 초청하다'의 의미다. '주의 이름을 부른다'는 건 예수 그리스도를 나의 구주로 선포하는 것이며, 내 이름이 없어지는 것이다. 성경에서 이름은 존재의 내용까지 포함하는 존재 자체다. '카라'에 해당하는 신약의 헬라어는 칼레오(καλέω)다. 교회를 뜻하는 에클레시아(ἐκκλησία)는 에크(ἐκ ~로부터, 밖으로)와 칼레오(καλέω)의 합성어에서 유래된 단어로 '불러낸 자들'이란 의미다. 세상에서 하나님의 초청을 받고 불러냄을 받은 자, 곧 출애굽 한 자가 교회다.

> 또 내가 보니…그 이마에 어린 양의 이름과 그 아버지의 이름을 쓴 것이 있도다(계 14:1).

내 이름이 없어지는 것, 자기가 부인되고 삭제되는 것이 구원이다. 그러나 성령 받지 못한 자는 절대로 그렇게 살 수가 없다. 모두가 자기 이름 높이기 위해 살기 때문이다. 그들은 자기 가치를 높이고, 자기 존재를 확장하고, 자기 의를 증명하기 위해 산다. 그러나 구원은 자기 이름을 버리고 어린 양의 이름을 이마에 새기는 것이다. 내 머리가 우리의 머리이신 어린 양, 예수 그리스도로 바뀌는 것이며, 내 존재의 내용이 그리스도가 되는 것이다. 그래서 성도의 이름은 '그리스도인'이다.

'여호와의 이름을 망령되이 일컫지 말라'에서 '망령되이'는 전치사 레(לְ) + 관사 하(הַ) + 샤웨(שָׁוְא 거짓)의 합성어로 '그 거짓을 위하여'라는 뜻이며, '일컫다'는 말 나싸(נָשָׂא)는 '들어올리다, 가지고 가다'라는 뜻이다. 따라서 이를 직역하면 '여호와의 이름을 그 거짓을 위해 들어 올리지 말라'이다.

요한계시록에서 '그리스도의 이름은 하나님의 말씀'[3]이라고 한다. '이름'의 히브리어 셈(שם)을 파자하면 '분석된 말씀'이란 뜻이다. 즉, '여호와의 이름'은 하나님의 말씀이고, 또 그 말씀은 말씀이 육신되어 오신 예수님을 가리킨다. 마귀들은 그 말씀을 알 수 없으므로 "당신이 우리와 무슨 상관이 있습니까? 왜 우리를 괴롭게 하십니까?" 하면서 예수님을 떠나갔다.[4] 주님과 상관없는 자들, 말씀을 깨닫지 못한 자들은 그 말씀이 괴로워 말씀으로 오신 그분을 거짓으로 몰아서 십자가에 달아 들어올렸다. 하나님이 주신 제3계명은, '당신의 말씀이신 예수님을 너희들의 거짓을 위하여 십자가에 달아 들어올리지 말라'는 말씀인 것이다.

모든 것이 말씀이고, 말씀은 반드시 구원의 복음으로 깨달아져야 한다. 그러나 말씀을 제대로 깨닫지 못한 자에게는 구원의 복음인 말씀이 '하라, 하지 말라'의 율법으로 보이게 된다. 그때 그들은 반드시 하나님보다 율법을 지킨 자기를 찬양하게 되어 있고, 그들은 반드시 수고하고 무거운 짐인 율법이 괴로워 그 말씀을 주신 하나님을 미워할 수밖에 없다. 그것이 하나님을 십자가에 달아 죽이는 일이다. 예수님 당시의 유대인들이 정확하게 그 일을 행했다. 그리고 정확하게 오늘날 우리의 모습이다.

제4계명: 안식일을 기억하여 거룩히 지키라

네 번째는 '안식일을 기억하여 거룩히 지키라'는 말씀이다.

태초에 하나님은 6일 동안 창조하시고 7일째에 안식하셨다. 인간은 안식일 직전인 여섯째 날에 창조됐다. 이는 인간이 하나님의 창조 사역에 아무것도 보탤 능력이 없다는 뜻이다. 하나님이 창세전에 택정하신 당신의 백성에

---

[3] 또 그가 피 뿌린 옷을 입었는데 그 이름은 하나님의 말씀이라 칭하더라(계 19:13).
[4] 이에 그들이 소리 질러 이르되 하나님의 아들이여 우리가 당신과 무슨 상관이 있나이까 때가 이르기 전에 우리를 괴롭게 하려고 여기 오셨나이까 하더니(마 8:29).

게 원하시는 건 하나님의 뜻을 아는 것뿐이다. 이 세상과 우리의 인생은 바로 그 앎, 하나님을 아는 지식을 목적으로 지어지고 양육되는 것이다. 성도가 세상을 사는 이유는 이 땅에서의 만족도 아니고, 하나님을 위한 열심도 아니다. 오직 그리스도의 장성한 분량으로 자라나는 것, 하나님 백성으로의 양육 뿐이다.

> 너희가 참음은 징계를 받기 위함이라 하나님이 아들과 같이 너희를 대우하시나니 어찌 아비가 징계하지 않는 아들이 있으리요(히 12:7).

여기에서 '징계'라고 번역된 파이데이아(παιδεία)는 '양육, 교육'이란 뜻도 있다. 성도가 인생을 사는 일이 마치 징계를 당하는 것처럼 힘이 드는 것은 성도의 인생이 하나님의 아들로 지어지기 위한 양육의 과정이기 때문이다. 하나님이 주시는 모든 말씀을 통해 당신의 사랑을 잘 깨달으면 그가 율법의 판단을 그치는(샤바트 שָׁבַת) 안식(샵바트 שַׁבָּת)의 아들이 된다. 그를 '호 휘오스 호 모노게네스'(ὁ υἱός ὁ μονογενής), 곧 독생자라고 한다. 그는 두 마음의 탐심, 율법을 버리고 모든 것을 하나님의 선하신 뜻 하나(사랑)로 아는 아들, 그래서 죽기까지 순종할 수 있는 아들이다.

태초의 일곱 날에 하나님의 일곱 말씀이 떨어졌다. 그 말씀들은 모두 하나님의 구원의 약속이었다. 빛과 어둠, 궁창 위의 물과 아래의 물, 땅과 물…, 말씀 하나 하나가 약속이다. 하나님이 일곱 번 말씀하신 것이고, 일곱으로 약속하신 것이다. 일곱의 히브리어 셰바(שֶׁבַע)는 '언약, 약속'을 담고 있다. 그 약속의 완성 지점이 '안식'(샵바트 שַׁבָּת)이다. 셰바와 샵바트는 같은 계통의 단어다.

창세기 1장이 하나님의 '일곱'(약속)이 제시되는 곳이라면 그 성취는 십자가에서 이루어진다. 하나님의 참된 말씀인 예수께서 오해된 말, 거짓말에 의해 도리어 거짓으로 오해받고 들어올려졌다. 언약의 나무 위에서 말씀이신 예수님이 일곱의 말씀, 가상칠언(架上七言)을 하시는데, 그 마지막이 "다 이루었다!"⁵이다.

하나님 나라의 완성인 안식은 말씀이 육신이 되어 오신 예수님의 육신이 언약의 기둥에서 죽는 것으로 성취된다. 반석이 맞아 죽고 생수가 흘러나오듯 예수님의 육신이 죽고 진리의 성령이 오심으로써, 창세전에 택정한 자들의 마음속에 불가항력적인 은혜로 침노하심으로써, 하나님 나라가 완성되는 것이다.

> 또 새 영을 너희 속에 두고 새 마음을 너희에게 주되 너희 육신에서 굳은 마음을 제거하고 부드러운 마음을 줄 것이며(겔 36:26).

하나님이 '새 영', 성령을 우리에게 부어주실 때 육신의 굳은 마음이 제거되고 부드러운 새 마음을 갖게 된다. 새 마음은 하나님이 주시는 모든 것을 선으로 보는 '한 마음'이다. '한 마음'은 하나님과 하나(에하드 אֶחָד: 하나, 일치, 통일)가 되는 마음이다. 무익한 육의 모든 육적인 것들이 폐해지고 그 마음에 말씀, 진리만 분명하게 남게 된 상태다. 질그릇이 깨지고 보화만 남는 것이다. 예수라는 질그릇이 깨지고, 참된 보화인 그리스도 예수가 부활하는 것이다. 성도 안에서도 자기라는 질그릇이 깨지고, 육이 부정되고, 예수 그리스도만 사는 것이다. 이것이 그리스도와 연합한 상태이며, 이를 평강(샬롬 שָׁלוֹם)이라고 한다. 그러므로 성도의 안식은 자기부인의 십자가에 달려죽는 죽음 속에 있다. 죽음 속에 생명이 있다.

> 자금 이 후로 주 안에서 죽는 자들은 복이 있도다 하시매 성령이 가라

---

5 '다 이루었다'의 헬라어 '테텔레스타이'(τετέλεσται)는 동사 '텔레오'(τελεω)의 완료수동태이므로 '다 이루어졌다'로 해석하는 것이 바람직하다. 예수님 자신이 다 이루신 게 아니라 하나님에 의해 이루어졌다는 뜻으로 이같이 말씀하신 것이다. 특히 십자가의 예수님은 모든 죄인들의 죄를 짊어진 죄인 아닌 죄인이 되어 하나님 아버지의 진노의 심판을 한몸에 받으시는 중이므로 '다 이루었다' 보다는 '다 이루어졌다'는 겸양의 표현이 더 적절하다(요 19:30).

사대 그러하다 저희 수고를 그치고 쉬리니(계 14:13).

'주 안에서 죽는 자', 예수님이 명하신 자기부인의 죽음을 죽는 자가 복이 있다. 그가 레카, 자기를 위하는 율법의 수고를 그치고 안식하게 되는 것이다.

제5계명: 네 부모를 공경하라

다섯 번째는 '네 부모를 공경하라'이다.

흔히 이 계명을 사람에 대한 계명으로 분류하지만, 이 역시 하나님에 대한 계명이다. '네 부모를 공경하라'는 계명이 왜 하나님에 대한 계명인가, 의문이 들 것이다. 성경을 표피적으로 보면 인간의 생활 이야기처럼 보인다. 그러나 그 속에 담긴 뜻은 항상 구원의 복음이다.

성경은 생활에 대한 이야기를 하지 않는다. 하나님이 우리에게 말씀하시는 건 오직 '하나님 나라의 창조'에 대한 것이다. 그리고 무엇보다 제5계명까지 하나님이 설명해주고 계시다는 점에 유념하라.

부모의 히브리어는 아브(אב 아버지)와 엠(אם 어머니)이다. 이를 파자하면, 아브는 '하나님(א)의 성전(ב)', 엠은 '하나님(א)의 말씀(ם)'을 뜻한다. 하나님의 성전인 아버지가 생명을 주어 태어나게 하고, 진리의 말씀인 어머니가 성도를 양육하여 아들로 만들어 주시는 것이다. 그런 의미에서 다음의 시경 구절은 제법 진리에 닿아 있다고 하겠다.

父兮生我(부혜생아) 아버지 날 낳으시고
母兮鞠我(모혜국아) 어머니 날 기르시니

'공경하라'의 히브리어 카바드(כבד)는 '공경하다, 영화롭다'는 뜻이다. '부모를 공경하라'는 말씀은 너희를 생명으로 태어나게 하는 그 부모, 그 성전과 말씀을 영화롭게 하라는 뜻이다. 성도가 하나님이 거하시는, 즉 레마의 말씀을 간직하는 성전이 되면 하나님이 성도 안에서 자연스럽게 당신을 드러내신다. 그때 영광 자체이신 하나님이 드러나게 되고, 이것이 '영화롭게 하라'는 명령을 이루는 일이다. 우리가 스스로의 능력으로 하나님께 영광을 돌리거나 영화롭게 할 수 없다. 성도가 하나님의 말씀을 잘 깨달아 하나님의 성전으로 지어지면 그 자체가 하나님을 영화롭게 하는 일이다.[6]

---

6 하나님은 부모를 공경하면 '네게 준 땅에서 네 생명이 길리라'고 하셨다. 효도하면 이 땅에서 장수한다는 말이 아니다. 하나님이 주신 땅, 약속의 땅이 되어 영원의 생명을 가진 자가 된다는 것이다. 성경을 문자 그대로, 눈에 보이는 대로 보면 '네 하나님 여호와께서 네게 주시는 땅에서 한없이 오래 살리라'(신 4:40) 같은 말씀은 절대로 이해할 수 없다.

25

십계명 2:
이웃 사랑

제6~10계명(출 20:13~18)

제6계명 살인하지 말찌니라

제7계명 간음하지 말찌니라

제8계명 도적질하지 말찌니라

제9계명 네 이웃에 대하여 거짓 증거하지 말찌니라

제10계명 네 이웃의 집을 탐내지 말찌니라

하나님 사랑과 동일한 이웃 사랑

십계명은 단순히 10개의 계명이 아니라 '계명의 십', 즉 '하나님이 주신 모든 말씀'이며, '하나님의 모든 말씀을 열에 담았다'는 의미다.

> 이 두 계명이 온 율법과 선지자의 강령이니라(마 22:40).

'두 계명'은 '하나님 사랑과 이웃 사랑'이며, '온 율법과 선지자'는 구약 전체, (당시의)성경 전체를 가리키는 말이다. 하나님의 모든 말씀은 '하나님 사랑과 이웃 사랑'의 두 계명으로 수렴된다는 것이다. 하나님은 시내산에서 십계명을 주실 때 하나님 사랑에 해당하는 앞의 5계명은 설명을 해 주셨고, 이웃 사랑에 해당하는 뒤의 5계명은 설명 없이 계명의 제목만 주셨다.

하나님 사랑은 우리가 행할 수 없는 것이므로 이웃 사랑에 대한 부분을 잘 이해하고 행하면 하나님 사랑 또한 이룬 것으로 여겨준다는 것이 하나님의 뜻이다. 그래서 예수님이 "크고 첫째 되는 계명인 하나님 사랑과 둘째인 이웃 사랑이 같다"고 말씀하신 것이다.

넷으로 축약되는 5계명

산상에서 계명을 가르쳐 주실 때 예수님은 뒷부분의 5계명을 '살인하지 말라, 간음하지 말라, 거짓 증거(헛맹세) 하지 말라, 사랑하라'의 넷으로 축약해 주셨다.

어째서일까?

여기에 대한 이해는 창세기 1장으로 돌아가서 찾아야 한다. 태초에 하나님이 천지를 창조하실 때 7일 동안 창조하셨다. 하나님은 7번 말씀 하셨고, 그 말씀은 하나하나가 구원의 복음이었다. 빛과 어두움, 궁창 위의 물과 궁창 아래의 물, 씨 맺는 채소와 열매 맺는 나무 등 모든 말씀은 하나님께서 행하실 새 창조의 언약을 가르쳐 주시는 것이었다.

그래서 이스라엘 사람들에게 '7'을 뜻하는 '셰바'는 '하나님의 언약, 맹세'라는 복음을 담은 말이었다. 하나님의 모든 말씀은 구원의 복음이다. 즉, 모든 말씀, '열의 계명'은 구원의 복음인 '칠'을 담고 있다. 그래서 하나님의 말씀을 통해 구원의 복음을 깨닫는 자를 '칠십 장로'라고 부른다.

태초에 하나님은 처음 3일 동안 틀을 만드셨고, 나중의 3일은 거기에 내용을 담으셨다. 그리고 마지막 7일째에 안식하셨다. 처음 3일이 하나님의 일이며, 나중 3일은 우리가 할 일이다. 엄밀히 말하자면 성도의 안에 임재하시는 하나님이 이루실 일이다.

처음 3일과 나중 3일은 각각 '1일과 4일', '2일과 5일', '3일과 6일'의 셋으로 묶여지고, 마지막 안식의 '7일'이 합쳐져 넷이 되는 구조다. 예수님의 4계명은 이것들의 내용을 하나씩 설명하신 것이며, 마지막 7일의 안식이 "사랑하라"는 말씀으로 완성된다.

모세오경이 4복음서로 주어지다

구약에서 하나님의 말씀이 모세의 5경으로 주어지고, 신약에서 4복음서로 주어지는 것도 같은 맥락의 일이다. 또한, 신약의 4복음서는 각각 예수님의 4계명을 주제로 하고 있다.

마태복음은 율법주의 이스라엘에게 주어진 책이다. 율법적 사고에 젖어 있던 유대인들은 계속 희생제사를 지내면서 자기들의 열심을 자랑했다. 마태복음은 그들에게 '살인하지 말라'는 예수님의 첫 번째 계명을 설명하고 있다. 마가복음은 교회의 신랑이신 예수 그리스도를 소개하여 신부인 교회가 '간음하지 말라'는 말씀을 깨닫게 했다.

누가복음은 '데오빌로 각하'에게 보내는 편지 형식으로 쓰여졌다. 데오빌로(테오필로스 Θεόφιλος)는 '하나님의 친구'이며, 각하(크라티스토스 κράτιστς)는 '가장 존귀한 자'란 뜻이다. 누가는 하나님의 친구이자 하나님의 가장 존귀한 자인 교회에게 모든 일을 근원부터 자세히 전해, 거짓 증거하지 않게 했다.

이렇게 마태복음, 마가복음, 누가복음의 세 복음서를 통해 '살인하지 말라, 간음하지 말라, 거짓증거 하지 말라'는 하나님의 뜻을 잘 깨달으면 복음은 '사랑'으로 완성이 된다. 그래서 4복음서의 마지막이 사랑을 주제로 하는 요한복음으로 마무리됐다. 성정이 격렬한 '보아너게'(우뢰의 아들) 요한이 사랑의 사도가 되듯이 성도 또한 그렇게 사랑으로 완성이 될 것이다.

또, 성경에서 에덴의 네 강, 4대, 광야 40년, 네 모퉁이, 네 기둥, 네 방향, 네 생물, 네 얼굴, 네 날개, 예수님의 40일 금식 등 4라는 숫자가 빈번하게 등장하는 것도 같은 이치다. 예수님의 4계명을 하나씩 살펴본다.

예수님의 4계명

◆ **제1계명: 살인하지 말라**

> 옛 사람에게 말한바 살인치 말라 누구든지 살인하면 심판을 받게 되리라 하였다는 것을 너희가 들었으나(마 5:21).

'옛 사람'은 처음 말씀을 들은 출애굽 당시의 이스라엘을 가리킨다. "시내 산에서 살인하지 말라는 계명을 너희가 들었으나" 하시면서 예수님이 다음과 같은 말씀을 덧붙이셨다.

> 형제에게 노하는 자마다 심판을 받게 되고 형제를 대하여 라가라 하는 자는 공회에 잡히게 되고 미련한 놈이라 하는 자는 지옥 불에 들어가게 되리라(마 5:22).

살인하지 말라는 계명은 바로 형제에 대한 비판이라는 말씀이다. 이스라엘은 형제를 살리기 위해 오신 맏아들인 예수님을 향해 "바보같이 죽긴 왜 죽느냐!"며 야단쳤다. '라가', 즉 '바보, 멍청이'라고 비난한 것이다. 그리고 예수님이 달리신 십자가 앞에서 "내려와서 너를 구원해 보라"고 조롱했다. 이것이 바로 형제를 죽이는 일, 살인이라고 하시는 것이다.

어째서일까?

하나님이 이스라엘에게 희생제사를 가르쳐 주신 건 유월절 어린 양의 희생과 그 은혜를 알라는 의미에서였다. 유월절 어린 양은 십자가에 달려 죽으심으로 자기 백성을 구원하시는 예수 그리스도의 모형이었다. 따라서 희생제사는 결국 이스라엘, 교회가 어떻게 구원받는가를 배우라고 주신 교육의 재료였던 것이다. 그런데 이스라엘은 그 의미를 알 생각은 하지 않고 열심히 제사만 드리면서 그 일에 열심인 자기를 자랑하고 칭찬했다. 이스라엘 속에 나를 집어넣고, 그들의 형식적인 제사 속에 나의 예배와 삶을 대입해 돌아보라. 모든 것이 나의 이야기다.

예수 그리스도의 십자가 은혜를 아는 지식과 내가 어떤 존재가 되어야 하는지에 대한 상고는 없이 탐심의 두 마음으로 '이렇게 하면 복 주시겠지. 이렇게 회개하면 나는 죄 없는 자, 의인이 되겠지.' 하며 희생제사만, 예배만 드리고 있다면 이것이 어린 양을 죽이는 제사고, 예수를 또 십자가에 달아 죽이는 일이다. 회개에는 제물이 필요하므로 어린 양 예수가 그때마다 또 죽어야 하는 것이다. 참된 회개는 일상의 죄를 토설하고 뉘우치는 수준이 아니라 완전한 돌이킴이다. 선악의 두 마음에서 출애굽 하여 새 마음을 갖는 것이다. 죄의 근원, 원죄가 해결돼야 참된 회개다.

'살인하지 말라'는 계명은 바로 '인자로 오신 그 예수를 더 이상 죽이지 말라'는 의미를 담고 있다. 형제를 위해 영단번으로 죽어주신 은혜를 깨닫지 못하는 것이 바로 형제를 바보라고 모독하고 인자를 죽이는 일, 살인인 것이다.

그러나 육을 입고 있는 동안의 우리는 어쩔 수 없이 그 일을 반복할 수밖에 없다. 그때 '내가 예수 죽인 죄인이 맞구나. 그래서 예수님이 죽으셔야 했구나' 하는 자각을 하고, 십자가의 필연성을 깨달으라는 것이다. 그걸 바르게 알 때 은혜가 은혜 된다. 그 은혜를 바르게 알 때 자기부인의 십자가를 들고 따라가 함께 죽을 수 있고, 그 죽음의 십자가를 자랑할 수 있다.

◆ **제2계명: 간음하지 말라**

> 또 간음치 말라 하였다는 것을 너희가 들었으나(마 5:27).

간음의 전제조건은 사랑과 결혼이다. 간음이란 죄는 바로 그 관계가 어긋날 때 성립된다. 예수님이 이 계명을 설명해 주실 때 이혼에 대한 말씀을 덧붙이신 것이 그 때문이다.

성경에 등장하는 최초의 결혼은 아담과 하와의 결혼이다. 하나님은 아담의 배필을 만드실 때 아담을 깊이 잠들게 하신 후 그의 옆구리를 째고 갈빗대로 하와를 만드셨다. 성경에서 잠은 죽음의 은유다. 이 장면은 예수께서 십자가에 달려죽고 옆구리가 창에 찔려 (새 생명이 태어날 때 산모가 흘리는 것과 같은) 피와 물을 쏟은 후에 그의 신부인 교회를 탄생시킨 일의 모형이다. 갈빗대의 히브리어 첼라(צֵלָע)는 '일부분, (다른) 한편, 짝'을 뜻한다.

> 너는 조각목으로 띠를 만들찌니 성막 이 편 널판을 위하여 다섯이요 (출 26:26).
> 그 두 문짝은 잣나무라 이 문짝도 두 짝으로 접게 되었고 저 문짝도 두 짝으로 접게 되었으며(왕상 6:34).

위 구절에서 '이 편'과 '(두) 짝'이 '첼라'다. 하와는 아담의 짝으로 지어졌고, 마찬가지로 교회는 하나님의 짝, 신부로 지어진 것이다. 이 결혼의 성립, 즉 구원과 안식에 필요한 조건은 오직 예수의 죽음과 하나님의 열심뿐 여자의 수고는 불필요하다.

> 여호와 하나님이 아담에게서 취하신 그 갈빗대로 여자를 만드시고 그를 아담에게로 이끌어 오시니(창 2:22).

'여자를 만드시고'에서 '만드시고'의 히브리어 바나(בָּנָה)는 '세우다, 건축하다'는 뜻을 가진 단어다. 이는 단순히 하와를 만든 정도가 아니라 '여자를 하나님의 성전으로 건축했다'는 의미다. 바울이 교회를 향해 "너희가 거룩한 하나님의 성전이다"라고 한 것, 예수께서 '천국은 여기 있다 저기 있다 할 것이 아니라 너희 안에 있다'고 하신 것과 일맥상통하는 말이다. 이렇게 예수께서 자기의 옆구리를 째고 생명을 나누어 주면서 탄생시키고 결혼한 것이 교회다.

> 이러므로 남자가 부모를 떠나 그의 아내와 합하여 둘이 한 몸을 이룰지로다(창 2:24).

뒤이어 하나님이 주신 이 명령은 하나님 아버지를 떠나 이 땅에 오시는 예수 그리스도에게 교회와 연합하여 하나가 되라는 말씀이다. 이것이 결혼의 참된 의미다.

인간의 결혼 관계는 자기의 유익을 구하고 서로의 필요를 채워주는 비지니스 파트너십에 가깝다. 그러나 성도는 하나님이 천국에 없는 결혼제도를 이 세상에 주신 뜻을 상고해 보아야 한다. 남편은 여자를 위해 대신 죽어주신 예수님의 희생을 배우고, 아내는 '고운 모양도 없고 흠모할 만한 아름다움도 없다'는 이유로 남자에게 순종은커녕 업신여기는 자신을 돌아보는 것이다. 이러한 복음의 참뜻을 배운 여자(교회)는 그렇게 자기를 죽이고 생명을 나누어 주신 진짜 신랑(예수)에게 감사할 수 있게 된다. 그리고 그 신랑을 떠나면 온전한 존재가 아니라는 걸 깨닫고 신랑만 사랑하는 존재로 지어져 가는 것이다.

> 아담이 그의 아내 하와와 동침하매 하와가 임신하여 가인을 낳고 이르
> 되 내가 여호와로 말미암아 득남하였다 하니라(창 4:1).

'동침하매'의 히브리어는 야다(יָדַע)이다. '야다'는 주로 '알다'는 뜻으로 쓰이는 단어다. 즉, 성경에서 '안다'는 것은 마귀가 예수님을 알아보듯 단순히 인지하는 수준이 아니라 신랑과 신부가 동침하여 완전히 한 몸이 되는 것처럼 서로의 존재와 내용을 속속들이 알고 이해하는 것을 말한다. 이는 결혼제도에 담아 우리에게 주신 복음의 참뜻으로 '내가 너희 안에, 너희가 내 안에' 함께 하는 '그리스도와의 연합'을 가르쳐 준다. 그런데 신랑만 사랑해야 할 신부가 선악과를 먹고 하나님처럼 되어 자기를 주장하고 나섰다.

"내가 왜 그 신랑만 의존해야 하는가?"

"내 주체성과 가치를 높여 멋진 신부가 되어 보겠다."

"나도 자유의지가 있으니 내 신랑은 내가 찾겠다."

이런 주장들을 하면서 이 결혼의 관계가 깨지게 됐다. 이를 간음이라고 하고, 한 몸이 되지 못하고 둘로 '분리'(카라트 כָּרַת)가 됐으므로 '이혼'(케리투트 כְּרִיתוּת)이라고 한다. 율법서에 이 이혼의 조건과 처분이 명시돼 있다.

> 사람이 아내를 맞이하여 데려온 후에 그에게 수치되는 일이 있음을 발
> 견하고 그를 기뻐하지 아니하면 이혼 증서를 써서 그의 손에 주고 그를
> 자기 집에서 내보낼 것이요(신 24:1).

모세가 말한 이혼의 조건은 오직 한 가지, '수치되는 일'이었다. 그러나 유대인들은 '수치되는 일'의 범위를 매우 광범위하게 적용해 이혼증서를 남발했다. 우리의 칠거지악(七去之惡)[1]은 기본이거니와 여자의 요리 실력이나 외

---

1 시부모에게 순종하지 않음, 자식을 못 낳음, 행실이 음탕, 질투, 나쁜 병, 말이 많음, 도둑질 등 아내를 내쫓는 일곱 가지 사유.

모두 빈번한 트집거리였다. 모두 말씀을 곡해한 탓이었다.

'수치가 되는 일'(에르와트 다바르 עֶרְוַת דָּבָר)에서 '에르와트'는 형용사가 아니라 명사(연계형)로 '수치, 벌거벗음'이란 뜻이며, 다바르는 '일, 말'이라는 뜻이다. 즉, '수치되는 일'은 '말의 수치, 말의 벌거벗음'이다. 겉으로 드러난 해석은 '수치되는 일'이겠지만 성경의 진의는 '말씀을 제대로 깨닫지 못해 진리의 겉옷, 그리스도로 옷 입지 못한 벌거벗음이 수치다'라고 하는 것이다. 그런 자에게 성경(세페르)은 이혼증서(세페르 케리투트 סֵפֶר כְּרִיתֻת), 즉 하나님과 하나 되지 못하고 영원히 분리되는 '분리(케리투트)의 책(세페르)'이 된다.

성령에 의해 하나님의 모든 말씀(로고스)이 진리의 말씀(레마), 곧 구원의 복음으로 깨달아지지 못하면 성경은 그에게 이혼증서이며 분리의 책이다. 생명책이 아니라 심판의 책이 된다. 하나님은 그런 자들을 '자기 집(바이트 בַּיִת)에서 '내보내라', 즉 '성전에서, 천국에서 내쫓으라'고 말씀하시는 것이다. 이처럼 성경에서 말하는 이혼과 간음은 자기가 어떤 존재인지 알지 못한 채 신랑인 예수 그리스도를 온전히 믿지 못하는 것이며, 은혜의 복음을 무시하고 율법주의와 인본주의를 추구하는 모든 시도와 행위를 가리키는 말이다.

선지자 호세아가 간음을 일삼다가 노예로 팔려간 신부 고멜을 은 열 다섯, 보리 한 호멜 반을 주고 되찾아 온다. 호세아의 헬라식 이름은 예수고, 은 열 다섯 보리 한 호멜 반은 예수께서 팔리신 은 30냥의 가치다. 호세아와 고멜의 이야기는 예수께서 자기의 목숨값을 치르고 간음을 일삼던 교회를 구원하시는 은혜의 구속사가 집약된 이야기다.

> 내가 네게 장가들어 영원히 살되 공의와 정의와 은총과 긍휼히 여김으로 네게 장가들며진실함으로 네게 장가들리니 네가 여호와를 알리라
> (호 2:19-20).

우리의 신랑이신 하나님을 아는 것, 그렇게 전 존재를 속속들이 알게 되는 것이 영생이고 구원이다. 하나님과 예수님은 (본질이) 같은 분이다. 육을 입

고 성육신 하신 하나님이 예수님이다. 교회의 구원은 요한계시록에서 어린 양과 거룩한 성 예루살렘의 결혼으로 완성된다.

교회가 광야 40년의 인생과 역사를 사는 이유는 바로 그 결혼의 의미를 알게 하시려는 것이다. 자기를 죽여서 자기 백성을 살리는 하나님의 크신 사랑, 그 애절한 사랑이 결혼에 담겨 있다. 하나님이 우리에게 주신 진리를 바르게 알 때 그 사랑을 알게 되고, 간음하지 않는 신부가 될 수 있다.

◆ 제3계명: 거짓 증거 하지 말라

> 또 옛 사람에게 말한바 헛 맹세를 하지 말고 네 맹세한 것을 주께 지키라 하였다는 것을 너희가 들었으나(마 5:33).

'헛 맹세하다'의 헬라어 에피오르케오(ἐπιορκέω)는 '위증죄를 범하다, 거짓 맹세하다'는 뜻이며, '헛 맹세를 하지 말라'는 말씀은 십계명의 '거짓 증거하지 말라'에 해당한다. 거짓말의 국어사전적 의미는 '사실이 아닌 것을 사실인 것처럼 꾸민 말'이다. 그런데 이런 의미로 성경을 보면 거짓말하지 말라고 하신 하나님이 거짓말하는 이율배반적인 장면을 발견하게 된다.

선지자 사무엘이 다윗에게 기름부음을 하기 위해 베들레헴에 갈 때 사울 왕의 보복을 두려워하자 하나님이 한 계책을 가르쳐 주신다.

"암송아지를 끌고 가서 나에게 제사 지내러 왔다고 하라."

뜻밖에도 하나님이 사무엘에게 거짓말을 사주하고 계시다. 하나님이 한 입으로 두 말 하는 거짓말쟁이는 아닐 것이다. 성경이 말하는 거짓말은 '참이 아닌 거짓을 말하는 것'이다.

그렇다면 참은 무엇인가?

> 내가 그리스도 안에서 참말을 하고 거짓말을 아니하노라(롬 9:1).

사도 바울이 말하는 '참말'은 알레데이아(ἀλήθεια)로 '진리'를 말한다. 즉 진리를 말하는 것이 참말이고, 진리를 말하지 못하면 그게 바로 거짓말하는 것이다.

그러면 또, 진리는 무엇인가?

> 율법은 모세로 말미암아 주신 것이요 은혜와 진리는 예수 그리스도로 말미암아 온 것이라(요 1:17).

예수 그리스도께서 그 진리를 담고 오셨으므로 그분이 진리 자체다. 예수님이 십자가에 달리는 순간까지 어느 누구도 하나님의 참뜻인 그 진리를 깨닫지 못했다. 오직 오순절에 예수 그리스도의 영이신 성령이 부어지신 이후에야 하나님의 뜻을 깨닫는 교회가 탄생했다.

> 그러하나 진리의 성령이 오시면 그가 너희를 모든 진리 가운데로 인도하시리니(요 16:13).

진리의 성령에 의해서만 하나님의 말씀이 진리가 된다. 그 진리가 생명이며, 그 진리를 아는 자가 진리에 의해 자유케 된다. 그래서 진리(알레데이아)의 의미는 '가리워져 있지 않음'이다. 그 진리의 세례를 받지 못한 자는 본다고 하지만 소경이며, 그에게 예수는 비밀(뮈스테리온 μυστήριον)이고 걸림돌일 뿐이다. 창세전에 약속된 교회에게만 진리의 성령이 부어진다. 그들만이 가려지지 않은, 밝히 드러난 진리로 모든 것을 깨닫고 이 땅에서 풀려나 자유롭게 하늘들이 된다. 그래서 주기도문의 첫 구절 '하늘에 계신 우리 아버지'의 직역이 '그 하늘들 안에 계신 우리 아버지'인 것이다.

성령의 은혜를 받지 못한 이들은 진리가 가려진 상태이므로 묵시 속의 하나님과 하나님 나라를 볼 수 없어 눈에 보이는 이 땅의 가치만 바라보게 된다. 그래서 그들은 성경을 '어떻게 해야 이 땅에서 하나님의 복을 받고 잘 살 수 있는가'를 가르쳐 주는 인생의 매뉴얼로 취급한다.

모든 것이 하나님의 말씀이고 구원의 복음인데, 그걸 깨닫지 못하고 눈에 보이는 대로만 보고 말하는 자는 거짓말하는 것이고, 하나님의 것인 그 진리를 도적질하는 것이다. 그런 이들을 '거짓을 말하는 자', 곧 거짓 선지자라고 한다.

거짓 선지자는 교회 밖에서 노골적으로 교회를 핍박하는 자가 아니라 오히려 교회 안에서 교회를 위한다며 힘써 행하는 자다. 마치 광명한 천사의 모습처럼 보이지만 실상 그들은 눈과 귀가 막혀 그 진리를 말할 수 없으므로 하나님을 대적할 수밖에 없다. 설교의 결론을 예수 그리스도가 아니라 생활에의 적용, 곧 인생의 행복 찾기와 행위의 강조로 끝맺는 설교자들을 떠올리면 된다. 그들이 절도고 강도다.

> 나보다 먼저 온 자는 다 절도요 강도니 양들이 듣지 아니하였느니라
> (요 10:8).

예수님보다 먼저 온 자는 율법이며, 율법을 말하는 자다. 진리이신 성령의 세례를 받지 못하면 하나님 말씀은 율법으로 보일 뿐이며, 그때 그들은 율법의 준수여부, 즉 행위를 강조할 뿐이다. 이것이 하나님을 도둑질하는 일이다. 말라기서 3장의 십일조 이야기는 바로 이에 대한 질책이다. 여기에 대해서는 뒤에서 자세히 살펴본다.

모든 것 속에 담긴 하나님의 말씀, 그 보이지 않는 진리를 보지 못하는 것이 믿음 없는 상태다. 가시(可視)의 세계에서 묵시의 나라를 실상으로 포착하고 해석하는 것이 믿음이다. 그래서 성경은 청렴한 바리새인들을 향해 '돈을 사랑하는 자들'이라고 하는 것이다. 이 세상에 갇힌 자들에게는 모든 것이 보이는 것, 곧 물질로 보이게 되며, 물질의 가치를 수치로 환산한 것이 돈이기 때문이다. 보이는 것만 보는 자, 보이는 것 속의 묵시를 보지 못하는 자가 돈을 사랑하는 자, 부자다.

예수님은 이처럼 산상수훈에서 제8계명인 '도둑질 하지 말라'와 제9계명인 '거짓 증거하지 말라'를 하나로 묶어서 설명해 주셨다. 두 계명은 같은 내용이다.

◆ 제4계명: 사랑하라

- 사랑은 율법의 완성

> 또 네 이웃을 사랑하고 네 원수를 미워하라 하였다는 것을 너희가 들었으나 나는 너희에게 이르노니 너희 원수를 사랑하며 너희를 핍박하는 자를 위하여 기도하라(마 5:43-44).

하나님의 모든 말씀은 사랑으로 귀결된다. 그래서 사랑이 율법의 완성이다. 예수님은 율법을 폐하러 오신 것이 아니라 완전케 하려고 오셨다. 구원의 복음인 하나님의 모든 말씀을 인간이 선악의 두 마음, 탐심(에피뒤미아 $\epsilon\pi\iota\theta\upsilon\mu\iota\alpha$)으로 바라보고 오해한 것이 율법이다. 이를 예수님이 바르게 깨닫게 하여 본래의 의미를 되찾게 하신 것이 '완전케 하다'의 참뜻이다. 인간은 스스로 진리를 깨달아 완전케 될 수 없다. 그 불가능의 현실을 가르쳐 주는 것이 바벨탑 사건이다.

오직 예수 그리스도의 은혜로 율법이 구원의 복음이라는 본래의 의미로 깨달아지며, 이때 복음은 비로소 하나님의 사랑으로 완성된다. 율법의 본래 내용이 사실은 사랑이었던 것이다. 이를 인간이 탐심으로 바라보면서 '지키면 복, 지키지 못하면 저주'라는 이분법으로 판단하는 것이 율법주의다.

십계명의 마지막 열 번째 '탐내지 말라'는 계명은 이처럼 두 마음의 탐심을 경계하라고 하신 것이고, 하나님의 모든 말씀이 선하신 뜻 하나, 곧 '사랑'으로 깨달아지면 하나님의 뜻이 하늘에서 이루어진 것처럼 땅에서도, 약속의 땅인 우리에게서도 모두 이루어지게 된다.

• 십계명, 하나님의 모든 말씀

태초에 하나님은 일곱 번의 말씀으로 천지를 창조하셨다. 일곱 번의 말씀은 각각 구원의 복음을 담고 있다. 그래서 일곱(세바 שֶׁבַע)이라는 말은 '구원의 언약, 약속, 맹세'를 가리킨다.

> 두 사람이 거기서 서로 맹세하였으므로 그곳을 브엘세바라 이름하였더라(창 21:31).

브엘세바(베에르 셰바 בְּאֵר שֶׁבַע)는 '일곱 개의 우물'이 아니라 '맹세(약속)의 우물'이다. 이처럼 이스라엘 사람들에게 셰바(일곱)는 즉각적으로 '언약, 약속'으로 이해됐다. 하나님은 일곱인 구원의 약속을 시내산에서 십계명으로 주셨다. 십계명은 표면적으로는 단순히 10개의 계명처럼 보인다. 그러나 십계명은 '하나님이 주신 모든 언약의 말씀'이라는 의미이며, 하나님의 모든 말씀을 완전한 열에 담았다는 뜻이다.

> 여호와께서는 언약의 말씀 곧 십계명을 그 판들에 기록하셨더라 (출 34:29).

하나님은 구원의 약속인 일곱을 알게 하시려고 열의 말씀을 우리에게 주셨다. 이를 위해 하나님이 애굽에서, 바벨론에서, 이 세상에서 당신의 백성을 불러내신 것이다. 하나님의 모든 말씀(십)을 통해 하나님의 약속(칠)을 깨달아 알게 되면 그걸 '칠십'이라고 한다. 성경에 나오는 '칠십 장로, 칠십 제자' 등은 그런 의미를 담고 있는 존재다. '칠십이 된 자들'이라는 것이다. '장로'는 말씀을 젖으로 먹는 '어린 아이'에 대조되는 성숙한 존재를 뜻한다. 물론 오늘날 교회 직분 중 하나인 장로와는 무관하다.

성경의 수많은 계명과 율법을 포함한 모든 말씀은 하나님의 언약(일곱)을 설명하는 것이다. 그런데 분명히 알아야 할 것은, 말씀이 성경의 말씀만을 가리키는 것이 아니라는 것이다. 하나님은 이 세상을 말씀으로 창조하셨다. 따라서 하나님이 창조하여 우리에게 주신 모든 것이 '말씀'이다. 성경, 말씀이 육신 되어 오신 예수, 우리가 살고 있는 이 땅, 우주만물, 부모형제 친구 이웃 등의 인간관계, 그 관계들과 우주 만물 속에서 발생하는 현상, 사건과 사고 등 모든 것이 말씀이다. 그래서 성도에게는 가뭄이 들고 홍수가 나고 지진이 발생하는 것도 말씀이고, 다치고 병이 드는 것도 말씀이며, 인생의 흥망성쇠도 말씀이다. 그 모든 말씀에 귀를 기울이며 하나님의 뜻을 깨닫고자 노력하는 것이 기도이며 신앙생활이다.

이 세상의 모든 것이 말씀이라는 것은 모든 일이 하나님의 뜻 가운데서 일어나며, 이 세상에서 우연이나 우발적으로 일어나는 일이 하나도 없다는 의미다. 만약 그런 일이 하나라도 있다면 하나님은 전지전능한 신이 아닐 것이다. 모든 것은 하나님의 뜻 가운데서 나고 진다. 그러므로 운이나 재수는 하나님을 모르는 이들의 용어다.

그리고 그 말씀은 모두 구원의 복음을 담고 있다. 하나님의 모든 말씀은 구원의 복음으로 깨달아져 내 안에 간직돼야, 심비에 새겨져야 생명이다. 성경에서 수없이 나오는 '지키라'의[2] 계명은 '준수하라'가 아니라 '간직하라'는 의미다. 간직하지 못하면 혈루병이고, 본다고 하지만 소경이며, 듣는다고 하지만 귀머거리다. 믿음은 성령에 의해 깨달아진 그리스도의 말씀으로 말미암으며, 성도는 그 믿음으로 구원받는다.[3]

---

2 우리 성경에서 '지키라'는 명령에 쓰인 구약의 히브리어 샤마르(שָׁמַר), 신약의 헬라어 테레오(τηρέω)는 모두 '간직하다(keep), 보존하다(preserve)'는 의미다. 하나님의 말씀을 진리로 깨달아 간직하는 것이 구원이다. 혈루병은 생명인 그 진리를 간직하지 못하고 흘려버리는 죄인의 속성을 일깨워주는 병이다.
3 그러면 무엇을 말하느냐 말씀(레마)이 네게 가까워 네 입에 있으며 네 마음에 있다 하였으니 곧 우리가 전파하는 믿음의 말씀(레마)이라(롬 10:8).

• 사랑이 십일조다

십일조는 하나님의 모든 말씀(십)을 하나로 깨닫는 것이다. 그 하나는 '예수 그리스도, 사랑, 진리'이다. 표현은 달라도 같은 말이다.

> 만군의 여호와가 이르노라 너희의 온전한 십일조를 창고에 들여 나의 집에 양식이 있게 하고 그것으로 나를 시험하여 내가 하늘 문을 열고 너희에게 복을 쌓을 곳이 없도록 붓지 아니하나 보라(말 3:10).

십일조를 들이라고 하는 '창고'는 곡식창고나 물건을 보관하는 곳이 아니다. 창고의 히브리어 '베트 하오차르'(בֵּית הָאוֹצָר)는 '보물의 집'이란 뜻이다. 성경에서 집은 성전을 뜻한다. 그러므로 '베트 하오차르'는 '보물의 성전'이며, 보물이신 예수 그리스도가 담김으로써 성전이 되는 성도의 몸을 가리킨다. '나의 집'(하나님의 성전) 역시 마찬가지다.[4]

온전한 십일조는 다름 아닌 사랑(아가페)이며, 예수 그리스도다. 구주의 사랑과 은혜를 알고, 그 진리로 충만케 되라는 것이다. 그 일이 거룩한 하나님의 성전이 된 성도에게 양식이 가득 차는 일이다. 하나님이 십일조를 들이라고 하는 곳은 바로 성도의 안이며, 진짜 양식은 하나님의 말씀이다. 하나님 백성은 그 말씀으로 산다. 그 일 자체가 지극히 복된 일이며, 쌓을 곳이 없도록 복 받는 일이다.

하나님은 생명의 양식이 되는 말씀, 하나님의 사랑으로 결론이 나는 온전한 레마의 진리를 우리 안에 들이라고 하시는 것이다. 그것으로 참된 생명을 얻기 때문이다. 올바른 생명의 말씀을 듣고 마음에 간직하는 것이 하나님의 성전에 십일조를 들이는 일이다. 바로 앞의 구절을 살펴보면 이 뜻은 더욱

---

[4] 너희가 하나님의 성전인 것과 하나님의 성령이 너희 안에 거하시는 것을 알지 못하느뇨(고전 3:16).

분명해진다.

- **하나님을 도적질하는 십일조와 헌물**

  사람이 어찌 하나님의 것을 도적질하겠느냐 그러나 너희는 나의 것을 도적질하고도 말하기를 우리가 어떻게 주의 것을 도적질하였나이까 하도다 이는 곧 십일조와 헌물이라(말 3:8).

'하나님의 것'의 원문은 엘로힘(אֱלֹהִים)으로 '하나님'을 뜻한다. 이 구절은 '사람이 어찌 하나님을 도적질하겠느냐'라고 번역해야 한다. 성경 번역자들이 '하나님을' 도적질한다는 말이 이해가 되지 않아 '하나님의 것을'이라고 의역을 한 듯하다. 그 때문에 사람이 도적질하는 것이 '하나님의 것', 곧 '하나님의 소유'로 오해되고, 이는 바로 뒤에 나오는 '십일조와 헌물'로 자연스럽게 연결된 것이다. 그러나 이 구절은 '너희들이 나를 도적질하고 있으며, 그것이 십일조와 헌물을 바치는 행위로 나타나고 있다'는 의미로 보는 것이 바른 이해다. 전체적인 맥락을 살펴보면 이해가 더욱 분명해진다.

  보라 내가 너희의 자손을 꾸짖을 것이요 똥 곧 너희 절기의 희생의 똥을 너희 얼굴에 바를 것이라 너희가 그것과 함께 제하여 버림을 당하리라(말 2:3).

하나님은 말라기 2장에서 이스라엘이 바치는 희생제물을 똥이라며 신랄하게 비판하셨다.

그런데 바로 다음의 3장에서 '떼먹지 말고 잘 바치라'고 채근하시겠는가?

성경을 조각내어 부분적으로 보게 되면 반드시 이러한 모순에 부딪히게 된다.

> 나는 인애를 원하고 제사를 원하지 아니하며 번제보다 하나님을 아는
> 것을 원하노라(호 6:6).

 하나님은 이처럼 우리에게 이런저런 행위보다 하나님을 잘 알기를 원하신다. 그래서 선지자들이 '힘써 하나님을 알라'고 외친 것이다. 하나님을 아는 것이 구원이고 영생이다.

 하나님을 도적질하는 것에 대해서는 앞에서 살펴본 바 있다. 하나님의 말씀을 오해하여 진리를 말하지 못하는 것이 거짓증거, 거짓말하는 것이고, 그것이 하나님을 도적질하는 일이다. 그래서 바로 뒷부분에 '너희가 완악한 말로 나를 대적한다'고 하나님이 야단치시는 것이다.[5] '완악한 말'의 히브리어는 다바르(הדבר)로 '말'이란 뜻이다. '완악한'에 해당하는 단어는 원문에 없다. '대적한다'는 하자크(חזק)로 "바로의 마음이 강퍅하다"고 할 때 쓰인 단어다. 따라서 이 문장은 '너희의 말들이 나에 대해 강퍅하다'라고도 해석할 수 있다.

 그러므로 "너희가 완악한 말로 나를 대적한다"는 비판은 이스라엘이 특별히 하나님께 불손한 말을 한 것이 아니라 하나님의 말씀을 제대로 깨닫지 못한 것 자체가 하나님을 대적하는 강하고 굳은 마음이라는 것이다.

 하나님의 말씀에 대한 오해는 늘 율법적인 행위의 열심으로 나타난다. 그래서 하나님은 십일조와 헌물만 바치면서 자기 의를 자랑하는 이스라엘을 야단치신 것이다. 그러나 이스라엘은 자기들이 하는 일의 의미를 몰라 "우리가 무슨 말로 하나님을 대적했습니까? 우리의 어떤 말이 하나님에 대해 강퍅했습니까?"라고 반문하고 있다. '주여 주여' 하던 자들이 예수님께 "저희가 주의 이름으로 많은 일을 하지 않았습니까?"라고 반문하는 것과 같다. 그들은 모두 '내가 열심히 잘 한 것 같은데 왜 저러시나?' 하면서 의아해할 것

---

[5] 여호와가 이르노라 너희가 완악한 말로 나를 대적하고도 이르기를 우리가 무슨 말로 주를 대적하였나이까 하는도다(말 3:13).

이다. 예수님은 그들에게 마치 마귀들을 대하듯 야단치셨다.

"불법을 행하는 자들아, 내게서 떠나가라!"

'불법'의 헬라어 아노미아(ἀνομία)는 '불법, 무법, 죄'의 의미가 있다. 무법, 즉 하나님의 법(계명, 말씀)이 없는 것이 죄다. 따라서 하나님의 참된 말씀이 없는 자는 불법만 행할 뿐이며, 그가 하는 모든 일은 죄가 된다. 그러므로 성도는 분주한 열심보다 하나님의 뜻을 잠잠히 묵상하며 마음판에 새기는 일을 최우선 과제로 삼아야 한다.

다시 말하지만, 말라기 3장의 십일조 구절은 소득의 1/10을 꼬박꼬박 잘 바치라는 독촉이 아니라 하나님의 참된 말씀이며, 진리이자 사랑이신 예수 그리스도를 제대로 깨달아 심비에 잘 새기라는 질책과 독려다.

생명책과 심판의 책들

구약성경과 신약성경은 따로 분리된 책이 아니라 한권의 책이다. 생명책과 심판의 책이 따로 있는 것이 아니다. 성경 전체를 통전적으로 보면서 하나님의 뜻, 구원과 은혜와 사랑을 바르게 깨닫는 자에게 성경은 '생명책'이 되며, 성경이 여러 가지 이야기를 나열한 여러 권의 책으로 보이는 자에게 성경은 '심판의 책들'이 된다. 그래서 '생명책'은 단수고, '심판의 책들'은 복수다.[6]

가룟 유다가 예수님께 떡의 부스러기를 받아먹고 예수님을 파는 자가 되는 것이나, 유대인들이 돌로 사람들을 쳐서 죽이는 것이 모두 말씀을 온전하게 깨닫지 못한 것을 가르쳐 주는 일이다. 말씀을 토막 내면 생명의 말씀이 아니라 자기는 물론 타인까지 죽이는 사망의 율법이 된다.

---

[6] 또 내가 보니 죽은 자들이 큰 자나 작은 자나 그 보좌 앞에 서 있는데 책들이 펴 있고 또 다른 책이 펴 졌으니 곧 생명책이라 죽은 자들이 자기 행위를 따라 책들에 기록된 대로 심판을 받으니(계 20:12).

하나님의 모든 말씀은 예수 그리스도로, 하나님의 사랑으로 결론이 난다. 예수 그리스도는 하나님의 사랑의 증거이고, 그분의 십자가 공로가 또한 사랑을 담고 있다. 하나님이 자기를 계시하시고, 말씀하시고, 성육신하시고, 십자가에 죽으시는 모든 것이 십자가 희생, 사랑이다. 그 크신 창조주가 피조물에게 자기를 드러내고, 피조물이 창조주를 알아채는 것 자체가 이미 십자가 희생이다. 그리고 그 내용과 과정이 모두 예수 그리스도이며, 사랑이다. 그러므로 예수 그리스도만이 진리요 생명이요 사랑이다.

마지막 네 번째 '사랑'

성도라는 성전은 '살인하지 말라, 간음하지 말라, 거짓 증거하지 말라'에 이어 '사랑하라'에 의해서 완성된다. 이로써 성도는 '호리라도 남김이 없이'(호 에스카토스 코드란테스 ὁ ἔσχατος κοδράντης) 다 갚고 옥에서 나올 수 있게 된다. '호 에스카토스 코드란테스'는 '마지막 1/4, 마지막 네 번째 조각'을 뜻한다. 성경의 모든 말씀과 진리는 사랑으로 완성되고, 성도 또한 4번째 조각인 사랑으로 '네모가 반듯하여 장광이 같은' 정사각형의 성전이 되는 것이다.[7]

창세기에서 '아브라함-이삭-야곱-요셉'으로 이어지는 4족장의 연대기는 바로 그걸 가르쳐 주는 시청각 교재다. 하나님은 4족장 중 요셉에게만 따로 현현하지 않으셨다. 사랑으로 완성된 요셉의 안에 내주하며 동행하셨기 때문이다. 이스라엘의 노예생활 4대, 40년 광야인생 또한 성도가 인생 동안 완성해야 할 것이 바로 그것이라는 걸 알려주고 있다. 그래서 4복음서의 4번째가 '사랑의 책' 요한복음이고, 사도 요한을 '사랑의 사도'라고 부른다. 사

---

7 그 성은 네모가 반듯하여 길이와 너비가 같은지라 그 갈대 자로 그 성을 측량하니 만 이천 스다디온이요 길이와 너비와 높이가 같더라(계 21:16).

도 요한의 서신서인 요한일서, 요한이서, 요한삼서 또한 모두 사랑을 주제로 담고 있다.

하나님의 사랑, 아가페는 우리가 익숙하게 아는 그 사랑이 아니며, 따라서 인간이 할 수 있는 사랑이 아니다. 인간은 그저 사랑이란 이름의 거래를 할 뿐이다.

"네가 나를 사랑하면 나도 너를 사랑하겠다."

"'내가 너를 제법 사랑했으나 네가 나의 사랑을 제대로 받아들이지도 않고, 내가 원하는 수준으로 갚지도 못하므로 나는 너에 대한 사랑을 철회하겠다."

이 정도면 양반이다.

"감히 내 사랑을 무시해? 너를 미워하고 저주할 거야."

이것이 인간들 수준의 사랑이다. 사랑이 아니라 고작 주고받는 거래이며, 팔고 사는 매매일 뿐이다. 장사하는 성전이며,[8] 영혼까지 거래되는 바벨론이며,[9] 무너져야 할 큰 성이다.[10] 인간은 선악의 두 마음인 탐심을 따라 열심히 이해득실을 따지며 장사나 할 뿐이다. 이는 피를 나눈 가족 간에도, '죽도록 사랑' 운운하던 연인이나 부부 사이에도 마찬가지다. 이익이 되면 선이고, 손해가 되면 악이다. 인간은 사랑을 흉내낼 뿐 참된 사랑은 하지 못하는 존재다. 오직 하나님만 사랑이시다.

사랑의 하나님

사랑이신 하나님의 그 사랑은 성도에게 어떻게 나타나는가?

---

8   내 아버지의 집으로 장사하는 집을 만들지 말라 하시니(요 2:16b).

9   소와 양과 말과 수레와 종들과 사람의 영혼들이라(계 18:13b).

10 또 다른 천사 곧 둘째가 그 뒤를 따라 말하되 무너졌도다 무너졌도다 큰 성 바벨론이여 모든 나라에게 그의 음행으로 말미암아 진노의 포도주를 먹이던 자로다 하더라(계 14:8).

여기에 대한 오해가 기독교 전체를 오염시키고 있다. 많은 교인들이 '하나님은 사랑의 하나님이시니 우리에게 좋은 것을 주기 원하신다'고 기대한다. 맞다. 하나님은 당신의 자녀에게 좋은 것을 주기 원하신다. 그러나 그 '좋은 것'은 이 세상에서의 좋은 것이 아니라 영원을 위해 참으로 좋은 것이다. 하나님이 그의 택하신 자녀에게 진정 주고 싶어 하시는 것은 영원의 참 생명이다.

하나님은 잠시 후에 불타 없어질 이 세상의 좋은 것이 아니라 참으로 좋은 그 생명을 주시기 위해 광야 40년의 인생을 살게 하시고, 그 속에서 각양 고난과 환난을 통해 연단해 가신다. 그래서 고난이 유익이며, 징계가 없으면 아들이 아니라고 하는 것이다. 그러나 그 징계(파이데이아)는 '교육, 양육'을 위한 것이니, 징계처럼 보이는 그 일이 실상은 성도에게 영생을 주시기 위한 하나님의 크신 사랑인 것이다.

허리에 띠 띠우고 원치 않는 곳으로 끌고 가시는 것이 하나님의 사랑이다. 육을 입고 있는 우리의 두 마음은 즐거워하지 않지만 하나님은 더 먼 곳, 영원을 바라보시는 것이다. 우리를 도살할 양처럼 취급하시는 것이 사랑이다. 자기부인의 죽음, 무트 타무트의 죽음을 죽게 하시는 것이 사랑이다. 그리심산의 축복과 에발산의 저주를 한량없이 퍼부어 주시는 것이 하나님의 참사랑이다.

> 초달을 차마 못하는 자는 그 자식을 미워함이라 자식을 사랑하는 자는 근실히 징계하느니라(잠 13:24).

자기 목숨을 버린 사랑

우리에게 오시는 성령은 바로 그 사랑을 깨닫게 하신다. 무엇보다 우리를 위해 죽어주시고 친구라고 칭해주시는 가장 큰 사랑을 알게 하신다.

> 사람이 친구를 위하여 자기 목숨을 버리면 이에서 더 큰 사랑이 없나니
> (요 15:13).

친구를 위해 자기 목숨을 버린 예수로 인해 성도는 하나님의 친구가 됐다. 성경에서 친구는 서로가 서로를 속속들이 아는 사이를 말한다. 성도는 하나님의 아들에서 한 걸음 더 나아가 하나님의 친구까지 되는 존재다. 성도는 친구를 위해 자기 목숨을 버리신 예수님 덕분에 하나님의 친구가 됐으며, 성도 안에 오신 예수 그리스도의 영에 의해 하나님의 사정을 속속들이 아는 친구가 됐다. 그 친구의 사랑을 알게 된 성도만이 항상 기뻐하고 범사, 곧 모든 일에 감사하게 된다. 모든 말씀 속에서 그 사랑을 깨닫는 자가 참된 친구다.

> 이제부터는 너희를 종이라 하지 아니하리니 종은 주인의 하는 것을 알지 못함이라 너희를 친구라 하였노니 내가 내 아버지께 들은 것을 다 너희에게 알게 하였음이니라(요 15:15).

그렇게 친구가 된 자가 하나님의 그 사랑, 참된 구원의 복음을 이웃에게 전한다. 그것이 성도의 이웃사랑이다. 불신자나 타종교인들도 하는 선행과 구제가 사랑의 진의일 수 없다. 그것들도 하되 하나님의 그 사랑을 바르게 깨닫고, 사랑의 실체이신 하나님을 바르게 전해야 한다. 그것이 사랑의 빚을 갚는 일이며, 하나님 사랑의 증거다.[11] 그가 '사랑하는 자'(아가페토스 ἀγαπητός), 곧 '하나님의 사랑이 된 자'다.

> 사랑하는 자들아 우리가 서로 사랑하자
> 사랑은 하나님께 속한 것이니

---

[11] 우리는 보이지 않는 하나님을 사랑할 수 없다. 다만 이웃에게 하나님의 그 사랑을 깨달아 잘 전할 때, 즉 '이웃 사랑'을 할 때 '하나님 사랑'이 인정된다. 하나님 사랑과 이웃 사랑은 같은 것이기 때문이다(마 22:37~39).

사랑하는 자마다 하나님께로 나서 하나님을 알고
사랑하지 아니하는 자는 하나님을 알지 못하나니
이는 하나님은 사랑이심이라
하나님의 사랑이 우리에게 이렇게 나타난바 되었으니
 하나님이 자기의 독생자를 세상에 보내심은
저로 말미암아 우리를 살리려 하심이니라
사랑은 여기 있으니 우리가 하나님을 사랑한 것이 아니요
오직 하나님이 우리를 사랑하사
우리 죄를 위하여 화목제로 그 아들을 보내셨음이니라

(요일 4:7-10).

부록

복음으로 해석하는 원어사전

히브리어

א

א (알레프) 히브리어 알파벳 첫 글자. 소의 머리를 형상화한 문자. '소, 하나님'의 의미가 있으며, '1, 1000'의 숫자로도 쓰였다.

אָב (아브) 아버지.
파자(破字)하면 하나님(א)의 성전(ב)이란 의미다. 1인칭 소유격인 '나의 아버지'는 아비(אָבִי)로 우리 말과 유사하다.

אֶבֶן (에벤) 돌, 반석, 보석.
파자하면 하나님(א)의 아들(בֵן)이란 의미다. '반석'은 예수님을 가리키는 말로 잘 알려져 있다. 제사장의 에봇에 달리는 열두 보석(에벤)은 이스라엘 열두 지파, 곧 하나님의 아들을 상징한다.

אֱלֹהִים (엘로힘) 하나님, 신들.

אֵם (엠) 어머니.
파자하면 하나님(א)의 말씀(ם)이란 의미다. 1인칭 소유격인 '나의 어머니'는 에미(אִמִּי).

אֱמוּנָה (에무나) 신실함, 진리, 믿음.
아멘(אָמֵן 진실로)과 같은 계통의 단어로 하나님의 신실하시고 성실하신 성품을 묘사할 때 자주 쓰였다. 에무나는 70인역에서 알레데이아(ἀλήθεια 진리)와 피스티스(πίστις 믿음)로 번역됐다.

אָסְנַת (아스나트) 아스낫.
요셉의 아내. '네이트 여신에 속한'이란 뜻이다.

אֶרֶץ (에레츠) 땅, 지구, 육지.
파자하면 '하나님이 낚기 시작하신다'는 뜻이다. "사람이 바다의 고기 같다"(합 1:14)는 말씀처럼 땅은 하나님이 저주의 바다인 이 세상에 물고기 같은 인생들을 흩뿌려놓고 창세전에 약속된 자들을 하나하나 건져 올리는 장이다. "너희를 사람 낚는 어부로 만들겠다"는 예수님의 말씀은 어부인 제자들의 직업을 빗댄 것에 더해 이러한 의미까지 중첩되어 있었다.

אָרַשׂ (아라스) 약혼하다.
성경에서 하나님의 언약을 혼인으로 설명할 때 빈번하게 쓰인 단어다. 바울이 에베소서 5장에서 설명한 것처럼 이 땅의 혼인 관계는 그리스도와 교회를 설명하는 일이다.

ב

בְּאֵר שֶׁבַע (베에르 셰바) 브엘세바.
맹세의 우물이란 뜻(창 21:31). '셰바'(שֶׁבַע)는 '일곱'의 뜻과 함께 '충만, 완성, 맹세, 약속'의 의미가 있다.

בָּבֶל (바벨) 바벨론, 혼잡, 혼합.
'(언어를) 혼잡케 하여'(창 11:9)의 '발랄'(בָּלַל)에서 유래한 단어다. 애굽과 함께 세상을 상징하며, 하나님의 말씀이 누룩(다른 복음)과 뒤섞인 성도의 마음 또한 상징한다. 결국 요한계시록에서 무너지게 될 큰 성이다.

בּוֹא (보) (들어)가다, (들어)오다.
'방주로 들어가라'는 말씀은 '방주로 들어오라'고 해석할 수도 있다. 이때 우리는, 스스로 방주가 되어 성도를 품어주시고 대신 하나님의 진노의 비를 맞으시는 예수 그리스도의 대속의 은혜를 더욱 생생하게 깨달을 수 있다.

בּוֹר (보르) 수조, 우물, 무덤.
요셉이 형제에게 붙잡혀 빠진 곳. 요셉이 보르에 빠졌다는 것은 그가 죽었다는 뜻이다. 요셉은 죽고 부활해 하나님과 동행하며 부활의 생명으로 살았다.

בָּחַן (바한) 시험하다, 검사하다, 입증하다, 진실함을 증명하다.
성도는 인생을 살면서 시험을 받는다. 이 일들은 진실함을 증명하여 하나님의 아들임을 입증하기 위함이다. 성도가 인생에서 겪는 고난이 무엇 때문인지를 잘 설명해주는 단어다.

בַּיִת (바이트) 집, 성전.
다른 명사와 결합되는 연계형에서는 베트(벧, 벤)로 발음된다. 벧엘(하나님의 집), 베들레헴(떡집, 양식의 집), 벧세메스(태양의 집) 등. 성경에서 집은 성전의 의미로 보는 것이 좋다.

בֵּית הָאוֹצָר (베트 하오차르) 보물의 집
말라기서에서 십일조를 들이는 곳, '창고'로 번역됐다. 그러나 '베트 하오차르'는 '보물의 집'이며, 보물이신 예수 그리스도가 내주하심으로써 성전이 되는 성도의 몸을 가리킨다.

בֵּן (벤) 아들, 자손.
성경은 하나님의 아들에 대한 이야기이면서 하나님의 아들들을 창조하는 이야기다. 그래서 이스라엘(야곱)의 아들이 르우벤으로 시작해 베냐민으로 끝난다. 르우벤은 '보라, 아들이다', 즉 '이것이 아들이다'는 의미다. 베냐민(벤야민)은 '오른손(편)의 아들'이며, 야민은 옳은 편, 즉 하나님 우편을 뜻한다. 하나님이 옳다,

의롭다 하는 자가 하나님의 아들이다.

בָּנָה (바나) 세우다, 건축하다.
창세기에서 '여자를 만드시고'에 쓰인 단어다. 여자를 지은 것은 그리스도의 신부인 교회를 하나님의 성전으로 건축했다는 의미가 바나에 담겨 있다.

בֹּקֶר (보케르) 아침.
파자하면 '성전을 허물고 다시 시작한다'는 의미다. 즉, 어둠의 상태, 율법의 상태인 옛 성전이 무너지고 새롭게 부활하는 것이 아침이다. 예수님이 성전 된 자기 육체를 가리켜 "이 성전을 헐라"고 하신 뜻이 여기에 있다.

בָּרַךְ (바라크) 축복하다, 무릎을 꿇다, 찬양하다.

בְּרָכָה (베라카) 복.
성경에서 말하는 복의 내용은 동사형인 바라크에서 보듯 '하나님 앞에 무릎을 꿇고, 그 은혜를 찬양하는 것'이다. 순종과 찬양 자체가 택함을 받은 성도에게만 허락된 축복이다. 성도는 국어사전식의 오복(五福)이 아니라 산상수훈의 팔복(八福)을 바라보아야 한다.

בָּשָׂר (바사르) 고기, 살, 육체.
성경에서 바사르는 주로 영적이 아닌 육적인 것을 가리킨다. 이 때문에 고기를 찾던 이스라엘이 메추라기를 먹으려다 하나님의 진노를 받았다. 그들이 원했던 고기는 유월절의 양고기이며, 이는 말씀이 육신 되어 오신 예수님의 살(사륵스)이기도 하다. 광야에서 먹은 만나도 같은 의미다. 하늘의 양식인 말씀이 진리로 이해되지 못하면 율법이 된다. 그 때문에 이스라엘은 메추라기를 먹으려다 '탐욕의 무덤'에 묻혔고, 광야에서 1세대가 만나를 먹고도 모두 죽었다. [헬라어 σάρξ(사륵스) 참고]

ג

גַּן (간) 뜰, 동산, 정원, 울타리로 둘러싼 땅.
에덴 동산에 쓰인 단어. 에덴은 울타리로 둘러싸여 다른 장소와 구별된 곳, 천국의 모형이었다.

ד

דָּבָר (다바르) 말, 말씀, 계명, 일, 사건.

דָּג (다그) 물고기.
인생은 저주의 바다를 헤엄치는 물고기와 같다. 물고기는 두려워서 떼를 지어 몰려다니며, 꼬리 힘(자기 능력)으로 저주의 바다를 헤엄치면서 엄청나게 많은 알을 낳는다. 이것이 생육과 번성을 오해한 죄인들의 속성이다. 그러나 이는 개구리의 우글거림(샤라츠)일 뿐이다. [דָּגָה(다가)/שָׁרַץ(샤라츠) 참고]

דָּגָה (다가) 번식하다, 무리 짓다, 두려워하다.
물고기의 속성을 통해 인간의 죄성을 설명하는 단어. 인간들은 무리에서 소외되거나 낙오되지 않으려고 애쓰면서 열심히 뭔가를 만들고 쌓는다. 그러나 그들의 근본은 두려움이며, 두려움에는 형벌이 따른다.

ה

הֶבֶל (헤벨) 아벨, 허무.
가인에게 죽은 아담의 둘째 아들. 아담과 하와는 첫 아들 가인이 자신들을 구원할 '여자의 후손'인 줄 알았다가 크게 실망했다. 그들의 절망과 상실감이 '허무'라는 뜻의 이름 속에 고스란히 담겨 있다. 전도서 1장에서 전도자가 '헛되다'고 반복해서 탄식한 헤벨(הֶבֶל)과 같은 의미의 단어.

ז

זֶרַע (제라) 씨, 자손.
하나님이 아브라함에게 하신 말씀, "보이는 땅을 내가 너와 네 자손에게 주리니 영원히 이르리라"(창 13:15)에서 '자손'은 '씨'로 보아야 성경 전체가 바르게 이해된다. 아브라함의 자손인 이스라엘은 훗날 가나안 땅을 차지했다가 멸망하고 흩어졌기 때문이다. 씨는 그리스도이며, 그가 성도에게 참 생명을 주는 생명의 씨다. 이 씨가 있는 자를 '아들'이라고 한다.

ח

חֲגוֹר (하고르) 띠, 허리띠.
아담과 하와가 스스로 만들어 입은 하고르는 치마가 아니라 허리띠였다. 띠는 진리를 뜻한다. 예수 그리스도께서 띠를 띠우고 우리가 원치 않는 곳으로 끌고 가주시는 것이 구원이다.

חָזַק (하자크) 강하다, 강퍅하다, 견고하다, 대적하다.
애굽의 바로와 같은 강퍅한 마음이 하나님을 대적하는 일이다. 하나님이 새 영을 부어 부드러운 새 마음으로 바꿔주시는 것이 구원이다.

חַג הַמַּצּוֹת (하그 함마쫘트) 무교절.
무교절은 누룩을 넣지 않은 무교병(맛차 מַצָּה)을 보자기에 싸 사흘간 땅에 묻어 두었다가 꺼내먹는 절기다. 예수님의 죽음(유월절)과 무덤 속에서의 사흘(무교절)을 가르쳐 주는 일이다.

חָיָה (하야) 존재하다, 살다.

חַיֵּיהוּ (하이예후) 부흥케 하옵소서.
하박국서에 나오는 단어로 하야(חָיָה) 동사의 피엘 명령형이다. 따라서 "부흥케 하옵소서"를 직역하면 "반드시 존재케 해 주세요"가 된다. 하박국은 하나님이 갈대아 족속을 불러 이스라엘을 박살내는 일, 의인은 오직 믿음으로 살게 하시는 일을 수년 내에 반드시 이루어달라고 기도했다.

חָמַד (하마드) 몹시 바라다, 탐내다, 기뻐하다.
하와가 선악과를 탐낼 때, 십계명에서 '탐내지 말라'고 할 때 사용됐다. 대체로 하나님의 말씀을 선악의 두 마음으로 받을 때 드러나는 탐심의 행위를 묘사하는 단어다.

חָרַשׁ (하라쉬) 침묵하다, (마음판에) 새기다.
"너희는 가만히 있으라"(출 14:14)는 말씀에서 보듯 '하라쉬'는 두려움 때문에 튀어나오는 불평의 말을 멈추고 하나님의 뜻을 조용히 마음판에 새기라는 뜻이다.

טוֹב (토브) 선한, 좋은, 선.
천지창조 때 "보시기에 좋았더라"에 쓰였다. 하나님이 보시기에 좋은 것이 선이며, 그게 아니면 다 악이다.

יָדַע (야다) 알다, 동침하다.
야다는 '내가 너희 안에, 너희가 내 안에' 함께 하는 '그리스도와의 연합'을 가르쳐 준다. 남녀가 동침하여 한 몸이 되는 것은 '하나님과 하나 됨'이라는 복음을 담은 일이다. 진리의 성령에 의해 하나님과 하나 돼야 하나님을 알 수 있다.

יהוה (야훼) 여호와.
이 신성문자는 '여호와, 야훼'라 음역하지만 정확한 발음은 알 수 없다. 이스라엘인들은 이 단어를 거룩하게 여겨 아도나이(אֲדֹנָי 나의 주)로 대체해 읽었다. 사본 필사자들이 이 단어를 기록할 때는 목욕재계하고 옷도 새로 갈아입었으며, 기록 후엔 사용한 붓을 꺾어버렸다. 이는 "여호와의 이름을 망령되이 일컫지 말라"는 계명에 대한 오해 때문이었다. 그렇게 발음을 잃어버렸다가 후에 마소라 학파에서 아도나이의 모음을 대입해 오늘날처럼 읽게 됐다.

יְהוָה יִרְאֶה (예호와 이르에) 여호와 이레.
'여호와가 보신다(라아 רָאָה)'는 뜻. '무엇을 본다'는 것은 곧 '그것을 준비한다'는 의미다. 아브라함은 모리아산에서 "번제할 어린 양은 하나님이 친히 준비하시리라(라아)"고 했다. 이는 장차 나타나실 어린 양 예수 그리스도를 예시한다. 성도는 하나님이 준비하신 어린 양에 의해 죄와 사망에서 건져지게 된다.

יָם (얌) 바다.
하나님은 태초의 두 번째 날에 궁창을 경계로 아래의 물과 위의 물로 나누셨고, 아래에 모인 물은 바다라 칭하셨다. 물은 말씀, 진리, 성령을 뜻한다. 바다, 곧 아래의 세상은 하늘의 물, 참된 말씀과 진리를 알지 못하므로 저주의 상징이 됐다.

יָשַׁב (야샤브) 살다, 거주하다, 앉다.
성경 인물들은 어디에 거하느냐에 따라 정체성이 달라졌다. 아브라함은 대대로 살던 갈대아 우르를 떠남으로써 우상 숭배자에서 믿음의 조상이 됐다. 이스라엘은 애굽에서 약속의 땅으로 인도됨으로써 노예에서 하나님의 백성이 됐다. 성도가 집을 짓고 거해야 할 곳은 예수라는 반석 위다.

כ

כָּבַד (카바드) 공경하다. 영화롭다.
"부모를 공경하라"는 말씀은 너희를 생명으로 태어나게 하는 그 부모, 그 성전과 말씀을 영화롭게 하라는 뜻이다. 성도가 하나님의 말씀을 잘 깨달아 하나님의 성전으로 지어지면 그 자체가 하나님을 영화롭게 하는 일이다.

כָּרַת (카라트) 자르다, 베다, 언약을 맺다.
양피를 베는 것, 곧 할례가 언약을 맺는 일이었다. 그런데 카라트는 '언약 백성에서 잘려나가다'는 정반대의 의미로도 자주 쓰였다.

כְּרִיתוּת (케리투트) 이혼, 분리.
신랑만 사랑해야 할 신부가 선악과를 먹고 하나님처럼 되어 자기를 주장하고 나서면서 결혼의 관계가 깨지게 됐다. 이를 간음이라고 하고, 한 몸이 되지 못하고 둘로 나뉘었으므로 이혼이라고 한다. 그들에게 성경은 이혼증서(세페르 케리투트 סֵפֶר כְּרִיתוּת)가 된다.

ל

לֵבָב (레바브) 마음, 정신, 속사람, 중심, 심중, 가운데, 추억 등의 의미로도 쓰였다. 레브(לב)와 동일하게 사용되며, 영적인 의미에서 매우 핵심적인 성경 용어다. 두 마음의 죄인을 하나님이 새 영을 부어 새 마음(한 마음)으로 바꿔주시는 게 구원이다. 하나님은 외모(행위)가 아니라 중심, 곧 마음을 보신다.

לֶחֶם (레헴) 양식, 떡, 빵, 식사.
'사람이 떡(레헴)으로만 사는 것이 아니요 여호와의 입에서 나오는 모든 말씀으로 사는 줄을 너로 알게하려 하심이니라(신 8:3)'는 말씀처럼 일상에서 매일 먹는 식사는 생명의 떡으로 오신 예수 그리스도를 상기시키는 일이다.

לָחַם (라함) 싸우다, 먹다.
'양식'을 뜻하는 '레헴'(לֶחֶם)의 동사형. 라함은 성도의 인생에 나타나는 고난, 또는 전쟁의 실체가 말씀을 먹는 일과 관련이 있으며, 이것이 바로 영적 전쟁이라는 걸 가르쳐 주는 단어다.

מ

מוּת (무트) 죽다, 죽이다, 살해하다.
파자하면 '말씀, 진리(멤 מ)의 완성(타우 ת)'이라는 뜻.

מוֹת תָּמוּת (무트 타무트) 정녕 죽으리라. 무트(מוּת)가 반복된 강조형이다. 타무트(תָּמוּת)는 무트의 2인칭 남성단수형이다. 즉, "네(아담)가 반드시 죽으리라"는 의미다. 아담과 하와가 선악과를 먹고도 즉시 죽지 않았던 것은 무트가 '말씀의 완성으로서의 죽음', 즉 자기 부인의 죽음이라는 걸 가르쳐 준다.

מָלֵא (말레) 충만하다, 가득 차다.
하나님이 주신 '충만하라'는 명령은 이 땅에서 우리가 이룰 일이 아니라 우리 안에서 예수 그리스도가 이룰 일이다. 주님이 모든 것을 이루시고(플레로오), 완전케 하셨으며(플레로오), 성령으로 충만케(플레로오) 해주셨다. 헬라어 플레로오(πληρόω)는 말레의 역어로 쓰였다.

מַלְאַךְ יְהוָה (말라크 야훼) 여호와의 사자.
성경에서 여호와의 사자는 빈번하게 여호와와 혼용된다. 이는 여호와의 사자가 예수 그리스도임을 가르쳐 주는 일이다.

מַלְכִּי־צֶדֶק (말키 체데크) 멜기세덱.
'의의 왕'이라는 뜻. 살렘왕(평강의 왕) 멜기세덱(의의 왕)은 예수 그리스도의 현현이거나 모형하는 인물이다.

מָן (만) 만나.
광야에서 하나님이 내려주신 작고 둥글며 서리 같이 세미한 형태의 양식. 이스라엘 백성들은 그것이 무엇인지 알지 못해 "이것이 무엇이냐?"(만 후 מָן הוּא) 하며 서로 물었다. 이때 '무엇이냐?'의 히브리어 '만'(מָן)에서 만나라는 이름이 비롯됐다. 만나는 만의 헬라식 표기.

מִנְחָה (민하) 제물, 선물.
대속제물이면서 하나님의 선물이기도 한 예수 그리스도를 잘 설명하는 단어다.

מִקְוֶה (미크웨) 모음, 소망, 집합체, 떼.

מִקְוֵה הַמַּיִם (미크웨 하마임) 모인 물, 소망의 물.
'아래에 모인 물'(창1:10) 바다를 묘사하는 말이며, '위의 물' 하늘과 대비되는 이 세상을 가리킨다. 바다(아래의 세상)는 저주의 대상이지만 하나님의 긍휼과 구원을 소망하고 있다.

מָרָה (마라) 쓴, 쓴 맛.
이스라엘 백성들이 물을 발견했지만 써서 마실 수가 없었으므로 그곳의 지명을 마라로 칭했다. 그 물에 나무가 던져지자 단물이 됐다. 쓴 물들의 세상에 십자가가 투입되어 단물이 되는 것이 구원이다.

נ

נָחַם (나함) 위로하다, 회개하다, 후회하다.

נָטַע (나타) 심다, 세우다, (천막을)치다.
'에덴을 창설하셨다'는 구절에 나타가 쓰인 것은 에덴이 하나님의 특별한 뜻이 '심겨진' 장소라는 뜻이다. 에덴은 천막(성막)을 친 곳, 하나님 나라의 모형이었으며, 무엇보다 생명의 씨가 '심겨져' 있었다.

נָכָה (나카) 때리다, 죽이다.
'반석을 치라'는 말씀은 '반석을 죽이기 위해 치라'는 뜻이었다. 무생물인 반석에 의인법을 사용한 것은 복음을 설명하기 위한 정교한 선택이었다. 반석(에벤), 즉 하나님의 아들인 예수를 쳐서 죽이라는 것이다. [אֶבֶן(에벤) 참고].

נָסַע (나사) 떠나다, 출발하다, 뽑아내다.
'나사'는 유목민들이 머물다가 떠날 때 장막의 말뚝을 뽑는 행위를 가리킨다. 그들에게 '뽑는다'는 말은 곧 '떠난다, 출발한다'는 의미다.

נְפִיל (네필) 침략(공격)자, 약탈자, 네피림.
네피림은 네필의 복수형이다. 대체로 네피림은 거인족속으로 추정하며, 그 뜻처럼 약자들을 공격하고 약탈했을 것이다. 선악과를 먹고 스스로 높아져 타인을 비판하고 공격하는 인간의 죄성을 단적으로 설명해주는 말이다.

נָשָׂא (나싸) 들어올리다, 가지고 가다
'용서받다'는 의미도 있다. 우리는 십자가에 '들어올려진' 예수에 의해 죄 사함을 받는다. 그리고 우리 또한 자기를 부인하고 자기 십자가를 들고 예수를 따라가야 한다.

ס

סִיר (시르) 솥, 시루, 항아리.
'애굽의 고기 가마'에 쓰였다. 가마는 도자기 굽는 류의 큰 가마가 아니라 집집마다 걸려있던 솥, 시루를 가리킨다. 이스라엘 백성 모두가 추억했던, 애굽의 각자 집에서 먹던 그 고기는 유월절 어린 양의 고기였다.

סַף (사프) 그릇, 대접, 잔, 문, 문지방
유월절 어린 양의 피가 담긴 곳. 사프의 의미는 예수님의 마지막 만찬의 '언약의 피를 담은 잔', 겟세마네 기도의 '지나가길 원하시는 잔'까지 이어진다.

סֵפֶר (세페르) 문서, 책, 기록.
두루마리, 성경의 의미도 있다.

סֵפֶר כְּרִיתוּת (세페르 케리투트) 이혼증서.
모세가 이혼할 때 써주라고 한 것. 하나님의 말씀이 구원의 복음으로 깨달아지지 않는다면, 그때 성경은 하나님과 이혼증서가 된다. [עֶרְוַת דָּבָר (에르와트 다바르) 참고]

ע

עֳנִי (오니) 고난, 환난, 고통, 가난.
성경에서 말하는 고난이나 환난은 오직 성령을 받은 성도만이 겪는 일이다. 심령이 가난한 자, 하나님만으로 만족하고 기뻐하는 자로 지어지는 일은 육을 입은 존재에게는 심히 고통스러운 일이다. 스스로 하나님처럼 되어 자기 입맛대로 살던 자가 자기의 주체성과 독립성을 상실하고, 하나님이 주시는 '고난(오니)의 떡'을 먹으면서 사는 일이야말로 인생에서 가장 큰 고난이며 환난이다. 인생들은 그 고통의 크기를 죽음(자기부인의 죽음)으로까지 감지할 정도다. 따라서 자기부인의 죽음이야말로 성도의 진정한 고난과 환난이다.

עוֹלָם (올람) 영원, 먼 과거, 먼 미래.
주로 '영원'을 뜻하며, 완전한 의미의 영원이다. 이는 하나님의 속성이며, 하나님이 거듭 약속하신 '영원한 언약'의 내용이다. 시간 속의 피조물은 영원을 인식할 수 없다. 다만 영원의 대조 개념인 시간을 통해 유추해 볼 뿐이다. 그러므로 흐르지 않고, 후패하지 않고, 소멸되지 않는 것이 영원일 것이다. 시간 속의 감정은 (시간의) 흐름을 따라 변하지만 영원 속에서는 불변이다. 영원은 '영원한 현재'이기 때문이다. 그래서 천국에선 영원한 기쁨과 감사와 찬송으로, 지옥에선 영원한 슬픔과 원망 불평과 분노로 영원히 살게 된다.

עֶרֶב (에레브) 저녁, 해 질 녘.
에레브는 '덮여 있음'의 의미로 진리를 깨닫지 못한 어둠의 상태, 율법의 상태를 가리킨다. '저녁이 되고 아침이 되니'의 말씀처럼 성도는 율법의 저녁에서 진리의 아침으로 가게 된다.

עֶרְוָה (에르와) 수치, 벌거벗음.
모든 인간이 자신들의 벌거벗음을 수치스럽게 여겨 무화과나무잎으로, 문화와 문명, 사상과 철학 등으로 치마를 만들어 입고 있다. 그러나 하나님은 의의 흰옷, 그리스도를 입지 못한 것이 진짜 벌거벗음이며 수치라고 하신다.

עֶרְוַת דָּבָר (에르와트 다바르) 수치되는 일
모세가 신명기에서 이혼의 조건으로 명시한 것. 다바르는 '일, 말'이라는 뜻으로 직역하면 '수치의 일, 또는 말'이다. 표면적 해석은 '수치되는 일'이겠지만 성경의 진의는 '말씀을 제대로 깨닫지 못해 진리의 겉옷, 그리스도로 옷 입지 못한 벌거벗음이 수치다'.라고 하는 것이다. 그런 자에게 성경은 '이혼증서(세페르 케리투트 סֵפֶר כְּרִיתוּת)', 즉 하나님과 하나 되지 못하고 영원히 분리되는 '분리(케리투트)의 책(세페르)'이다.

פ

פָּרָה (파라) 생육하다, 다산하다, 열매 맺다, 결실이 풍부하다.
인간들은 저마다 스스로 생육하고 열매 맺기 위해 달음질친다. 그러나 참된 생명의 열매는 예수 그리스도만이 맺으신다. 생육과 번성은 이 땅에서 우리가 할 일이 아니라 그리스도께서 우리 안에서 하실

일이다. [רָבָה(라바) 참고].

פִּתֹם (피톰) 비돔.
이스라엘 백성들이 애굽에서 종노릇하며 건축한 국고성. 애굽어 '페르 아톰'에서 유래했으며, '(정)의의 도시'라는 뜻이다. 오늘날 하나님의 뜻을 알지 못한 채 스스로 의를 쌓는 자들, 곧 세상의 종노릇하는 인간들이 만들기 원하는 자들이 만들기 원하는 자신과 세상의 모습이다.

צ

צָדֵק (차다크) 올바르다, 의롭다.

צְדָקָה (체다카) 의, 공의, 의로움.
성경에서 의란 상호관계 속에서 상대가 원하는 바를 끝까지 잘 수행하는 것을 말한다. 하나님의 의는 하나님이 약속하신 언약을 신실하게 지켜가시는 것이다. 의인은 하나님의 의를 알고, 믿고, 붙잡는 자다. 죄인은 그 믿음에 의해 의인이 된다. "아브람이 여호와를 믿으니 여호와께서 이를 그의 의로 여기시고"(창 15:6).

צָלַח (찰라흐) 발전하다, 앞으로 나가다, 형통하다.
형통의 참뜻은 자신의 계획이 잘 이루어지는 것이 아니라 그리스도의 장성한 분량으로 자라고 발전하는 것이다.

צֵלָע (첼라) 갈빗대, 일부분, (다른) 한 편, 짝.
하와는 아담의 짝으로 지어졌고, 마찬가지로 교회도 하나님의 짝, 그리스도의 신부로 지어졌다.

צָעַק (차아크) 호소하다, 부르짖다, 소리치다.
아벨의 피, 회중들에게 시달린 모세가 하나님께 호소하며 부르짖었다. 그리고 예수님은 십자가에서 "나의 하나님 나의 하나님 어찌하여 나를 버리셨나이까"라고 소리치셨다(보아오). 헬라어 보아오(βοάω)는 차아크의 역어다.

צָפְנַת פַּעְנֵחַ (차프낫 파예아흐) 사브낫 바네아.
요셉의 애굽식 이름. 직역하면 "하나님이 말씀하시므로 살았다"이며, 곧 '생명의 구원자, 세상의 구원자'를 뜻한다. 생명의 양식으로 기근에서 멸망하는 백성들을 구원하는 예수 그리스도를 설명하는 이름이다.

ק

קוּם (쿰) 일어나다, 세우다.
"언약을 세우다"에 자주 쓰인 단어다. 회당장의 딸이 죽었을 때, 예수님이 소녀에게 말씀하신 '달리다 쿰'(소녀야 일어나라)의 '쿰'이 '쿰'이다.

קַיִן (카인) 가인.
'소유'란 뜻으로 카나(קָנָה 얻다)에서 유래한 이름이다. 아담과 하와는 첫아들을 낳았을 때, 하나님이 말씀하신 여자의 후손을 얻은(카나) 줄 알았다. 그래서 그 이름을 '소유, 얻음'이란 의미의 가인으로 지었다.

קָנָה (카나) 얻다, 획득하다.

קָרָא (카라) 부르다, 선포하다, 이름 짓다, 초대(초청)하다.
"여호와의 이름을 불렀더라"(창 4:26)처럼 하나님의 이름을 부르는 것은 하나님을 나의 구주로 선포하는 것이다. [헬라어 καλέω(칼레오) 참고]

ר

רָבָה (라바) 많아지다, 크다, 번성하다.
'생육하고(파라) 번성하라(라바)'는 '많은 열매를 맺으라'는 뜻이다. 이는 한 알의 씨로 죽어 많은 열매를 맺는 예수 그리스도와 그와 연합하여 하나 될 교회에게 주신 말씀이다. [פָּרָה(파라) 참고]

רוּחַ (루아흐) 성령, 바람, 숨.
천지창조 때 수면 위를 운행하며 생명을 잉태하신 생명의 주. 마른 뼈가 생기(성령)에 의해 되살아나며, 부활하신 주님은 제자들에게 숨을 내쉬며 성령을 받으라고 하셨다. 혼돈과 공허와 흑암 상태의 죄인들은 성령에 의해 되살아난다. 새 영(성령)을 받은 자는 선악의 두 마음에서 빠져나와 새 마음, 즉 하나님이 지으신 모든 것을 선하게 보고 감사로 받는 한 마음을 갖게 된다. 그가 아들이며, 기름부음 받은 자, 성령의 세례를 받은 자다. [헬라어 πνεῦμα(프뉴마) 참고]

רַעְמְסֵס (라메세스) 라암셋.
'라(태양신)가 창조했다'는 의미. 이스라엘 백성들이 애굽에 건축한 국고성. 참빛을 보지 못한 자들은 그 모형인 태양을 숭배한다. 참빛이신 하나님은 회전하는 그림자가 없으며, 천국은 다시 밤이 없고 등불과 햇빛도 필요없다.

רָפָא (라파) 고치다, 치료하다, 건강하게 하다.
'여호와 라파' 하나님이 고치시는 건 우리의 육이 아니라 영혼이다. 예수님의 치유사역도 그걸 가르쳐 주는 일이었다.

שׁ

שֶׁבַע (세바) 일곱.
히브리인에게 일곱은 '언약, 구원'의 의미를 갖는다. [בְּאֵר שֶׁבַע (베에르 셰바) 참고]

שִׁבְעִים (쉬브임) 칠십.
하나님의 모든 말씀(열)을 구원의 언약(일곱)으로 깨달으면 쉬브임(칠십)이라고 한다. 칠십 장로, 칠십 제자는 '쉬브임(칠십)이 된 자'를 가리킨다.

שָׁבַת (샤바트) 그치다, 중지하다, 쉬다.
태초에 하나님은 여섯 날 동안 창조를 다 하시고 일곱째 날에 안식하셨다.

שַׁבָּת (샵바트) 안식.
태초의 일곱 날에 하나님의 일곱 말씀이 떨어졌다. 그 말씀들은 모두 하나님의 구원의 약속이었다. 하나님이 일곱 번 말씀하셨고, 일곱으로 약속하셨다. 그 약속의 완성 지점이 '안식'(샵바트 שַׁבָּת)이다. 세바, 쉬브임, 샤바트, 샵바트는 모두 같은 계통의 단어다. 하나님이 주시는 모든 말씀을 통해 하나님의 사랑을 잘 깨달으면, 그가 율법의 판단을 그치는 안식의 아들이 된다.

שָׁוְא (샤우) 거짓.
제3계명 '여호와의 이름을 망령되이(샤우) 일컫지 말라'에서 쓰였다. '망령되이'는 '그 거짓을 위하여'라는 뜻이다. 이름(שֵׁם)은 말씀이며, 여호와의 말씀은 말씀으로 오신 예수를 뜻한다. 그러므로 제3계명은 하나님의 말씀이신 예수를 그 거짓을 위하여, 곧 헛된 우상으로 오해하여 십자가에 달아 들어올리지 말라는 의미를 담고 있다. [שֵׁם (셈) 참고]

שִׁילֹה (쉴로) 실로.
'안식을 주는 자, 평화를 만드는 자"라는 뜻으로 메시아를 가리킨다. 메시아는 곧 그리스도다.

שָׁלוֹם (샬롬) 평강, 평안, 평화, 화평.
성경에서 평화, 화평은 인간들 사이의 다툼이 없는 상태가 아니라 그리스도와 하나 됨의 상태를 말한다. 그러므로 성도의 안식은 자기부인의 십자가에 달려죽는 무트 타무트의 죽음 속에 있다.

שָׁלַח (샬라흐) 내보내다, 내쫓다.

שֵׁם (셈) 이름.
파자하면 '연마된 말씀, 분석된 말씀'이란 뜻이다. '그리스도의 이름은 하나님의 말씀(계19:13)'이라고 하듯 이름은 말씀이고, 그 말씀은 말씀이 육신되어 오신 예수님을 가리킨다.

שָׁמַיִם (샤마임) 하늘.
위의 물이 있는 곳. 파자하면 '거기'(샴שׁ)에 '물(마임מַיִם)이 있다'는 의미다. 물은 말씀, 진리, 성령을 뜻한다. 성경에서 하늘은 가시적인 하늘이 아니라 참된 진리의 말씀이 있는 하나님 나라를 가리킨다. 하늘의 물이 아래로 내려오면 심판이다. 말씀이 육신 되신 예수님이 내려오시자 아래 세상의 인간들은 모두 거짓된 물, 엉터리 물로 판명(심판)됐다. 이에 대한 분명한 그림이 홍수 사건이다.

שָׁרַץ (샤라츠) 충만하다, 번성하다, 가득 차다, 우글거리다.
하나님의 뜻과 관계없는 번성은 개구리의 우글거림(출 8:3)이며, 땅을 기는 가증한 벌레의 우글거림(레 11:41)이다. [רָבָה(라바) 참고]

ת

תֵּבָה (테바) 방주, 상자.
홍수심판을 대비한 직사각형 모양의 거대한 배. 모세를 담았던 갈대상자도 테바였다. 우리는 모두 저주의 바다에 빠져 죽을 수밖에 없는 자인데, 예수 그리스도께서 친히 방주가 되어 구원해 주신다. 따라서 '물에서 건진 자' 모세는 모든 성도의 이름이며 실존이다. 방주에는 닻도 없고 노도 없다. 그러므로 방주 안에 피한 자는 이제 방주이신 예수 그리스도의 이끄심에 순복하는 자로 살게 된다.

헬라어

α

ἀγάπη (아가페) **사랑.**
성경에서 아가페는 절대적인 하나님의 사랑, 하나님만 하실 수 있는 사랑, 하나님 자체를 말한다. 인간의 사랑은 아가페를 흉내낼 뿐 참된 사랑은 하지 못한다. 그저 주고 받는 거래와 매매를 할 뿐이다. 하나님은 택하신 자에게 성령을 부어 아가페를 깨닫게 한다. 성도는 인생의 길흉화복이 사실은 모두 하나님의 사랑임을 깨닫고, 희로애락의 감정에서 빠져나와 항상 기뻐하고 감사하는 자, 아가페토스가 된다.

ἀγαπητός (아가페토스) **사랑하는 자.**
하나님의 사랑이 된 자, 성도를 가리킨다.

ἀλήθεια (알레데이아) **진리.**
알레데이아는 모든 것의 실체(true thing)를 말하며, 어원적으로 '가리워져 있지 않음'을 뜻한다. 예수는 표적이며, 실체는 예수 그리스도이다. 성경을 비롯한 하나님의 모든 말씀의 실체는 예수 그리스도시다. 이는 오직 진리의 성령에 의해 깨닫게 된다. 성경의 모든 진리는 예수 그리스도의 영이신 성령을 향하고 있다.

ἀνάστασις (아나스타시스) **부활.**
아나스타시스는 동사형 아니스테미(ἀνίστημι)에서 유래했다. 아니스테미는 아나(ἀνα 위로)와 히스테미(ἵστημι 우뚝 서다)의 합성어다. 따라서 아나스타시스는 '위로 우뚝 섬'이라는 의미다. 위로 똑바로 선 것이 십자가(스타우로스)이다. '위로 우뚝 선 기둥' 스타우로스는 히스테미에서 파생된 단어다. 이 땅을 껴안고 살던 자가 진리를 깨달아 하늘을 향해 자기부인의 죽음을 죽고 우뚝 서는 것이 십자가이며 부활이다. 십자가의 죽음이 곧 부활이다. 부활은 먼 훗날 육체의 사망 이후가 아니라 지금 내 안에서 일어나야 할 일이다. [σταυρός (스타우로스) 참고]

ἀνομία (아노미아) **불법, 무법, 죄.**
노모스(νόμος 법)가 없는 상태. 법(계명, 말씀)이 없는 것이 죄다. 그러므로 하나님의 참된 말씀이 없는 자는 불법을 행할 수밖에 없다.

ἀπόλλυμι (아폴뤼미) **멸망시키다.**
예수님은 자기 스스로 목숨을 구원하려는 자는 잃을(아폴뤼미) 것이며, 주님을 인하여 제 목숨을 잃는(아폴뤼미) 자가 찾을 것이라고 하셨다. 성경은 내내 스스로 구원에 이르려는 시도는 멸망에 이를 것임을 경고하며, 무트 타무트의 죽음, 자기 부인의 죽음이 도리어 사는 길임을 가르쳐 준다.

ἀφομοιόω (아포모이오오) 같게 하다, 복사하다.

수동태에서 '어떤 것을 유사하게 표현하다'는 뜻. 이 단어는 성경에서 히브리서 7장 3절 멜기세덱에 대해 단 한 번 수동태로 사용됐다.

δ

δίδωμι (디도미) 주다, 선물하다.
[δωρεα(도레아)] 참고

δωρεά (도레아) 선물.
도레아는 디도미에서 파생된 단어다. 예수님이 사마리아 여자에게 물을 달라(디도미)고 하셨다. 디도미는 '선물하다'는 의미도 있다. 예수님은 단순히 목이 말라 물 한 잔 달라고 하신 것이 아니라 선물인 그 물, 진리의 성령인 그 물을 오히려 선물로 주시기 위해 여자, 교회에게 "그 물 있느냐? 있으면 줘 보라"고 말씀하신 것이다. 당연히 여자는 그 물을 줄 수 없다. 그때 예수께서 '하나님의 선물'을 언급하시는 게 그런 맥락에서 나온 것이다. 디도미의 의미를 제대로 알지 못하면 '하나님의 선물'은 다소 느닷없는 말씀으로 들리게 된다. '예수께서 대답하여 가라사대 네가 만일 하나님의 선물(도레아)과 또 네게 물좀 달라(디도미)하는 이가 누구인줄 알았더면 네가 그에게 구하였을 것이요 그가 생수를 네게 주었으리라(디도미)'(요 4:10).

ε

ἐκκλησία (에크레시아) 교회, 회중.
에크레시아는 에크(ἐκ …로부터, 밖으로)와 칼레오(καλέω 부르다)의 결합에서 유래된 단어로 '불러낸 자들'이란 의미다. 애굽 같은 이 세상에서 하나님의 초청을 받고 불러냄을 받은 자가 교회다.

ἕκτος (헥토스) 여섯째.

ἐπιθυμία (에피뒤미아) 탐심.
성경은 선악의 두 마음을 탐심이라고 한다. 탐심이 하나님께 절대적으로 순종하지 못하고 하나님을 대적하는 죄, 원죄다. 하나님의 말씀을 인간이 선악의 두 마음, 탐심으로 바라보고 오해한 것이 율법이다. 인간의 모든 죄는 탐심에서 발생한다.

ἐπιορκέω (에피오르케오) 헛 맹세하다, 거짓맹세하다, 위증죄를 범하다.
십계명의 '거짓 증거'에 해당되는 단어. 성경에서 '거짓 증거, 거짓말'은 진리가 아닌 것을 말하는 것이며, 거짓 선지자는 교회 안에서 진리를 말하지 않는 자를 가리킨다. 그러므로 진리인 예수 그리스도로 결론되지 않는 설교는 거짓말이고, 위증죄를 범하는 일이다.

ἐπιούσιος (에피우시오스) 일용할, 매일의.
주기도문의 '일용할 양식'에서 '일용할'에 쓰인 단어다. '일용할 양식'은 아람어 성경에 '내일의 양식'으로 나와 있고, '일용할'에 해당하는 헬라어 '에피우시오스'는 '다가오는 날을 위한'이란 의미가 있다. 즉, '일용할 양식'은 광야의 이스라엘 백성들이 제6일에 함께 얻던 제7일의 양식, 곧 안식일의 양식을 가리킨다. 하늘의 양식, 생명의 말씀은 이 세상의 일상(오늘)을 위한 양식이 아니라 안식의 날(내일)을 위한 양식이다. 내일의 양식은 '영원 속 안식의 날'이 반드시 우리에게 주어질 것이라는 약속을 담고 있다.

ἐπιτιμάω (에피티마오) 꾸짖다, 비난하다.
예수님이 마귀를 꾸짖을 때 쓴 단어. 베드로도 예수님을 꾸짖은 바 있다. 예수님이 십자가에 달려 죽고 제 삼일에 부활할 것을 말씀하시자 베드로는 주님에게 간하여(에피티마오), 곧 꾸짖으며 야단을 쳤다. 베드로는 예수님이 헛되이 십자가에서 죽지 않고, 그의 능력으로 로마로부터의 해방과 이 땅의 행복을 주기를 원했다. 그 일로 베드로는 '사탄!'이라는 야단을 맞았다.

ἔσχατος (에스카토스) 마지막의, 가장 작은.

ἔσχατος κοδράντης (에스카토스 코드란테스)
호리라도 남김이 없이. 마지막 1/4, 마지막 네 번째 조각, 사각형의 마지막 변을 뜻하며, 이로 인해 사면이 채워진 성전이 완성된다. 즉 살인, 간음, 거짓증거가 무엇인지를 알고 마지막 사랑으로 완성되면 옥에서 풀려나 자유롭게 되는 것이다.

εὑρίσκω (휴리스코) 찾다, 발견하다, 얻다.
천국의 진리는 구하고 찾는 자가 찾으며(휴리스코), 밭에 감추인 그 보화를 발견하면(휴리스코) 모든 것을 팔아 그 밭을 산다. 예수를 인하여 자기 목숨을 잃는 자, 즉 자기를 부인하고 자기 십자가를 들고 따라가서 죽는 자가 생명을 얻는다(휴리스코).

ζ

ζημία (제미아) 손해, 손실, 불이익.
인간들의 선악판단의 기준은 항상 이익(켈도스)와 손해(제미아)다. 이익이 되면 선이고, 손해가 되면 악이다. 복음을 깨달은 성도는 세상의 보편적인 이해(利害)의 틀에서 빠져나오게 된다. 그리고 예수 그리스도에 의해 세계관과 가치관이 완전히 뒤바뀌게 된다. [κέρδος(켈도스) 참고]

θ

θάνατος (다나토스) 죽음.
일반적인 죽음과 함께 부활을 전제한 십자가의 죽음, 자기부인의 죽음을 가리킨다. 자기를 부인하고 자기 십자가 지고 가서 죽는 죽음이 하나님이 귀하게 보시는 죽음이다. 사도 바울이 말한 '날마다 죽노라'의 죽음이 바로 그러한 성격의 죽음을 말한다. 성도에게 죽음은 진리로 완성됨을 뜻한다. [히브리어 מות(무트) 참고]

Θεόφιλος (테오필로스) 데오빌로.
누가복음, 사도행전의 수신자로 '하나님의 친구'라는 뜻이다. 데오빌로의 호칭 '각하'는 '가장 존귀한 자' (크라티스토스 κράτιστος)란 의미다. 하나님의 친구이자 하나님의 가장 존귀한 자는 교회다.

κ

καλέω (칼레오) 부르다, 이름 짓다, 초대하다.
주님이 성도를 불러 천국의 잔치에 초청하셨다. 또한, 그들은 주님이 지어주신 새 이름을 받았다. 그들의 이름은 어린 양의 이름을 딴 '그리스도인'이다. [히브리어 קרא(카라) 참고]

κέρδος (켈도스) 이득, 이익, 이익을 얻으려는 욕망.
제미아(손해)와 함께 선악의 판단기준. 인간들은 각자 선으로 규정(판단)한 켈도스를 얻기 위해 매진한다. 켈도스는 절대적인 것이 아니라 각자의 처지와 기준에 따라 변동되는 상대적인 것이다. 때로는 기부나 선행 등으로 재화의 손실을 감수하고 명예와 자기만족이라는 무형의 켈도스를 선택하기도 한다. 그러나 이 또한 선악판단의 작용이며 죄다.

κοιλία (코일리아) 배, 위, 창자, 모태, 자궁.
성경에서 배는 또 다른 생명을 낳는 '모태, 자궁'이다. 성령으로 잉태되고 탄생하는 생명의 근원을 설명하는 말이다.

성도가 예수님의 배에서 흘러나오는 생수를 받아 마시면 그도 살아날 뿐 아니라 그의 배에서도 생수가 흘러넘치게 되어 다른 이를 살리게 된다.

κρίμα (크리마) 판단, 비판, 심판.
우리가 판단하고 비판하는 일이 곧 하나님께 심판받는 일이 된다. 선악을 판단하는 일에서 벗어나 모든 것을 하나님의 선하신 뜻 하나로 아는 것이 구원이다. 구원은 우리의 죄들을 모두 용서받는다는 개념이 아니라 아예 죄와 무관한 자가 되는 것이고, 하나님이 심판할 근거조차 없어지는 상태다.

λ

λόγος (로고스) 말, 말씀.
로고스는 말씀 뿐 아니라 하나님이 우리에게 주신 모든 것을 말한다. 하나님은 말씀으로 세상을 창조하셨고, 만물에는 하나님의 신성과 능력이 담겨있기 때문이다. 즉, 로고스는 성경과 온 세상과 세상의 모든 일들이며, 말씀이 육신 되어 오신 예수까지 포함한다. 그러나 본다고 하지만 모두가 하나님의 뜻을 깨닫진 못한다. 우리 안에 오신 그리스도의 영, 성령께서 심비에 새겨주시는 레마(ῥῆμα)의 말씀에 의해서 모든 로고스가 진리로, 그리스도로, 구원의 복음으로 깨달아진다.

μ

μονογενής (모노게네스) 유일한, 독생자.
'하나님의 외아들'이란 뜻과 함께 '모든 것을 하나님의 선하신 뜻 하나로 보는 아들'이란 의미가 있다. 더 이상 선악의 두 마음으로 보지 않는 자, 그래서 죽기까지 순종하는 자가 하나님의 아들이다.

μυστήριον (뮈스테리온) 감춰진 것, 비밀, 신비.
진리의 세례를 받지 못한 자에게 예수 그리스도는 감추어진 비밀이고 신비다. 오직 허락된 자만 천국의 비밀을 알 수 있다.

π

παιδεία (파이데이아) 징계, 양육, 교육.
성도는 도살할 양 같이 여김을 받으며, 징계와 같은 인생을 산다. 그러나 이는 하나님의 아들로 지어지기 위한 양육의 과정이다. 하나님이 성도를 어떻게 아들로, 천국으로 지어가시는지 이해하기에 적합한 단어다.

παῖς (파이스) 아이, 아들, 종.
어린 시절의 예수님, 백부장의 하인 등

에 대해서 사용된 단어다. 백부장의 하인은 성경 전체의 맥락상 아들로 보는 것이 좋다. 아들이 죽고 부활함으로써 천국의 외인인 우리가 구원받는 것이다.

παράδεισος (파라데이소스) 낙원, 정원.
십자가에서 예수님이 우측 강도에게 말씀하신 낙원은 에덴동산을 비유하며, 생명나무 실과가 열리는 천국의 정원을 가리킨다(계 2:7).

πένης (페네스) (상대적으로) 가난한, 가난한 자.
[πτωχός(프토코스) 참고]

πίστις (피스티스) 믿음.
믿음은 하나님의 의, 그분의 신실하심과 선하심에 전적으로 의지하는 것이다. 많은 교인들이 자기 확신을 믿음으로 오해하고, 열심의 행위로 이를 증명하려 한다. 그러나 믿음은 '무트 타무트'의 죽음, 자기부인의 죽음을 죽고 자기의 주체성과 독립성을 상실한 상태, 전적인 의존의 상태를 말한다. 그러므로 '예수를 믿는다'는 것은 그와 함께 십자가에 달려 죽는 것이다. 내가 달려 죽은 '내 십자가'가 없이 예수를 믿는다고 하는 것은 우상숭배다. 또한, 믿음은 하나님의 믿음에서 출발하여 성도의 믿음으로 연결된다. 자발적인 믿음은 불가능하며, 믿음의 주인도

하나님이다. [σταυρός(스타우로스) 참고]

πνεῦμα (프뉴마) 성령.
살리는 것, 곧 우리에게 참생명을 주는 것은 성령이며, 예수 그리스도의 말씀(레마)이 성령이고 생명이다. [히브리어 רוּחַ(루아흐) 참고]

πνευματικός (프뉴마티코스) 신령한, 영적인.
'프뉴마(성령)'에서 나온 말이며, '신령한 음료'는 성령의 생수, 곧 성령을 뜻한다.

προφητεία (프로페테이아) 예언.
성경에서 예언은 하나님의 말씀, 언약을 선포하는 것을 말한다. 하나님의 말씀, 언약은 반드시 이루어질 것이므로 성도의 예언은 참되다.

προφήτης (프로페테스) 신지자.
예언, 곧 하나님의 말씀을 선포하고 전하는 자. 하나님의 뜻을 제대로 깨닫지 못한 채 전하면 거짓말 하는 자, 거짓 선지자(프슈도프로페테스 [ψευδοπροφήτης])가 된다.

πτωχός (프토코스) (절대적으로)가난한, 가난한 자.
헬라어에서 가난한 자는 페네스(πέν

ης)와 프토코스가 있다. 페네스는 누군가와 비교해 상대적으로 가난한 자를 말하며, 프토코스는 누군가의 도움이 없으면 죽을 수밖에 없는 절망적인 상태에 처한 자를 말한다. 따라서 '심령(프뉴마 πνεῦμα: 성령)이 가난한 자(프토코스)'는 "성령이 없으면 난 죽습니다, 꼭 성령이 있어야 됩니다"라며 구하고 찾고 두드리는 자를 말한다. 따라서 성도는 모두 프토코스이며, 프토코스가 아닌 자는 모두 부자다. 성경의 부자와 거지는 이러한 의미이며, 재물의 많고 적음과는 무관하다.

ρ

ῥῆμα (레마) 말, 말씀.
살리는 것, 생명을 주는 것은 성령(프뉴마 πνεῦμα)이므로 육은 아무런 도움이 되지 않으며, 예수님의 말씀(레마)이 곧 영(성령)이요 생명이다. 따라서 성령이 곧 레마의 말씀이다. 레마는 예수 그리스도의 영이신 성령에 의해서 깨달아지는 참된 생명의 말씀이다. 하나님이 하늘의 진리를 알라고 이 땅에 주신 모든 말씀(로고스)은 성령께서 당신의 백성에게 임하실 때 비로소 진리의 참된 말씀(레마)으로 깨달아지게 된다. 그래서 성령이 진리고, 진리가 성령인 것이다.

σ

σάρξ (사륵스) 살, 육신, 육체.
예수님이 제자들에게 떡을 떼어주시며 '이는 내 살(사륵스)이며, 먹는 자는 영원히 살 것'이라고 하셨다. 그런데 바로 뒷구절에서 '육(사륵스)은 무익하며 살리는 것은 영이다'라고 하셨다. 이는 말씀이 육신이 되어 오신 예수님, 즉 하나님의 말씀을 바르게 보고 깨닫는 자가 영생을 얻으며, 눈에 보이는 대로 보고 읽으면 율법이 되어버리므로 구원과 영생에 무익한 일이라는 의미다. 대체로 성경에서 사륵스는 무익하므로 폐해져야 할 대상이며, 소마(σῶμα 몸)는 가치중립적이다. [히브리어 בָּשָׂר(바사르) 참고]

Σατανᾶς (사타나스) 사탄, 대적자.
에덴의 유혹자를 가리키는 고유명사이자 하나님의 뜻을 생각하지 않는 모든 인간을 가리키는 일반명사이다. 예수께서 베드로에게 '사탄'이라고 야단치셨듯이 누구나 사탄이 될 수 있다. 성도는 이러한 죄인 됨의 실존을 깨닫고 "내가 죄인 중의 괴수, 사탄이 맞습니다."라는 고백을 하게 된다.

σπείρω (스페이로) 씨 뿌리다, 심다.

σπέρμα (스페르마) 씨.
바울의 해설처럼 '씨'는 오직 한분, 그리스도를 가리킨다. 그 한 알의 씨는 땅에 떨어져 죽어 많은 열매를 맺는다. 이것이 창세기에서 하나님이 축복하신 '생육과 번성'의 진의다.

σταυρός (스타우로스) 십자가, 기둥, 막대기.
성경에 십자가라는 말은 없다. 십자가로 번역된 스타우로스는 '기둥, 막대기'라는 뜻이다. 기독교에 십자가를 도입한 것은 로마 콘스탄티누스 황제(재위 306-337년)였다. 십자가는 당시 로마인들이 믿던 미트라교의 심볼이었다. 십자가를 교회 내부에 부착하기 시작한 것은 5세기 초부터이며, 교회 꼭대기에 십자가를 세운 것은 6세기 말부터다.
성도는 각자의 십자가를 들고 예수님을 따라가 골고다 언덕에서 죽는 존재다. 그때 십자가가 '내 십자가'가 된다. 그저 바라보며 감사하는 십자가는 우상일 뿐이다. 또한, 온 인류의 실존은 예수님 옆의 두 강도다. 그 자리에서 은혜를 받으면 눈을 떠 구주를 알아보고 구원을 간구하게 된다. [πίστις (피스티스) 참고]

υ

υἱός (휘오스) 아들, 자녀.
[히브리어 בֵּן (벤) 참고]

Φαρισαῖος (파리사이오스) 바리새인.
'나누는 자, 분리하는 자'란 뜻이다. 바리새인은 자신들의 청렴함과 엄격한 율법 준수를 통해 부패한 세상과 구별되고자 했다. 그러나 하나님 편에서 보면 선과 악을 열심히 판단하며 자기 의를 쌓아 스스로 거룩에 이르려던 자들이었다. 참된 거룩은 하나님이 진리의 빛을 부어 흑암의 세상과 '분리'시켜줄 때만 얻을 수 있다.

무트 타무트의 하나님
God of Moot Tamoot(God who kills us)

2017년 9월 25일 초판 발행

지은이 | 조나단

편 집 | 정희연, 정재원
디자인 | 신봉규, 서민정
펴낸곳 | 사)기독교문서선교회
등 록 | 제16-25호(1980. 1. 18)
주 소 | 서울시 서초구 방배로 68
전 화 | 02) 586-8761~3(본사) 031) 942-8761(영업부)
팩 스 | 02) 523-0131(본사) 031) 942-8763(영업부)
홈페이지 | www.clcbook.com
이 메일 | clckor@gmail.com
온라인 | 기업은행 073-000308-04-020, 국민은행 043-01-0379-646
         예금주: 사)기독교문서선교회

ISBN 978-89-341-1716-2 (93230)

* 낙장·파본은 교환해 드립니다.

이 도서의 국립중앙도서관 출판시 도서목록(CIP)은 서지정보유통지원시스템 홈페이지(http://seoji.nl.go.kr)와 국가자료공동목록시스템(http://www.nl.go.kr/kolisnet)에서 이용하실 수 있습니다. (CIP제어번호: CIP2017022114)